微研大义

石器微痕研究与思考

陈虹 著

ZHEJIANG UNIVERSITY PRESS

浙江大学出版社

图书在版编目(CIP)数据

微研大义:石器微痕研究与思考 / 陈虹著. —杭
州：浙江大学出版社，2020.2(2023.6 重印)
ISBN 978-7-308-19292-7

Ⅰ.①微…　Ⅱ.①陈…　Ⅲ.①石器-痕迹-考古学-
文集　Ⅳ.①K876.24-53

中国版本图书馆 CIP 数据核字(2019)第 130493 号

微研大义:石器微痕研究与思考

陈　虹　著

责任编辑	陈佩钰(yukin_chen@zju.edu.cn)
责任校对	戴依依
封面设计	项梦怡
出版发行	浙江大学出版社
	(杭州市天目山路 148 号　邮政编码 310007)
	(网址:http://www.zjupress.com)
排　　版	杭州隆盛图文制作有限公司
印　　刷	浙江海虹彩色印务有限公司
开　　本	710mm×1000mm　1/16
印　　张	16.5
字　　数	266 千
版 印 次	2020 年 2 月第 1 版　2023 年 6 月第 2 次印刷
书　　号	ISBN 978-7-308-19292-7
定　　价	88.00 元

陈　虹　浙江大学考古与文博系副教授、博士生导师，加拿大多伦多大学访问学者，浙江省"之江社科青年学者"、浙江大学"求是青年学者"、浙江大学"仲英青年学者"。研究方向为旧石器时代考古、科技考古（微痕分析）。出版专著《华北细石叶工艺的文化适应研究——晋冀地区部分旧石器时代晚期遗址的考古学分析》《当代中国考古学》，合作出版译著《龙骨山：冰河时代的直立人传奇》《破译史前人类的技术与行为：石制品分析》，在Quaternary International、《考古学报》、《考古》、《人类学学报》等期刊发表论文多篇。

目　录

石器研究中"操作链"的概念、内涵及应用

　　"操作链"(*Chaîne Opératoire*)概念成形于20世纪80年代的法国考古学界。法国史前考古学家用此概念来演绎古人类在石器生产中的技术活动与思维表现,展示石器背后较为全面的史前社会关系。在随后的20余年间,"操作链"风靡欧美考古学界。美国著名考古学家Howell曾这样高度评价道:"以操作链概念所表述的石制品生产过程,分辨剥片程序及分析器物精致加工、废弃和使用,现在已成为研究重心和关注焦点。"①另一位美国考古学家Jelinek也认为"操作链"是当时"旧石器时代考古学中最具创新性和重要性的研究之一,它为石工业研究指出了崭新的方向,并应当作为无数探索的起点"②。90年代开始,留学北美的陈淳先生向中国同仁介绍了许多考古学新理论和新进展③,"操作链"概念随之漂洋过海来到中国。

　　当任何东西成为一种风尚,问题就不可避免地出现了。欧美不少学者为了提升研究的创新性,研究必谈"操作链",但分析却如同新瓶装老酒,只闻其名,未见其"链"。有些学者指出,"操作链"是一个灵活但非常模糊的概念,操作性不强。④ 近来,个别学者还将"操作链"等同于北美的剥片程序分析(reduction sequence analysis),建议"在英文文献中请不要使用 *Chaîne Opératoire* 一词"。⑤

---

① Howell, C. 1994. Forward. In: Debenath, A., Dibble, H. (Eds), *Handbook of Paleolithic Typology*. Philadelphia: University of Pennsylvania, pp. Ⅶ-Ⅷ.

② Jelinek, A. 1991. Observation on reduction patterns and raw materials in some Middle Paleolithic industries in the Perlgord. In: Montet-White, A., Holen, S. (Eds), *Raw Material Economies among Prehistoric Hunter-Gatherers*. Lawrence: University of Kansas, pp. 7-31.

③ 陈淳:《"操作链"与旧石器研究范例的变革》,见邓涛、王原编:《第八届中国古脊椎动物学学术年会论文集》,北京海洋出版社2001年版,第235—244页。

④ Audouze, F. 1999. New advances in French prehistory. *Antiquity*, 73:167-175.

⑤ Shott, M. 2007. The role of reduction analysis in lithic studies. *Lithic Technology*, 32(1):131-141.

中国学者虽然在研究中对这一概念使用甚少,只是偶有提及①,但近来也出现了研究石器必言"操作链"的趋势。造成这种现象的原因恐怕只有一个,即知其然却不知其所以然。什么是"操作链",如何将之应用到石器研究中去,许多人都未必能清晰地做出回答。因此,本文尝试确认"操作链"的定义与内涵及运作,以期更有效、更准确、更全面地认识此概念,并正确地将其运用于考古学和史前社会研究。

一　历史与定义

《简明牛津考古学词典》(*The Concise Oxford Dictionary of Archaeology*)的"操作链"词条是这样写的:"Literally, operational sequence, the term was introduced by the French anthropologist Andre Leroi-Gourhan in 1966 to provide a theory of technical processes in which technical acts were also social acts. In it he emphasized the importance of the human body as an expression and a source of meaning, power, symbol, and action. The actions carried out in making something may, quite literally, speak louder than words or the message conveyed by the final product. "②(操作链,是由法国人类学家 André Leroi-Gourhan 于 1966 年提出的关于技术过程的术语,认为技术行为也是社会行为。其中,他强调了人体作为意念、力量、象征及行动的一种表达与来源的重要性。制造东西的行为比终极产品更能雄辩地表达和传递更为丰富的信息。——作者译)

一般认为,"操作链"概念是从其他社会科学特别是民族学中借鉴来的。法国考古学家 Sellers 早在 1885 年记录 Catlin 遗址的遗物时,就提及过坯材、剥片以及劳动力分工等问题,虽然着墨很少,也应算是目前所见的石制品研

---

① (1)陈淳、沈辰、陈万勇等:《小长梁石工业研究》,《人类学学报》2002 年第 21 期;(2)王幼平:《石器研究——旧石器时代考古方法初探》,北京大学出版社 2006 年版,第 186—187 页。

② Darvill, T. 2002. *The Concise Oxford Dictionary of Archaeology*. New York: Oxford University Press Inc, p.78.

究中有关"操作链"的最早描述。[1] 1968 年,这一词语首次正式出现在法国人类学家 Brezillon 的著作中,被用来描述石器生产中的操作程序,其初衷是分辨剥片程序的不同阶段,特别是勒瓦娄哇石片生产中的不同阶段。[2] 在之后很长一段时间内,"操作链"概念暂被搁置。

20 世纪 80 年代,Tixier[3] 发表了他的研究论文;1993 年,Leroi-Gourhan 的著作 *Speech and Gesture* 英文译本出版[4],这几本著作代表着"操作链"一词重返考古学舞台。1991 年,专门讨论"操作链"的学术著作合集《考察技术过程:"操作链"的作用是什么?》(*Observer l'action technique-Des chaîne opératoire, pour quoi faire?*)[5]问世,"操作链"概念逐渐被英语语系学者了解、接受并广泛应用[6]。

Perles 曾在文章中明确提出:"在为了直接或间接地满足目前研究需要的基础上,操作链可以被定义为思维运作和技术状态的序列进程。"[7]之后,Sellet

① Sellers, G. 1885. Observations on stone-chipping. *Annual Report of the Smithsonian Institution*, pp. 871-891.

② Brezillon, M. 1968. *La denomination des objets de pierre taillee. Materiaux pour un vocabulaire des prehistoriens de langue francaise.* Paris:Editions du CNRS.

③ (1)Tixier, J. 1978. *Methode pour l'etude des outillages lithiques.* Paris:Universite Paris 10-Nanterre;(2)Tixier, J., Inizan, M., Roche, H. 1980. *Prehistoire de la pierre taillee 1:Terminologie et technologie.* Valbonne:Cercle de Recherches et d'Etudes Prehistoriques.

④ Leroi-Gourhan, A. 1964. *Le geste et la Parole I:Technique et language.* Paris:Editions Albin Michel, 164. (Translated by Boerger, A. 1993. *Gesture and Speech.* Cambridge:MIT Press.)

⑤ Balfet, H. (Ed). 1991. *Observer l'action technique-Des chaines operatoires, pour quoi faire?* Paris:Editions du CNRS.

⑥ (1)Bar-Yosef, O., Vandermeersch, B., Arensburg, B., et al. 1992. The excavations in Kebara Cave, Mt. Carmel. *Current Anthropology*, 33(5):497-550;(2)Dobres, M. 1992. Reconsidering venus figurines:A feminist inspired re-analysis. In:Goldsmith, A. et al. (Eds), *Ancient Images, Ancient Thoughts:The Archaeology of Ideology.* Calgary:University of Calgary, pp. 245-262;(3)Dobres, M. 1992. Reconsidering venus figurines:A feminist inspired re-analysis. In:Goldsmith, A. et al. (Eds), *Ancient Images, Ancient Thoughts:The Archaeology of Ideology.* Calgary:University of Calgary, pp. 245-262;(4)Karlin, C., Julien, M. 1994. Prehistoric technology:A cognitive science? In:Renfrew, C., Zubrow, E. (Eds), *The Ancient Mind, Elements of Cognitive Archaeology.* Cambridge:Cambridge University Press, pp. 152-163;(5)Lemonnier, P. 1992. *Elements for an anthropology of technology.* Anthropological Paper No. 88. Museum of Anthropology. Ann Arbor:University of Michigan, 26. (6)Schlanger, N. 1994. Mindful technology:Unleasing the *chaîne opératoire* for an archaeology of mind. In:Renfrew, C., Zubrow, E. (Eds), *The Ancient Mind, Elements of Cognitive Archaeology.* Cambridge:Cambridge University Press, pp. 143-151.

⑦ Perles, C. 1987. *Les industries lithiques taillees de Franchthi.* Argolide:Presentation generale et industries Paleolithiques. Terre Haute:Indiana University Press, p. 23.

做出进一步阐释,并为多数学者引用;他的解释是:"(操作链是)为了描述并了解一种特定原料所经历的所有文化改造的过程。是对一个史前群体技术系统中器物制作和维修过程中所需要的动作和思维过程的有序排列。操作链的最初阶段是原料采办,最终阶段是器物的废弃⋯⋯揭示了一个特定技术系统的动态机制,以及这一体系在史前群体技术中的作用。"①De Bie 在针对石制品的研究中将其简化为"包含了打制方法和加工,但也包括了原料采办、使用、废弃,等等。不仅仅是描述器物,目标是复原(通过复制品)并解释形成考古材料的行为过程"②。尽管存在许多不同的定义和描述,但它们都强调了技术在"操作链"中的不同阶段和动态过程,以及工具在史前文化系统中的地位。

二 内涵与方法

通过对"操作链"历史的回顾和定义的理解,我们可以看到西方学者对"操作链"的提出是基于对石器生命史的动态理解的渴望。在这种状态下,我们可以将"操作链"概念理解为一种理论,一种指导人们重新认识石器从产生到废弃的生命过程的理论。简而言之,石器与其他材料工具或产品(陶器、铜器等)一样,有着特定、复杂的生产过程,即所谓的"操作链"。而在此过程中,人类的行为与智慧贯穿其中。对石器的"操作链"分析,就是要以动态生产过程为研究对象,以考虑系统元素为旨要。这是"操作链"理论的核心,也是"操作链"概念原创的主要目的。

一般认为,"操作链"概念包括三个层面:一是以器物和副产品为对象的基本层面;二是以行为或技术程序为对象的中间层面,主要指剥片方法;三是

---

① Sellet, F. 1993. *Chaîne Opératoire*: the concept and its applications. *Lithic Technology*, 18:106-112.

② De Bie, M. 1998. Late Paleolithic tool production strategies: Technological evidence from Rekem (Belginm). In: Milliken, S., Peresani, M. (Eds), *Lithic Technology: From Raw Material Procurement to Tool Production*. Forli: M. A. C. Srl, pp. 91-96.

以工匠拥有的专门技术知识为对象的抽象层面。① 在方法上,"操作链"分析有如下几个基本特点:(1)以实验或考古材料为基础的推测研究;(2)涵盖遗址中的所有器物;(3)必须说明与石器相关的所有产品,而且要考虑活动中所有因素以及它们之间的互动。②

根植于法国旧石器时代研究学派,"操作链"概念深受两大学术传统的影响:复制实验与人类认知能力的探讨③,强调石器动态生产系统的两个行为过程和一个互动关系(图 1)。两个行为过程分别是:技术表现(technical gestures),是与石器生产过程相关的各个连续阶段的技术行为;思维运作(mental operations),或称之为记忆(memory)或概念型板(mental template),指主导石器生产的人类认知能力。这两个方面之间相互的交流是通过石器生产体系中的"操作序列"(operational sequences)来完成的,即前面所说的"一个互动"。换言之,研究石器生产体系,就是要通过分析石器生产的操作序列来理解人类行为中的技术行为及与之相关的思维认知,这就是"操作链"概念所倡导的"透物见人"。

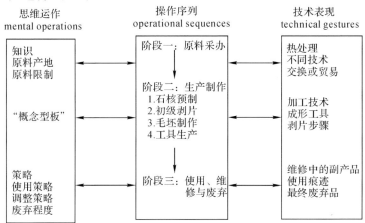

图 1　石制品生产系统的三个层面

① Pelegrin, J., Karlin, C., Bodu, P. 1988. Chaines operatoires: un outil pour le prehistorien, In: Tixier, J. (Ed), *Technologie prehistorique*. Paris: Editions du CNRS, p. 153.

② Sellet, F. 1993. *Chaîne opératoire*: the concept and its applications. *Lithic Technology*, 18:106-112.

③ Schlanger, N. 1994. Mindful technology: Unleasing the chaine operatoire for an archaeology of mind. In: Renfrew, C., Zubrow, E. (Eds), *The Ancient Mind*, *Elements of Cognitive Archaeology*. Cambridge: Cambridge University Press, pp. 143-151.

(一)操作序列

狭义地看,"操作链"分析局限于石制品研究,即对操作序列的分析。通过不同生产阶段的形态和技术标准来确定所有石制品在其生命史中的位置,进而了解石器的"生命和逻辑"[①]。

相对于静态类型学分析,操作序列分析的突出特点是强调动态,不仅要描述石器生产过程和生命史,而且要表达与影响生产活动各种因素相关的技术经济行为。研究必须涵盖从原料获取到工具废弃各个环节的信息,并且分辨在任何特定条件下可能采取的其他选择或步骤。石制品的生命轨迹包括三个亚系统,分别是原料采办,工具生产,工具的使用、维修及废弃。[②]

原料采办分析,涉及遗址内使用原料的类型、质量及数量、产地(本地或外来)、原始形态、开采方式以及采办过程(直接或间接采办)等。确定原料类型,可以通过感官判断,也可以借助自然科学手段进行岩性分析。例如最小单位石料分析(minimal analytical nodule analysis),根据原料类型、颜色或颗粒,将石制品分成多个单元,然后根据质量和数量统计,了解每种原料在遗址中的作用、剥片策略以及在整个技术体系中的地位。

工具生产,主要是剥片次序研究,其目的是辨别和描述所有与文化群体相关的剥片方法(剥片程序中不同阶段的选择),并了解这些剥片方法在石工业中的作用。剥片次序分析有三种方法:打片顺序研究、拼合研究和复制实验。打片顺序研究,是对所有石片进行统计和分类,确定它们从石核或坯材上剥离下来的次序,分辨生产过程的每个逻辑步骤。[③] 这一分析可以了解生产操作流程,分辨石核与坯材剥片的方式,其中以石核和两面器为主要研究对象。拼合研究,是对打片顺序研究的完善,具体包括破碎拼合与废片拼合两类,前

---

① Sackett, J. 1991. Straight archaeology French style: The phylogenetic paradigm in historical perspective, In: Clark, G. (Ed), *Perspectives on the Past: Theoretical Biases in Mediterranean Hunter-Gatherer Research*. Philadelphia: University of Pennsylvania Press, pp.109-139.

② Collins, M. 1974. *A Functional Analysis of Lithic Technology among Prehistoric Hunter-Gatherers of Southwestern France and Western Texas*. Arizona: University of Arizona, 3.

③ Geneste, J-M. 1988. Les industries de la Grotte Vaufrey: technologie du debitage, economie et circulation de la Matiere Premiere. In: Rigaud, J. (Ed), *La Grotto Vaufrey: Paleoenvironnement, chronologie, activites humaines*. Paris: Societe Prehistorique Francaise, pp.441-518.

者有助于了解工具的使用策略与生命史,后者则可揭示石料的原始形态以及特定的打制方式。复制实验包括工具的模拟制作和模拟使用,通过实验来验证对石制品"操作链"中各阶段的推测。

使用、维修和废弃,是操作序列分析的最后一步,也是区别于北美"剥片程序分析"(北美一种石制品分析模式,详见下文)的重要环节。过去的"操作链"分析主要关注打制程序的技术分析,对于工具的功能相对忽略。但是,微痕分析与残留物分析通过工具的破损和残留物推测其可能的用途,为了解工具的修锐、维修、变形以及人类的遗弃行为提供可靠证据,并且可据此进一步推测遗址性质以及人群生存策略等。

此外,废片分析、石器集群分析(mass analysis)等方法,也适用于操作序列分析,这可根据分析者的研究侧重点和知识背景选择应用。

(二)技术表现

前面提到 Leroi-Gourhan 将"技术行为"和"社会行为"等同起来,这是"技术"在社会生活中主导人类行为及其所产生的物质文化的表现。也就是说,在狭义的层面,技术是改变物质形态过程中的制造技能;这种技术技能是以物质文化形态的最终产品(比如器物)来表现的。Leroi-Gourhan 曾这样描述"技术"与"器物"的关系:"技术,是与行为和工具同时存在的、以真实序列组织起来、赋予操作序列以稳定性和灵活性的东西。"[1]史前石器技术的具体表现是石制品最终产品、副产品或废品等反映出来的操作过程。

广义地说,石器生产是制约史前人类行为和社会系统的力量,或称之为"技术表现"。如同当今网络信息技术对现代社会的改造,石器技术对石器时代物质文化的表现形式的变化起着关键性作用。因此,Desrosiers 把"技术"看作整个社会科学,认为史前群体在某个特定遗址的技术系统整体是由不同的"操作链"组成的,例如石器、骨器等。[2]沈辰在研究加拿大安大略南部早期农业社会的石器技术时,虽然没有冠以"操作链"之名,但提出"石器生产系统"

---

① Leroi-Gourhan, A. 1964. *Le geste et la Parole I: Technique et language*. Paris: Editions Albin Michel, p.164. (Translated by Boerger, A. 1993. *Gesture and Speech*. Cambridge: MIT Press.)

② Desrosiers, P. 2007. Paleoeskimo lithic technology: constraints and adaptation. *Lithic Technology*, 32(1):17-38.

概念来阐释石器生产与人类行为之间的生产关系。他指出,"石器生产系统的基础是其强调了石制品在特定社会环境中被改造的模式和过程"①,这个系统反映的是石器生产序列,如从石料采集到工具再加工等各个过程中的生产关系链(a chain-of-relation of production)。从某种意义上来说,这种"石器生产系统"概念是对"操作链"中技术行为方面比较好的诠释。

因此,对于技术行为的研究必然包含两方面关系:一是技术与物质文化形态(器物)的关联,一是技术与社会行为的关系。这两个方面的信息,可以通过沈辰所提倡的石器生产系统模式与过程加以分析,也可以应用"石器技术结构"(organization of lithic technology)的概念来分析石器制造和使用的过程(详见下文)。其宗旨与"操作链"理念一致,都是从动态角度,将石器的表现形式按照各个阶段纳入到被制造和被改造的生产序列中,尽可能地解释技术行为与社会行为之间的关系,特别是技术表现如何决定并影响着石制品的"操作链"。

(三) 思维运作

对人类认知能力的探讨包括两个主题:一是人类认知能力的演进;二是人类早期思维的表达程度。② 人类认知能力方面的研究十分丰富,旧石器时代人类认知能力的研究主要涉及其中的设计(design,指有意识的行为)、计划(planning,包括时间预算以及任务的优先执行)、交流及授受等。

"操作链"概念可以用来更深入地观察器物生产过程中的认知阶段,强调工匠通过思维活动和技术表现的连续互动与调节以达到预定目标,判别出工具生产中的"设计"与"计划"问题,包括运用"概念型板"以及通过远距离贸易或交换获得原料等。设计和计划之间的界限并不十分明显,人类行为常常同时包含这两者。

"概念型板"是美国考古学家 Deetz 提出的,指存在于工匠大脑里对一类

---

① Shen, C. 2001. *The Lithic Production System of the Princess Point Complex during the Transition to agriculture in Southwestern Ontario, Canada.* Oxford: BAR International Series 991, pp. 7-8.

② Renfrew, C. 1994. Towards a cognitive archaeology. In: Renfrew, C., Zubrow, E. (Eds), *The Ancient Mind, Elements of Cognitive Archaeology.* Cambridge: Cambridge University Press, pp. 3-12.

器物式样的恰当概念,并将之反映在器物的形制上。① 他认为,概念型板的形成可能源自社会文化传统,以习俗的方式代代相传;也可能源自工匠对自然环境的适应,以知识的形式互相授受。但是,"概念型板"这一中文译词,很容易局限石器分析家的思路。Fodor 就曾提出,所有的理解力过程都应该属于思维模板(mental module)。② 思维模板在很大程度上决定了物质表现,但绝不是一成不变的。操作序列中表现出的技术行为差异,就不同程度地反映出工匠对石器制作的知识、对客观限制的应对和调节策略、对工具有意识的使用,以及个人风格等方面思维模板的差异。如何分辨出"操作链"中和原始思维相关的元素,有赖于分析者对材料的敏感度以及阐释能力。

三 实践与效果

下面将举例说明"操作链"的应用及效果,其中有成有败,希望对深入认识这个概念有所帮助。

Bar-Yosef 等人对 Mt. Carmel 遗址 Kebara 史前文化的分析,较好地应用了"操作链"概念。③ 由于博尔德类型学方法忽略了石核剥片策略动态过程中的大量信息,因此他们选择了"操作链"这一当时较为新颖的分析概念。石制品研究以石制品的操作序列为主体,分为三个片断,完整地复原了"操作链"各个环节。原料采办可以反映史前人群在获取和运输原料时的能量花费④。通过岩性分析获悉,本地石料以未加工石块的形式被带入遗址并在原地进行加工,此类毛坯上带有石皮;10 ~ 20 千米以外的石料以勒瓦娄哇产品或加工石片的形式被带入,此类毛坯上没有石皮。石核剥片策略有两种,一是石核剥片程序,包括石核整形、毛坯预制;二是将毛坯修理成工具以及工具使用过程

---

① Deetz, J. 1967. *Invitation to Archaeology*. New York: National History Press.

② Fodor, J. 1983. *The Modularity of Mind*. Cambridge: MIT Press.

③ Bar-Yosef, O., Vandermeersch, B., Arensburg, B., et al. 1992. The excavations in Kebara Cave, Mt. Carmel. *Current Anthropology*, 33(5):497-550.

④ Geneste, J-M. 1988. Les industries de la Grotte Vaufrey: tchnologie du debitage, economie et circulation de la Matiere Premiere. In: Rigaud, J. (Ed), *La Grotto Vaufrey: Paleoenvironnement, Chronologie, Activites Humaines*. Paris: Societe Prehistorique Francaise, pp.441-518.

中的二次加工。对于三角形毛坯的特殊生产方法，按照不同阶段详细介绍。根据修理痕迹和使用痕迹的分析，发现三角形毛坯所表现出的磨损痕迹较多，应该是理想的终极产品。整个"操作链"反映出，该遗址的石核剥片策略是反复地进行勒瓦娄哇式加工，单向剥片和聚向剥片产生的毛坯形态不同，表明了工匠对石核的控制。不同的石核剥片方法，意味着当地工匠有明确的技术"选择"（决策策略）。总体来看，该遗址人群的技术"操作链"比较长，多数石制品是有计划生产的，原料被比较高效地利用，技术水平和晚期人类没什么大的不同。

Geneste 和 Maury 对梭鲁特时期投掷尖状器的实验性研究[1]，是值得学习的成功范例。他们明确采用了"操作序列"一词(operational sequences)，并强调过程分析要结合考古背景。他们的实验证明：(1)石料本身的限制是第一个要考虑的技术因素，石料决定了破裂片疤的差异和石器的结实度，以及热处理情况。(2)梭鲁特尖状器的毛坯不一定是标准化的。(3)在使用过程中，运用了黏合剂来装柄，两种形制不同的尖状器被用于不同目的，因而破损情况也不同，矛头上的破损痕迹明显多于箭头。除此之外，他们还强调了破损、效率、成本以及限制因素等，涵盖了梭鲁特工匠制作并使用此种工具可能涉及的所有要素。基于操作序列的复原，他们认为工匠具有相当程度的经验，能够面对石料的限制，相应地调整加工方式。

Rahmani 关于 Capsian 旧石器晚期文化的研究，不仅全面复原了类石叶的"操作链"，而且探索了几何形细石器打制技术专门化的可能性（表1）。[2] 这两个遗址都有优质燧石，采办成本较低。以同种方法预制成定型石核，进一步加工成工具，其中一些未被砸击的石核可能作为有价值的物品被储存起来，可能被用作交换。[3] "操作链"表现出高度控制的类石叶技术，毛坯在尺寸

① Geneste, J-M., Maury, S. 1997. Contributions of multidisciplinary experimentation to the study of Upper Paleolithic projectile points. In: Knecht, H. (Eds). *Projectile Technology*. New York and London: Plenum Press, pp. 165-189.

② Rahmani, N. 2007. From mitred cores to broken microlithes: in search of specialization during the Capsian. *Lithic Technology*, 32(1):79-97.

③ (1)Gobert, E-G. 1951. El Mekta, station princeps du Capsien. *Karthago*, 3:1-79;(2)Tixier,J., Marmier, F., Trecolle, G. 1976. *Le campement prehistorique de Bordj Mellala, Ouargla, Algerie*. Valbonne: Cercle de Recherches et d'Etudes Prehistoriques.

表 1 对 Capsian 旧石器晚期遗址的分析

阶段	Relilai 遗址	Kef Zoura D 遗址
阶段一:原料采办	本地 Senonian 燧石为多,三分之一为外来的黑燧石	本地 Senonian 燧石和外来的黑燧石(以毛坯和成形工具形式带入遗址)
阶段二:石核预制	Relilai 类型:间接打制法;宽大于高,台面在最长面,剥片面在最窄面	多数石核是耗尽的
阶段三:毛坯制作	开始是单向剥片,后来用两极法翻新石核;系统采用压制法	多数毛坯呈规则形,采用压制法
阶段四:微雕刻器	毛坯尺寸一致,两侧边缘平行的毛坯较多;该阶段主要是为了生产几何形细石器	三角形类石叶毛坯多,变异性较大,尺寸较小;总体尺寸和技术一致
阶段五:几何形细石器的使用	在制作区被使用;可能装柄,尖部被加固,尾端破损明显,可能为投掷尖状器	使用痕迹很多,表明是斜向插入木柄的;可能作为轻型投掷工具;存在工具维修区;存在零部件替换

与技术上的一致,以及可能被用于交换的石核,表明了石器的标准化生产。特殊打制技术(微雕刻器技术)、细致的石核预制、统一的毛坯生产以及工具的标准化,反映出 Capsian 晚期文化中石制品生产的专门化和复杂化,而技术差异则可能是工匠声望与地位的表现。石料和定型石核的交换,可能也反映出不同人群知识的交流,这些都是"操作链"分析在认知方面的进步。但是,限于材料,专门化的确立还有待验证。

　　同时,也存在不少令人失望的应用案例,主要是将"操作链"概念混同于剥片程序分析,忽略其他环节的研究。例如 Hahn 对比奥瑞纳(Aurignacian)与格雷夫特(Gravettian)之间的区别[1]、Turq 对基纳型莫斯特传统(Quina Mousterian)的研究[2]、Milliken 对意大利中西部旧石器时代早期砾石工业"操

---

① Hahn, J. 1991. *Erkennen und Bestimmen von Stein-und Knchenartefakten : Einfuhrung in die Artefaktmorphologie*. Tubingen: Archaeologica Venatoria 10.

② Turq, A. 1992. Raw material and technological studies of the Quina Mousterian in Perigord. In: Dibble, H., Mellars, P. (Eds), *The Middle Paleolithic : Adaptation, Behavior, and Variability*. Philadelphia: University of Pennsylvania, pp. 75-87.

作链"的复原①、Fontana 应用实验方法对意大利 Bel Poggio 遗址的分析②、Kempcke-Richter 对 Jerxen-Orbke 石叶生产的讨论③,都使用了 *Chaîne Opératoire* 一词,但分析模式及结果却与剥片程序分析无异,不涉及原料、工具的使用与废弃等。

以 Desrosiers 最近对北极地区石工业的讨论为例。④ 他在文章的方法论部分,明确反对将"操作链"等同于北美的"剥片程序分析",在对比两个概念之后,强调自己运用的是 *Chaîne Opératoire*,不翻译成 Reduction Sequence。然而,除略微提及原料的大体情况外,他的分析只讨论了从石核预制到细石叶加工。至于工具的使用、维修和废弃,只字未提。虽然涉及对技术传统的讨论,但这不能算是对人类行为认知的探索。总之,他未能实现目标,研究再一次落入"剥片程序"的窠臼。

在中国,目前能看到明确应用"操作链"概念的,以陈淳、沈辰等对小长梁石工业的研究为代表⑤。他们首先考虑到石料来源以及对石器生产的约束,再通过对石片废品的研究考察石制品剥片程序,运用微痕分析探讨石器的使用功能,综合石器技术状态探索古人类在制造石器能力上的认知程度等,应该说是目前国内将"操作链"概念较早付诸实践的一个范例。但是,由于小长梁石制品本身材料的局限性,他们的研究终究"心有余而力不足",未能将"操作链"概念的实践运用反映得十分清楚。

① Milliken, S. et al. 1998. An experimental approach to the reconstruction of the "*chaine operatoires*" in a Lower Paleolithic pebble industry from West-central Italy. In: Milliken, S., Peresani, M. (Eds), *Lithic Technology: From Raw Material Procurement to Tool Production*. Forli: M. A. C. Srl, pp. 23-31.

② Fontana, F., Nenzioni, G. 1998. The pebble industry from Bel Poggio (Bologna, Italy): reconstruction of the techniques and "*chaîne opératoire*" by means of experimentation, In: Milliken, S., Peresani, M. (Eds), *Lithic Technology: From Raw Material Procurement to Tool Production*. Forli: M. A. C. Srl, pp. 31-36.

③ Kempcke-Richter, C. 1998. Sequences of blade production from the Late Paleolithic open-air site of Jerxen-Orbke(Stadt Detmold). In: Milliken, S., Peresani, M. (Eds), *Lithic Technology: From Raw Material Procurement to Tool Production*. Forli: M. A. C. Srl, pp. 97-102.

④ Desrosiers, P. 2007. Paleoeskimo lithic technology: constraints and adaptation. *Lithic Technology*, 32(1):17-38.

⑤ 陈淳、沈辰、陈万勇等:《小长梁石工业研究》,《人类学学报》2002 年第 21 期。

四 其他相似概念

世界各地的石器分析家,在不同时间、通过不同途径先后形成了相似的石器程序分析概念与方法①,包括法国的"操作链"、北美的"行为链"(Behavior Chain)和"技术结构"(Technological Organization),以及被广泛使用的"剥片程序"(Reduction Sequence)等。就定义和内涵而言,前三个概念是一致的,可谓同曲异工;但是"剥片程序"只分析石器生产体系中工具制造的工艺流程,相当于"操作链"概念中的"操作序列"部分,差别相对明显。下面将对这几个概念略作讨论。

(一)"行为链"

与"操作链"最为相似的是美国考古学家 Schiffer 提出的"行为链"概念:"行为链指某个元素(element)在其系统环境中的所有行为序列。行为链可以被划分成称为'环节'的特定部分,单个行为是其中最小的环节。行为链环节与一般系统过程相一致。…… 任何遗存在文化系统背景中的行为次序都可以归结为一套基本的过程,并可以用一种流程模式加以表述。这个过程包括采办、生产、使用、维修和废弃。一个过程包括若干阶段……一个阶段又包括若干动作。"②

"行为链"考古学家询问的是有关人类与器物之间的关系问题③,认为行为的最基本单位是"活动",而器物正是活动的一个组成部分。Schiffer 定义了"行为"的七个组成部分:特定的文化定义、人为或非人为能量来源、各种相关

---

① (1)Bleed, P. 2001. Trees or chains, links or branches: Conceptual alternatives for considerations of stone tool production and other sequential activities. *Journal of Archaeological Method and Theory*, 8(1):101-127;(2)Schiffer, M. 1972. Behavioral chain analysis: Activities, organization, and the use of space. *Field Anthropology*, 65:103-119;(3)Schiffer, M. 1976. *Behavior Archaeology*. New York: Academic Press, p.49;(4)Nelson, M. 1991. The study of technological organization. *Archaeological Method and Theory*, 3:57-100.

② Schiffer, M. 1975. Archaeology as behavioral science. *American Anthropologist*, 77:836-848.

③ (1)Reid, J., Schiffer, M., Rathje, W. 1975. Behavioral archaeology: four strategies. *American Anthropologist*, 77:864-869;(2)Schiffer, M. Archaeology as behavioral science. *American Anthropologist*, 77:836-848.

因素、行为发生的时间与频率、行为发生的地点、各环节的互动以及行为的表现路径(即在考古材料上的表现),强调行为的变化过程受到生活方式、社会组织等特殊行为因素的影响。House 曾经运用"行为链"概念对阿拉斯加东北部 Cache 盆地石器组合进行研究,不仅完整地勾画出石制品生产序列,而且在考古学背景中将人与器物较好地结合起来,强调了史前人类的行为模式,令人印象深刻。①

"操作链"与"行为链"十分相似,但是仍然具有各自不同的研究特性。第一,前者强调石制品生产的概念与知识②,后者则试图解释人类行为的差异与变化③。第二,前者强调技术动态本身,而后者则偏于强调文化相关性与人类行为。第三,尽管两者都善于通过流程图来表现石器的动态生命史,但"行为链"更多地运用数学公式来分辨各元素之间的关系,"操作链"则偏于特征的一般排序。

遗憾的是,虽然二者倡导的理念和思路如此相似,但是相对于"操作链"的发扬光大,"行为链"的命运却截然不同。即使在其发源地北美,学者们似乎也更愿意使用"操作链"或"剥片程序"。这种欠缺,除了归因于新大陆材料本身不适合用这种方法外④,可能还缘于数学公式并不适合考古学家的研究思路与方法,也不符合读者群的口味。更重要的是,"行为链"分析涉及文化与社会因素,主观性、随意性较强,被指责为"所谓的故事"⑤,缺乏实际证据和科学性。"操作链"分析也存在类似倾向,所以在运用时也应注意解释的可信

---

① House, J. 1975. A functional typology for Cache project surface collections. In：Schiffer, M., House, J. (Eds), *The Cache River Archaeological Project：An Experiment in Contract Archaeology.* Fayetteville：Arkansas Archaeological Survey, pp. 55-73.

② Sellet, F. 1993. Chaine operatoire：the concept and its applications. *Lithic Technology*, 18：106-112.

③ Bleed, P. 2001. Trees or chains, links or branches：Conceptual alternatives for considerations of stone tool production and other sequential activities. *Journal of Archaeological Method and Theory*, 8(1)：101-127.

④ Jelinek, A. 1991. Observation on reduction patterns and raw materials in some Middle Paleolithic industries in the Perlgord. In：Montet-White, A., Holen, S. (Eds), *Raw Material Economies among Prehistoric Hunter-Gatherers.* Lawrence：University of Kansas, pp. 7-31.

⑤ (1) Dunnell, R. 1982. Science, social science, and common sense：The agonizing dilemma of modern Archaeology. *Journal of Anthropological Research*, 38：1-25；(2) Dunnell, R. 1989. Aspects of the application of evolutionary theory in archaeology. In：Lamberg-Karlovsky, C. (Eds). *Archaeological Thought in America.* Cambridge：Cambridge University Press, pp. 35-49；(3) Dunnell, R. 1992. Is a scientific archaeology possible? In：Embree, L. (Ed), *Metaarchaeology.* Boston：Kluwer Academic Publishers, pp. 75-97.

性,以免自说自话。

(二)技术结构

Nelson 定义技术结构研究为"关于工具的制作、使用、搬运、废弃以及生产与维修所需原料的选择以及整合策略的研究。技术结构的研究考虑影响这些策略的各种经济、社会变量"①。

从定义的字面表述上看,技术结构与"操作链"也比较相似。这种研究方法的最终目标是确定技术变革对史前社会行为变化的反映②,主要考察人类技术与自然环境、社会因素之间的动态互动关系③,涵盖了器物的整个生命史及影响因素。Odell 在总结 20 世纪旧石器研究状况时提到,技术结构研究运用的主要概念包括流动模式、工具的维修性或可靠性、精制加工和权益加工等,将石器的获取和生产归因于原料的可获性及人群的技术结构。④ 另外,还有很多方面的工作可以深入,例如:原料的分布,器物的风格、功能,工具的循环利用、废弃,以及风险、社会策略等。

技术结构研究也涉及人类的行为与认知方面,相对重视社会组织和结

---

① Nelson, M. 1991. The study of technological organization. *Archaeological Method and Theory*, 3:57-100.

② Kelly, R. 1988. The three sides of a biface. *American Antiquity*, 53:717-734.

③ (1) Johnson, J., Morrow, C. (Eds). 1987. *The Organization of Core Technology*. Boulder and London: Westview Press; (2) Carr, P. 1994. The organization of technology: Impact and potential. In: Carr, P. (Ed), *The Organization of North American Prehistoric Chipped Stone Tool Technologies*. Ann Arbor: International Monographs in Prehistory, pp. 1-8.

④ Odell, G. 2001. Stone tool research at the end of the Millennium: classification, function, and behavior. *Journal of Archaeological Research*, 9:45-99.

构,以重建史前迁移和聚落形态为焦点。① Kelly 对大盆地史前狩猎采集群聚落结构特定策略的推测,Clark 对中美洲细石叶生产中劳动力结构的描述,以及 Andrefsky 对石料可获性与工匠决策、史前人群流动、社会结构之间关系的分析,都是技术结构研究中比较成功的案例。②

尽管运用流动模式的概念不能全面解释工具生产、使用和废弃的模式③,尽管使用废片来推测史前石器生产方法或策略存在困难④,尽管技术结构研

① （1）Amick，D. 1987. Lithic raw material variability in the Central Duck River Basin：Reflections of Middle and Late Archaic organizational strategies. In：*TVA Publications in Anthropology* 50. Knoxville：Tennessee University，p. 257；（2）Anderson，D.，Hanson，G. 1988. Early Archaic settlement in the Southeastern United States：A case study from the Savannah River Basin. *American Antiquity*，53：262-286；（3）Andrefsky，W. 1991. Inferring trends in prehistoric settlement behavior from lithic production technology in the Southern Plains. *North American Archaeology*，12：129-144；（4）Bamforth，D. 1986. Technological efficiency and tool curation. *American Antiquity*，51：38-50；（5）Bamforth，D. 1990. Settlement，raw material，and lithic procurement in the Central Mojave Desert. *Journal of Anthropological Archaeology*，9：70-104；（6）Bamforth，D. 1991. Technological organization and hunter-gatherer land use. *American Antiquity*，56：216-235；（7）Binford，L. 1977. Forty-seven trips. In：Wright，R.（Ed），*Stone Tools as Cultural Markers*. Canberra：Australian Institute of Aboriginal Studies，pp. 24-36；（8）Binford，L. 1978. Dimensional analysis of behavior and site structure：Learning from an Eskimo hunting stand. *American Antiquity*，43：330-361；（9）Binford，L. 1979. Organization and formation processes：Looking at curated technologies. *Journal of Anthropological Research*，35：255-273；（10）Bleed，P. 1986. The optimal design of hunting weapons：Maintainability or reliability. *American Antiquity*，51：547-562；（11）Hofman，J. 1991. Folsom land use：Projectile point variability as a key to mobility. In：Montet-White，A.，Holen，S.（Eds），*Raw Material Economies among Prehistoric Hunter-Gatherers*. Kansas：Lawrence，pp. 335-356；（12）Kuhn，S. 1989. Hunter-gatherer foraging organization and strategies of artifact replacement and discard. In：Amick，D.，Mauldin，R.（Eds），*Experiments in Lithic Technology*. Oxford：B. A. R.，pp. 33-48；（13）Magne，M. 1985. *Lithics and livelihood：Stone tool technologies of Central and Southern Interior British Columbia*. Ottawa：National Museum of Man；（14）Parry，W.，Kelly，R. 1987. Expedient core technology and sedentism. In：Johnson，J.，Morrow，C.（Eds），*The Organization of Core Technology*. Boulder：Westview Press，pp. 285-304；（15）Sassaman，K.，Hanson，G.，Charles，T. 1988. Raw material procurement and the reduction of hunter-gatherer range in the Savannah River Valley. *Southeastern Archaeology*，7：79-94.

② （1）Kelly，R. 1988. The three sides of a biface. *American Antiquity*，53：717-734；（2）Clark，J. 1987. Politics，prismatic blades，and Mesoamerican civilization. In：Johnson，J.，Morrow，C.（Ed）. *The Organization of Core Technology*. Boulder：Westview Press，pp. 259-284；（3）Andrefsky，W. 1994. Raw-material availability and the organization of technology. *American Antiquity*，59（1）：21-34.

③ （1）Bamforth，D. 1990. Settlement，raw material，and lithic procurement in the Central Mojave Desert. *Journal of Anthropological Archaeology*，9：70-104；（2）Torrence，R. 1989. Tools as optimal solutions. In：Torrence，R.（Ed），*Time，Energy and Stone Tools*. Cambridge：Cambridge University Press，pp. 1-6.

④ Kelly，R. 1992. Mobility sedentism：Concepts，archaeological measures，and effects. *Annual Review of Anthropology*，21：43-66.

究过分强调外部因素对石器生产变化的影响①,但是这些研究视野对于"操作链"分析而言,仍不失为一个有力的补充。

(三)剥片程序

"剥片程序"分析是北美考古学家应用最广泛的石器分析手段之一,也是目前西方学者使用最为混淆的概念之一。

《石制品:宏观分析法》(*Lithics:Macroscopic Approaches to Analysis*)一书对两面器"剥片程序"的定义是:"用来组织两面器的一种方法是剥片阶段或程序……按照打制技术辨认出两面器的不同形制,每个形制被认为是从原料坯材到成品过程中的一个阶段。"②Collins 认为,剥片程序分析就是要了解石制品生产与人类行为之间的关系形式,并找到产生这种形式的原因。③

剥片程序分析,相对关注石制品系统的结构,以及工具生产中的各个阶段和剥片过程,偶尔涉及工具的使用、修锐与废弃。④ Hoffman 在对同一个文化群体中各种投掷尖状器类型排序时提出,不同的形制是两面器连续再修锐的结果⑤;Flenniken 和 Raymond 提出,大盆地尖状器的"时间敏感"形状可能

① Shen, C. 2001. *The lithic production system of the Princess Point Complex during the transition to agriculture in Southwestern Ontario, Canada*. Oxford:BAR International Series 991, pp.7-8.

② Andrefsky, W. 1998. *Lithics:Macroscopic Approaches to Analysis*. Cambridge:Cambridge University Press.

③ Collins, M. 1975. Lithic technology as a means of processual inference. In:Swanson, E. (Ed), *Lithic Technology:Making and Using Stone Tools*. The Hague:Mouton Publishers, pp.15-34.

④ (1)Nelson, M. 1991. The study of technological organization. *Archaeological Method and Theory*, 3:57-100;(2)Bleed, P. 2001. Trees or chains, links or branches:Conceptual alternatives for considerations of stone tool production and other sequential activities. *Journal of Archaeological Method and Theory*, 8(1):101-127;(3)Whittaker, J. 1994. *Flintknapping:Making and Understanding Stone Tools*. Austin:University of Texas Press;(4)Neeley, M., Barton, C. 1994. A new approach to interpreting late Pleistocene microlithic industries in Southwest Asia. *Antiquity*, 68:275-288;(5)Peresani, M. 1998. Technological variability within the Mousterian in Northern Italy:The discoid lithic assemblage of Fumane Cave. In:Milliken, S., Peresani, M.(Eds), *Lithic Technology:From Raw Material Procurement to Tool Production*. Forli:M. A. C. Srl, pp.43-48;(6)Goodyear, A. 1974. *The Brand site:a techno-functional study of a Dalton site in Northeast Arkansas*. Fayetteville:Arkansas Archaeological Survey;(7)Dibble, H. 1995. Middle Paleolithic scraper reduction:Background, clarification, and review of the evidence to date. *Journal of Archaeological Method and Theory*, 2:299-368.

⑤ Hoffman, C. 1985. Projectile point maintenance and typology:Assessment with factor analysis and canonical correlation. In:Carr, C. (Ed), *For Concordance in Archaeological Analysis*. Kansas City:Westport Publisher, pp.566-612.

反映了工具正常生命史中的阶段性变化①。Bradley 对古印第安投掷尖状器生产的研究,甚至反映出在认知与意义方面的偶尔涉足。② 受北美传统的影响,剥片程序分析也是以形态测量和特征统计为基础,依赖于石核或坯材的尺度和特点,文章中多见比例测量或频率的对比表格。至于原料采办、石核预制、坯材生产以及工具废弃等,则常常被分开研究或被忽略。③

从研究对象和结果来看,"剥片程序"仅仅相当于"操作链"概念中的"操作序列"部分,可以说"操作链"的一个片段。但是由于"剥片程序"一词从字面上看内涵清晰,应用起来简单实用,而"操作链"相对抽象、模糊,受考古材料局限性大,导致不少学者将二者等同起来,认为"操作链的最终目的就是认识并描述剥片程序中的不同阶段"④。

此外,日本典型的旧石器时代晚期细石叶生产中的剥片顺序研究⑤,与此十分相似,可能受到北美模式的影响。

五 讨论与小结

经过对历史的回顾、对定义和内涵的理解、对多个术语的比较之后,我们应该回到最基本的问题了——什么是操作链?任何以石器生产体系中人与人、人与自然的动态关系为目的的研究都属于"操作链"的内涵范畴,在这个意义上,称名"操作链"或"行为链"或"技术结构"已经不那么重要了。关键的是,运用"操作链"的理念将石器研究从静态的类型学研究带入到动态的技

① Flenniken, J., Raymond, A. 1986. Replication experimentation and technological analysis. *American Antiquity*, 33:149-155.

② Bradley, B. 1982. Flaked stone technology and typology. In: Frison, G., Stanford, D. (Ed). *The Agate Basin Site: A Record of the Paleo-Indian Occupation of the Northwest High Plains*. New York: Academic Press, pp.181-208.

③ Desrosiers, P. 2007. Paleoeskimo lithic technology: constraints and adaptation. *Lithic Technology*, 32(1):17-38.

④ Grimaldi, S. 1998. Methodological problems in the reconstruction of *chaine operatoires* in Lower-Middle Paleolithic industries. In: Milliken, S., Peresani, M. (Eds), *Lithic Technology: From Raw Material Procurement to Tool Production*. Forli: M. A. C. Srl, pp.19-22.

⑤ Imamura, K. 1996. *Prehistoric Japan: New perspectives on Insular East Asia*. Honolulu: University of Hawaii Press.

术操作序列研究,这样才算在理论层面上的推进。

1979 年,Binford 提出要对当时组合差异研究方法重新思考,"特别需要重新思考对石料产地'成本/收益'以及剥片策略、原料、工具设计、再回收、再利用及其对'组合差异'作用的分析"[1]。"操作链"概念不仅符合这种全面的考虑,而且为我们提供了研究器物动态的有效分析理念。综上所述,我们认为"操作链"概念不是一种具体的分析方法,也不可能是一种分析方法,而是石器分析中的一种理论视角和研究视野(theoretical device),是对具体分析方法或分析模式的整合。在这个研究体系中,考古学家可以将考察石器生产的动态过程和工匠认知方式作为目标,运用各种适合的方法,如拼合分析和微痕分析,从整体上把握某种技术的工艺流程及其在文化系统中的地位。"操作链"概念对于分析石器精致加工、技术系统的多样化、工具使用效率、石器制作及维修过程中的时间选择与预算等问题,同样具有不可低估的作用。

但要注意的是,在研究中运用一种或几种创新的石器分析方法(如微痕分析、拼合分析、废片分析、石器集群分析等)并不等同于运用了"操作链"概念,例如北美的"剥片程序",它只能算是其中的一个部分,一个片断。将之混同起来,是对"操作链"概念彻头彻尾的误解。

在具有强大优势的同时,"操作链"概念依然存在一些不可忽视的局限与问题。第一,对于石器制作的技术知识的研究,仍然是其中最抽象、最困难的部分,目前尚未看到很好的研究案例。第二,在语义表达上,"操作链"的支持者依旧未能清晰地界定这个概念,使之与"剥片程序"、"行为链"等明确区分开来。第三,"操作链"的理想目标是全面解释石器与人类行为之间的关系,但是"操作链"分析往往受制于考古材料,给完整复原带来困难(比如陈淳、沈辰等对小长梁石制品组合的研究)。第四,"操作链"分析相对适合讨论单个文化中的技术系统或工艺进步性的比较[2],不适宜识别不同文化的多样性和时间性,这是此概念最大的缺陷所在。

那如何更好地将"操作链"应用于石制品分析呢? 我们目前的认识是:研

①　Binford, L. 1979. Organization and formation processes: Looking at curated technologies. *Journal of Anthropological Research*, 35:255-273.

②　李英华、侯亚梅、Bodin, E.:《法国旧石器技术研究概述》,《人类学学报》2008 年第 1 期。

究者本人首先要掌握这个概念及其内涵,以"操作链"概念为指导思想,本着动态观察的原则,依照实际材料的情况运用合适的分析方法加以调整。如果我们能够从石制品组合中提炼出充足的分析要素,就有可能分辨所有环节,完整地复原"操作链";如果客观条件不允许,就采用"剥片程序"分析,清楚地说明生产技术,设法予以局部还原。在文字表述时,最好在同一篇文章中区别使用这两个概念,用"操作链"表示研究思路,用"剥片程序"表示特定研究部分,如石制品打片次序,以免混淆。另一方面,"操作链"也不是包治百病的一剂良方。现在有一种倾向,研究石器必谈"操作链",以为冠以其名,研究必有创新。Odell 对此也忍无可忍批评道:"可惜的是,许多热衷于提倡'操作链'的学者,并没有做出多少实际工作,只是一遍遍地强化了'剥片程序',偶尔提及原料采办。"我们不必追求形式,使此类理念变成研究的负担,而应该借鉴各种手段来尽可能提炼石制品中有限的人类行为信息,为史前研究做出贡献。

Baudrillard 在审视法国文化时这样写道:"我们只关注自己,不关注来自外界的东西,只接受自己发明的东西。"①其实,其他国家和地区的学者又何尝不是如此呢? 考古学家们在继承各自学术传统的同时,或是因为语言,或是因为民族态度,仍然相对封闭,不能很好理解对方的研究或理念。没有对话就没有交流,更谈不上共同进步。所以,真正的学术进步,除了希冀考古学理论与方法的建构和发展,更重要的是彼此真正了解。

(陈虹、沈辰合作,原刊《人类学学报》2009 年第 2 期)

---

① Baudrillard, J. 2005. Continental drift: Questions for Jean Baudrillard. *New York Sunday Magazine CLV*, 20 Nov.

石制品研究中的定量分析方法：组合间对比

　　石制品是史前人类留下来能被研究的最重要的信息载体之一。石制品分析是旧石器时代研究中不可或缺的一部分，而石制品组合间对比是其中的关键一环。组合间对比的重点多在于寻找一个组合与其他组合之间的异同，从而进一步理解组合独特性的形成因素或石制品组合之间的关系。从中国目前的研究状况看，不论是发掘或调查报告，还是研究性文章，在对比讨论时"文化属性趋同/一致"、"表现出较多相似性"等概括性的定性描述较为常见。[①] 然而，文字作为一种表意性符号难以完全实现具象化表达，隐藏在石制品组合中的复杂信息及关系很难用文字呈现出来。目前，在交叉学科日益发展的背景下，信息整合研究成为明显趋势，定量分析因其在多变量复杂分析及对比研究中的客观优势，在考古学研究中也发挥着日益凸显的作用。定量分析方法在组合间对比中的应用由来已久，国内已经出现了一些探索与尝

---

　　① （1）高星、周振宇、关莹：《青藏高原边缘地区晚更新世人类遗存与生存模式》，《人类学学报》2008 年第 6 期；（2）陈全家、赵海龙、方启等：《石人沟林场旧石器地点试掘报告》，《人类学学报》2010 年第 4 期；（3）方启、陈全家、卢悦：《湖北丹江口北泰山庙 2 号旧石器地点发掘简报》，《人类学学报》2012 年第 4 期；（4）王幼平、顾万发、汪松枝等：《李家沟遗址的石器工业》，《人类学学报》2013 年第 4；（5）王社江、孙雪峰、鹿化煜等：《汉水上游汉中盆地新发现的旧石器及其年代》，《人类学学报》2014 年第 2 期；（6）高立红、袁俊杰、侯亚梅：《百色盆地高岭坡遗址的石制品》，《人类学学报》2014 年第 2 期；（7）王頠：《广西布兵盆地河流阶级新发现的史前石器遗址》，《人类学学报》2014 年第 3 期；（8）邢璐达、王社江、张改课等：《陕西洛南盆地夜塬地点发现的石制品》，《人类学学报》2015 年第 1 期；（9）陈宥成、曲彤丽：《试析中国长江中游地区大型尖状器类石器遗存的区域传统》，《人类学学报》2015 年第 1 期；（10）李意愿、高成林、向开旺：《丹江口库区舒家岭旧石器遗址发掘简报》，《人类学学报》2015 年第 2 期。

试①,整体上多表现为以计数及频率计算为基础、以简单描述为目的的图表法,相应的专题研究还鲜少可查。

基于国际学界的一些研究进展,本文从石制品组合间对比的深度和广度以及对比时所采用的定量分析方法等方面,探究石制品组合的概念和定量分析方法在对比研究中的应用特点与发展变化,归纳定量分析的一般过程和注意事项,思考在多学科交叉背景下,如何更好地合理运用定量分析方法,以期进一步提升中国石制品组合间对比的水平。

一　概念与背景

组合(assemblage)被认为是考古学中最重要的理论结构之一,常用于解释考古记录②。研究者对于组合有各自的定义,或认为组合是一群共同出现在某特定时间和地点的人工制品③,或从考古遗址的层面定义组合为某一特定遗址或地层中发现的所有人工制品④。实际上,遗址或地层本身包含时间

---

① （1）张森水:《富林文化》,《古脊椎动物与古人类》1977 年第 1 期;（2）卫奇:《东谷坨遗址石制品在研究》,《人类学学报》2014 年第 3 期;（3）李占扬、李雅楠、加藤真二:《灵井许昌人遗址第 5 层细石核工艺》,《人类学学报》2014 年第 3 期;（4）徐廷、汪英华、单明超等:《大窑遗址二道沟地点石制品研究的抽样方法设计》,《人类学学报》2015 年第 3 期。

② Shott, M. 2010. Size dependence in assemblage measures: essentialism, materialism, and 'SHE' analysis in archaeology. *American Antiquity*, 75(4): 886-887.

③ （1）Odell, G. 2004. *Lithic Analysis*. USA: Springer, p. 4;（2）Renfrew, C., Bahn, P. 2008. *Archaeology: Theories, Methods, and Practice(Fifth Edition)*. New York: Thames & Hudson, p. 578.

④ （1）Kadowaki, S. 2013. Issues of chronological and geographical distributions of Middle and Upper Paleolithic cultural variability in the Levant and implications for the learning behavior of Neanderthals and *Homo sapiens*. In: Akazawa, T., Nishiaki, Y., Aoki, K. (Eds), *Dynamics of Learning in Neanderthals and Modern Humans Volume 1: Cultural Perspectives*. Japan: Springer, pp. 62-63;（2）Bruce, A. 1975. Lithic reduction sequence: A glossary and discussion. In: Earl, H. (Ed), *Lithic Technology*. The Huge: Mouton Publisher, pp. 5-14;（3）张森水:《中国北方旧石器工业的区域渐进与文化交流》,《人类学学报》1990 年第 4 期;（4）Shott, M. 2008. Lower paleolithic industries, time, and the meaning of assemblage variation. In: Holaway, S., Wandsnider, L. (Eds), *Time in Archaeology: Time Perspectivism Revisited*. Salt Lake City: University of Utah Press, pp. 46-60.

和地域两个因素。① 一个遗址或地层可能同时出土石器、陶器等不同材质的人工制品,在定义时通常将一个组合所包含的人工制品限定为同一种材质,或者直接将同一材质置于组合之前②,比如石制品组合。当然,偶尔有将某特定遗址中所有材质的人工制品作为一个组合的情况。③

组合有着十分丰富的内涵,不仅仅是一个个可见的物质实体,还包括其所承载的信息。石制品组合被部分研究者解读为文化活动或文化系统④,通常依据的是组合中石制品形态及其组合。也有研究者提出组合的内涵远不止于此,应包含石料、类型、技术、功能等多方面的信息,代表人类全部的活动。借助地层学和测年手段可以获取原地埋藏石制品的年代;通过组合间对比可以识别其所属工业或文化,推断技术的特征、组织及演变,或结合其所属背景,推断人类活动。

不过,一些研究者对组合的定义表示异议⑤,认为组合并不存在固定的组成,而是一个动态的形成过程。他们认为地层或遗址是人为划分的,在组合

① （1）Feder, K. 2007. *Linking to the Past : A Brief Introduction to Archaeology*. New York : Oxford University Press；（2）Hranicky, W. 2013. *Archaeological Concepts, Techniques, and Terminology for American Prehistoric Lithic Technology*. United States：Author House, p. 97.

② （1）Odell, G. 2004. *Lithic Analysis*. USA：Springer, p. 4；（2）Kadowaki, S. 2013. Issues of chronological and geographical distributions of Middle and Upper Paleolithic cultural variability in the Levant and implications for the learning behavior of Neanderthals and *Homo sapiens*. In：Akazawa, T., Nishiaki, Y., Aoki, K. (Eds), *Dynamics of Learning in Neanderthals and Modern Humans Volume 1：Cultural Perspectives*. Japan：Springer, pp. 62-63.

③ Feder, K. 2007. *Linking to the Past：A Brief Introduction to Archaeology*. New York：Oxford University Press.

④ （1）Deetz, J. 1967. *Invitation to Archaeology*. New York：Natural History Press, p 119；（2）Bordes, F., Denise de Sonneville-Bordes. 1970. The significance of variability in Paleolithic assemblages. *World Archaeology*, 2：61-73.

⑤ （1）O'Brien, M., Lyman, R. 2000. *Applying Evolutionary Archaeology：A Systematic Approach*. New York：Kluwer, pp. 32-37；（2）Shott, M. 2003. Size and Paleolithic Assemblage Variation in the Old Word：A New World Perspective. In：Moloney, N., Shott, M. (Eds), *Lithic Analysis at the Millennium*. London：Institute of Archaeology, pp. 137-150；（3）Shott, M. 1997. Activity and formation as sources of variation in Great Lakes Paleoindian assemblages. *Midcontinental Journal of Archaeology*, 22：197-236；（4）Kuhn, S. 2004. Middle paleolithic assemblage formation at Riparo Mochi. In：Johnson, A. (Ed), *Processual Archaeology：Exploring Analytical Strategies, Frames of Reference, and Culture Process*. Connecticut：Praeger, p. 35；（5）Popescu, G. 2015. *Assemblage Formation and Paleolithic Variability in the Middle Prut Valley Region (Romania)*. San Francisco：The 80th Annual Meeting of the Society for American Archaeology；（6）Rhode, D. 1988. Measurement of archaeological diversity and the sample-size effect. *American Antiquity*, 53：708-716.

定义与研究中应该摒弃,代之以从不同的范围定义组合,寻找组合大小(assemblage size)或样本大小(sample size),即一个组合内包含的石制品数量与其内部构成之间的关系,寻找人类活动与物质文化遗存之间的相互作用关系。

二 定量分析方法

考古学中的定量分析是指利用数学方法研究考古现象中的各种数量关系。[1] 早在 20 世纪 50 年代初,Spaulding 就将定量分析法介绍引进考古学[2],之后涌现出众多尝试,石制品组合间对比也成为一块试验田。到了 90 年代,定量分析方法的运用已不仅是单纯借用其他学科方法,还出现了一批专门用于考古学研究的新方法。

定量分析主要是将组合中包含的信息提取出来作为变量,包括属性变量(亦称类别变量或定性变量)和数值变量(亦称定量变量)[3]。前者反映组合内个体的类别特征,如类型、技术特征等;后者以数值作为表达,如尺寸、重量、类型频数(count)[4]/频率(frequency)[5]等。从研究史看,用于石制品组合间对比的定量分析方法可分为图表法和统计法两大类,前者运用简单计数及百分比统计加以对比分析,更加关注数据的图表呈现,后者则借鉴统计学进行多元变量分析,更加关注数据之间的潜在关系。一般可采用 Excel、SPSS 这两种操作简单的软件实现运算和制图。

---

① 陈铁梅:《定量考古学》,北京大学出版社 2005 年,第 3 页。

② Aldenderfer, M. 1998. Quantitative methods in archaeology: A review of recent trends and developments. *Journal of Archaeological Research*, 6(2):91-120.

③ 方开泰、彭小令:《现代基础统计学》,高等教育出版社 2014 年,第 3—5 页。

④ 频数:借用统计学术语,频数指变量值在某个区间内出现的次数,就石制品组合而言是指某个变量值在组合中出现的次数,如以类型为变量,那么类型频数就是一个组合中共包含的类型数量。

⑤ 频率:借用统计学术语,指频数与该区间内所含个体数的比,如刮削器在石制品组合中出现的频率就是刮削器与组合石制品总数的比。在一定程度上,频率的大小反映了某个变量在组合中出现的可能性的大小,频率越大,出现的可能性就越大。

(一) 图表法

图表是数学语言的一种重要表述方式,在石制品组合间对比分析中应用广泛,目前仍受研究者们的欢迎,原因主要在于图表语言相较于自然语言不仅简明清晰,而且更容易揭示出数据中所隐藏的规律性[1]。图表法,即将组合中提取出来的名称变量或数值变量的频数及频率等用表格和图形加以呈现,通常以名称变量作为其中一个轴上的变量。以表格作为表现形式在石制品分析中必不可少,同时也是定量分析原始数据制作的第一步,进一步分析时还会用到一系列简易图表。

1. 累积曲线图

累积曲线图(Cumulative Graph/Curves)是将组合内名称变量的频率逐渐累加后形成一条曲线,提供关于组合的图像表达,不属于统计方法。[2] 20 世纪50 年代甚至更早以来,该方法在欧洲就被作为一种描述工具广泛用于比较不同旧石器遗址的石制品。[3] 累积曲线图可用于研究组合间石制品类型或技术的异同,也可用于研究某一地区石制品类型或技术的变化。根据不同组合呈现出来的曲线,累积曲线图有利于分辨不同石器组合整体类型构成的连续变化[4],根据斜率变化凸显差异,有助于快速抓住问题的关键。

Irwin 和 Wormington 利用累积曲线图对比来自北美大平原古印第安遗址的 3 个不同组合的工具类型(图 1),以了解在某一时间阶段内该地区石器工具的变化,以及各遗址间的相互联系。他们先计算出每个类型及亚类型在某个组合中所占百分比,即类型及亚类型频率,然后沿着横轴以均匀间隔依次列出所有石器的类型及亚类型(也可以数字作为编号代替);纵轴以逐渐累加的方式表示组合中每个类型或亚类型的比例。[5]

---

① 陈铁梅:《定量考古学》,北京大学出版社 2005 年。

② Irwin, H., Wormington, H. 1970. Paleoindian tool types in the Great Plains. *American Antiquity*, 35(1):24-34.

③ Thomas, D. 1971. On the use of cumulative curves and numerical taxonomy. *American Antiquity*, 36(2):206-209.

④ Johnson, L. 1968. Item seriation as an aid for elementary scale and cluster analysis. *University of Oregon Museum of Natural History Bulletin*, p. 15.

⑤ Odell, G. 2004. *Lithic Analysis*. USA: Springer, p. 4.

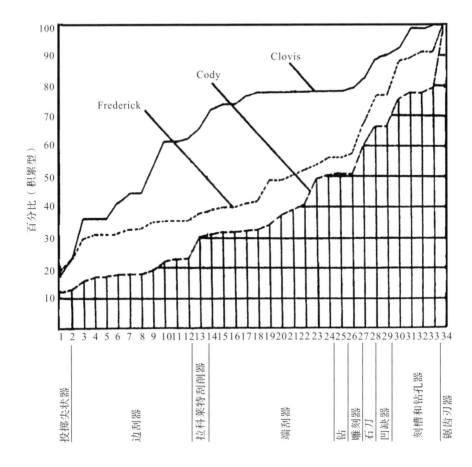

图 1　三个古印第安遗址工具组合间对比的累积曲线图(依 Odell，2004)

　　目前,也有一些研究者采用类似的簇状柱状图(Clustered Histogram)、堆积柱状图(Accumulative Histogram)和条形图(Accumulative Bar Graph),这三种图示法更侧重于展现具体数值及其分布范围,如 García-Medrano、Ollé 等[①]在研究中更新世石器组合技术变迁本质时就充分利用了这几种图表在对比时所具有的优势(图2,图3,图4)。

　　①　García-Medrano, P., Ollé, A., Mosquera, M., et al. 2015. The nature of technological changes: The Middle Pleistocene stone tool assemblages from Galería and Gran Dolina-subunit TD10. 1 (Atapuerca, Spain). *Quaternary International*, 368:92-111.

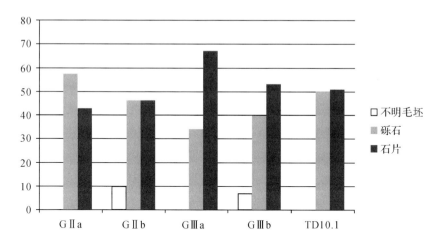

图 2　组合间不同原料产品频率对比的簇状柱状图

（改编自 García-Medrano et al，2015）

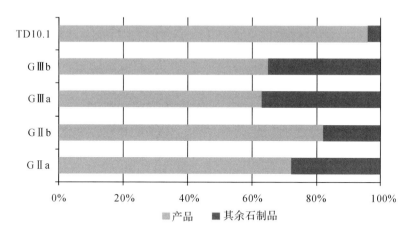

图 3　和其他石制品在各个组合中所占频率的堆积条形图

（改编自 García-Medrano et al.，2015）

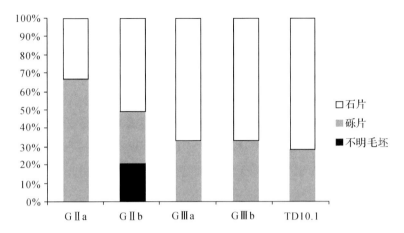

图4　各组合大型工具毛坯频率对比的堆积柱状图(改编自 García-Medrano et al., 2015)

2.雪花图

雪花图(Snowflake Diagram)由 Herman 和 Montroll 率先提出,后由 Kwamme 于 20 世纪 80 年代引入石制品研究[1],Odell 也将该方法用于石制品组合间对比,具体操作是将石制品组合中的几种类型合并为几条轴(一般为 4—8 条),每一条轴代表某种特定含义。Odell 曾以 Winters 创建的一般功能类别结构为基础,运用雪花图研究美国伊丽莎白遗址 6 号堆积下部石器组合的功能,并与其他遗址进行对比分析(图5)。他将组合中的石器类型分组归类,每一类别代表某种特定的功能:雕刻器、锥钻等归为工具维修(Ⅰ轴),石臼、锯齿刃器等归为植物加工(Ⅱ轴),投掷尖状器、旗石(bannerstones)归为动物获取(Ⅲ轴),石锛、砍砸器等归为一般重型使用工具(Ⅳ轴),修理石片、石锥等归为一般轻型使用工具(Ⅴ轴)。结果表明,伊丽莎白遗址曾被用来从事加工植物、猎取动物等多种活动,应是一处营地。[2]

雪花图适用于对比研究石制品组合的功能,从而推断不同遗址的功能或该地区人群的生业模式。其独特之处在于能将组合中蕴含的变量根据某些特定标准再次分组归类,一方面能够减少变量,直观比较组合的不同类型,同

---

①　Kvamme, K. 1988. A simple graphic and poor man's clustering technique for investigation surface lithic scatter types. *Plains Anthropologist*, 33(121):385-394.

②　Odell, G. 1996. *Stone Tools and Mobility in the Illinois Valley*: *from Hunter-Gatherer Camps to Agricultural Villages*. Michigan: Ann Arbor, pp. 106-110.

时呈现多个维度的考古数据;另一方面可以揭示出单个或单组变量无法直接反映的含义。在实际运用中,雷达图(Radar Graph)(图6)可与之相媲美。但是,不论雪花图还是雷达图,运用时都需慎重考虑再次分组后所赋予的含义是否可靠,比如Odell在正式运用雪花图进行对比前,先采用微痕分析检验了Winters假设的各组类型所代表的功能类别。也就是说,这两种图表的使用如果能配合微痕分析、残留物分析等科技考古手段,数据的准确性及结果的可靠性将大大提高。

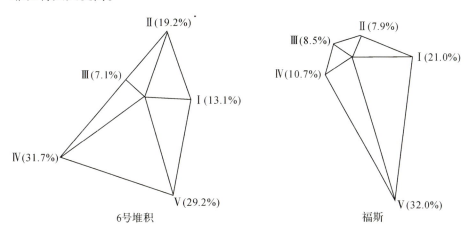

图5 伊丽莎白遗址6号堆积与福斯遗址石制品组合对比的雪花图(依Odell,2004)

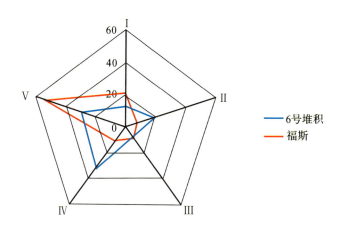

图6 伊丽莎白遗址6号堆积与福斯遗址石制品组合对比的雷达图(依Odell,2004)

(二)统计法

统计学是数学推理的一个分支,用于多变、不确定且有误差情况下的逻辑推理。定量分析、数学运算和统计方法在现代考古学中扮演着十分重要的角色。[1] 相较于图表法,统计法显得更为复杂,需要运用统计学的运算公式,在简单变量获取基础上进一步运算,并将结果通过图表或公式呈现出来。在石制品组合间对比研究中,统计法在衡量组合多样性研究中具有较强的代表性,下文将着重介绍此类研究。

组合多样性(assemblage diversity 或 assemblage variability)一直被认为是考古学中的关键问题之一,从 20 世纪 60 年代至今,考古学家尝试采用多种方式对之进行比较和衡量。[2] 组合多样性是一个相对概念,必须通过与其他组合的比较才能衡量。一般而言,石制品组合的多样性包括三层含义:1)组合丰富度(richness),指组合所包含类型的数量,与组合石制品的频数或频率无关;2)组合均一度(evenness),用于测量组合内个体是否平均分布于各个类型中;3)组合异质性(heterogeneity),依赖于丰富度和均一度,一般可通过均一度加以反映。

多样性这一概念借鉴自生物学[3],石制品组合间对比时采用的定量分析方法也多学习生物学中衡量物种多样性的方法,并在不断运用于石制品研究

① 徐廷、汪英华、单明超等:《大窑遗址二道沟地点石制品研究的抽样方法设计》,《人类学学报》2015 年第 3 期。

② (1) Kintigh, K. 1984. Measuring archaeological diversity by comparison with simulated assemblages. *American Antiquity*, 49(1):44-54;(2) Baxter, M. 2001. Methodological issues in the study of assemblage diversity. *American Antiquity*, 66(4):715-725;(3) Mccartney, P., Glass, M. 1990. Simulation Models and the Interpretation of Archaeological Diversity. *American Antiquity*, 49(1):44-54;(4) Mason, R. 1962. The Paleo-Indian tradition in Eastern North America. *Current Anthropology*, 3:227-278;(5) Leonard, R., Jones, G. (Eds). 1989. *Quantifying Diversity in Archaeology*. Cambridge: Cambridge University Press;(6) Eren, M., Chao, A., Hwang, Wen-Han., et al. 2012. Estimating the richness of a population when the maximum number of classes is fixed: A nonparametric solution to an Archaeological problem. *PLOS ONE*, 7(5):1-11.

③ Magurran, A. 2004. *Measuring Biological Diversity*. Oxford: Blackwell.

的过程得到改进。20世纪80年代至90年代,回归法(regression method)[①]、模拟法(simulation method)[②]、香农-韦弗信息指数 H(Shannon-Weaver information statistic H)[③](图7)和皮耶罗均匀度指数 J(Pielou statistic J)[④]得到大量应用。

$$H = n \log n - \sum_{i=1}^{k} \frac{f_i \log f_i}{n}$$

图7　香农-韦弗信息 H 指数函数(依 Odell,2004)

　　部分研究者认为组合大小对于组合多样性具有一定影响,Buzas 和 Hayek[⑤]、Shott[⑥]、Baxter[⑦] 等人还用定量方法证明两者的关系十分复杂。样本大小对于组合多样性的影响可概括为三个方面:1)石制品生产、使用的生命阶段的影响,由于当时组合多样性基于石制品类型数量,因此分类相当关键;2)人类活动的影响,包括活动范围、居住时间、人口规模等,都会影响到一个组合的分布范围、数量以及内部构成;3)后埋藏的影响,包括水流搬运、各种物理机械作用对于石制品形态的改变等,研究者获得的石制品组合可能并不

　　① (1)Jones, G., Grayson, D., Beck, C. 1983. Artifact class richness and sample size in Archaeological surface assemblage. In: Dunnell, R., Grayson, D. (Eds), *Lulu Punctuated*: *Essays in Honour of George Irving Quimby*. Anne Arbor: Museum of Anthropology, University of Michigan, pp.55-73; (2)Grayson, D. 1998. Stone tool assemblage richness during the Middle and Early Upper Paleolithic in France. *Journal of Archaeological Science*, 25:927-938.

　　② Kintigh, K. 1984. Measuring archaeological diversity by comparison with simulated assemblages. *American Antiquity*, 49(1):44-54.

　　③ 香农-韦弗信息 H 指数(Shannon-Weaver information statistic H),一般称为香农多样性指数,系由 Shannon 和 Wiener 于 1963 年提出。当群落中只有一个群存在时,香农指数就达到最小值0;当有两个以上群存在,且每个群仅有一个成员时,香农指数达到最大值 lnk。在计算组合多样性时多参照 Zar 从原公式中得到的导函数(图7),其中 n 表示样本总量,fi 表示类型 i 的数量,H 是种类中表示异质性的指数。

　　④ (1)皮耶罗均匀度 J 指数(Pielou statistic J)源自生物学,用以表示物种的均一度,描述物种中个体的相对丰富度或所占比例,其运算公式为 J = H / Hmax。其中 H 即为香农指数,Hmax 是 H 的最大值——lnk。最终得出的结果在0至1之间,越接近1表示分布越均匀;(2)Hammond, H., Zilio, L., Castro, A. 2015. Stratigraphic lithic assemblages from shell middens on the northern coast of Santa Cruz (Patagonia, Argentina). *Quaternary International*, 373:45-54.

　　⑤ Buzas, M., Hayek, L. 1997. SHE analysis for biofacies identification. *Journal of Foraminiferal Research*, 28:233-239.

　　⑥ Shott, M. 2010. Size dependence in assemblage measures: essentialism, materialism, and 'SHE' analysis in archaeology. *American Antiquity*, 75(4):886-887.

　　⑦ Baxter, M. 2001. Methodological issues in the study of assemblage diversity. *American Antiquity*, 66(4):715-725.

是其"真正的"组合。

随着对石制品生产技术和工具使用认识的加深,出现"聚合分类法（paradigmatic classification）"。这一空间分类体系①（图8）更加有助于定量分析,其中每条轴代表石制品的一个形态特征,每种类型可以由这些特征轴组合、排列或交叉得到,研究者可以通过组合给出类型数量的范围或可能存在的区间。这个三维模型存在的空白处表明某些形态是不会同时存在于一件石制品上的,可以帮助研究者思考其功能或文化的原因。Hammond 等②研究者在研究美国圣克鲁兹（Santa Cruz）北海岸贝冢地区人类群体的技术组合趋势时,根据"操作链"将组合内的石制品按其所处的生命阶段划分,再利用香农-韦弗信息 H 指数和皮耶罗均匀度 J 指数对比该地区 8 个石制品组合的多样性,从而理解组合的技术组成。从 H 指数和 J 指数的结果可以看出各个组合中石制品的分布相对均匀,从两个指数的相关系数（图9）可以看出各个组合有着相似的组成。结合原料获取、石核剥坯等环节的分析,他们提出,该地区人群曾从事多种石制品技术活动。

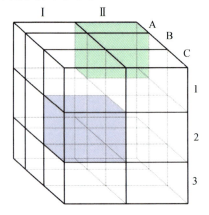

图8 三维聚合分类的三维立体空间展示（依 Eren et al, 2012）

---

① （1）Dunnell, R. 1971. *Systematics in Prehistory*. New York：The Free Press；（2）Eren, M., Chao, A., Chiu, C., et al. 2016. Statistical analysis of paradigmatic class richness supports greater paleoindian projectile-point diversity in the southeast. *American Antiquity*, 81(4)：1-19.

② Hammond, H., Zilio, L., Castro, A. 2015. Stratigraphic lithic assemblages from shell middens on the northern coast of Santa Cruz(Patagonia, Argentina). *Quaternary International*, 373：45-54.

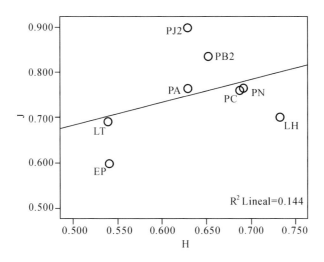

图 9　丰富度和均质性的相关系数(依 Hammond et al，2015)

1. 非参数估算与组合多样性

研究者将研究组合多样性的重点放在寻求解决样本大小上,一方面应用一系列统计学方法来减少样本大小对于衡量组合多样性的影响,另一方面从影响样本大小的因素入手,分别分析这些因素与组合多样性之间的相关性。

由于组合真正的大小与观察到的组合大小不一定一致,且研究者多采用属性变量来衡量组合多样性,所以,采用非参数估算(亦称非参数检验)来进行统计检验和判断分析可能更加适合。刀切法(Jackknife Technique)[①]和靴襻法(亦称自助法,Bootstrap)[②]被认为能在一定程度上解决回归法和模拟法关于样本大小的问题。这两种方法属于非参数估算法,可以重复取样,通过样本推测组合应有的大小,呈现出相应样本大小下组合的多样性。刀切法和靴襻法的优势在于无需预设和关于组合原始数据的研究[③],可以减少估算时的偏差,还能够提供大概的置信区间(confidence intervals),说明结果的可信度。

---

①　Buzas，M.，Hayek，L. 1997. SHE analysis for biofacies identification. *Journal of Foraminiferal Research*，28：233-239.

②　Baxter，M. 2001. Methodological issues in the study of assemblage diversity. *American Antiquity*，66(4)：715-725.

③　Kaufman，K. 1998. Measuring archaeological diversity：An application of the Jackknife technique. *American Antiquity*，63：73-85.

靴襻法比刀切法的应用范围更广,但两者都不适合样本太小的组合。上述方法给出的是单界置信区间(single-bounded confidence interval),只能估算组合间丰富度的最低值,无法限制最高值。因此,Colwell[①]、Eren、Chao[②] 等学者更推荐采用双界置信区间(double-bounded confidence interval),即同时包含最低值和最高值,如稀疏标准法(rarefaction method)(又称内推法,interpolation)和外推法(extrapolation)来减少对比时的偏差。稀疏标准化方法可通过两两比较来判断一个组合是否与样本量更大的组合拥有相同的组织,具体是将所有组合的样本缩小到最小样本的大小,从而在相同样本容量的条件下进行比较,得到置信区间的最小值。而外推法是根据观察到的组合样本与类型之间的关系,来推测当样本大于最大值时所呈现出来的组合多样性近似值,从而得到置信区间的最大值。

Eren、Chao 等研究者采用双界置信区间法,估算北美五大湖下游地区克洛维斯石器的类型丰富度。他们首先根据聚合分类算出晚更新世期间北美克洛维斯古印第安人各个组合中两面器最多可分的类型,然后利用稀疏标准法和外推法[③]推测出各个组合类型丰富度的值及相应的置信区间。结合关于集食者大本营居住模式,定居型集食者短距离地频繁移动于各地以从事各种不同的活动,石制品组合将表现出差别很大的类型丰富度;相反,后勤型集食者的大本营不那么频繁地进行远距离移动,不同遗址间的组合丰富度则相差较小。Eren、Chao 等人的研究显示各个组合丰富度和置信区间会有大量重合部分(图10),表明不同遗址间类型丰富度差别并不十分显著,该地区的集食者更有可能采用后勤型居住模式。

---

① Colwell, R., Chao, A., Gotelli, N., et al. 2012. Models and estimators linking individual-based and sample-based rarefaction, extrapolation, and comparison of assemblages. *Journal of Plant Ecology*, 5(1):3-12.

② Eren, M., Chao, A., Chiu, C., et al. 2016. Statistical analysis of paradigmatic class richness supports greater paleoindian projectile-point diversity in the southeast. *American Antiquity*, 81(4):1-19.

③ 操作方法是横轴为组合的样本量或样本范围,纵轴为类别的频数,可以通过 SPSS 和 iNEXT 软件计算得到。iNEXT 免费下载地址:http://chao.stat.nthu.edu.tw/blog/software-download/

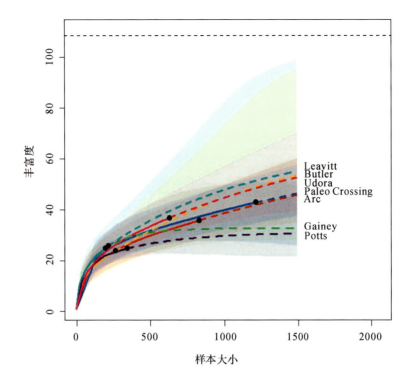

图 10　七个遗址边缘类型的稀疏标准化和外推法双界 95% 置信区间曲线

(依 Eren et al, 2012)

(黑点代表参照样本。实线表示稀疏标准化曲线,虚化曲线表示外推法曲线,阴影部分表示预测的 95% 置信区间)

2.线性模型与技术复杂性

技术丰富度(technological richness)指一个群体使用工具的总数,亦称工具包结构(toolkit structure),包括丰富度(richness)及复杂性(complexity)。[1]样本大小对于丰富度是一个重要的影响因素,而样本大小和组合中的类型数量又受到诸多因素的影响。一个应对办法就是将技术丰富度与这些因素分别进行两两比较,再根据其相关程度判断影响技术变化的原因。可以采用线性模型,用于衡量两个变量之间的相关程度。对比分析时要求对比的组合样

---

① Torrence, R. 1983. Time budgeting and hunter-gatherer technology. In: Bailey, G. (Ed), *Hunter-gatherer Economy in Prehistory*. Cambridge: Cambridge University Press, pp. 11-22.

本大小相似,或者是年代和分布区域等背景资料较为明确。

　　北美地区尖状器的技术丰富度和复杂性,是理解狩猎采集者对于工具数量和专门化程度决策的重要证据,因为不同类型的尖状器可能具有不同的功能。以往民族考古学研究和考古学研究表明,人口规模和环境风险是促进该地区尖状器技术复杂化的动因。① Buchanan② 等人采用线性相关方法对此做了进一步检验,他们共进行了两组对比,分别分析每个时期尖状器类型数量与当时人口数量之间的关系或与环境风险之间的关系。首先,根据柯尔莫哥洛夫 – 斯米尔诺夫检验(Kolmogorov-Smirnov test),选择皮尔逊双变量相关系数 r(Pearson bivariate correlation r)③分别得到尖状器类型数量与人口规模、尖状器类型数量与区域环境风险(降水)以及尖状器类型数量与全球环境风险(温度)三组相关系数。皮尔逊相关 r 系数属于回归法,可以量化两组变量之间的线性相关程度,得到的相关系数值在 – 1 到 1,绝对值越接近 1,表明相关性越强。结果发现尖状器组合的丰富度只与全球气温呈显著相关(r = 0.812,p = 0.027)(图 11)。同时,他们采用广义线性模型(generalized linear model,GLM)做同样分析。该模型的适用范围较为广泛,不要求变量一定连续,恰好适合石制品变量的特征,只是该模型的准确性也会随之有所降低。两种分析方法得到的结果一致:只有环境风险(温度)对尖状器的丰富度有影响,即当环境发生变化时,狩猎采集者才会相应地调整制作技术以提高资源获取效率,出现创新等。

---

　　① (1) Collard, M., Kemery, M., Banks, S. 2005. Causes of toolkit variation among hunter-gatherers: a test of four competing hypotheses. *Journal Canadien d'Archéologie*, 29(1):1-19;(2) Collard, M., Buchanan, B., O'Brien, M. 2013. Population size as an explanation for patterns in the Paleolithic archaeological record. *Current Anthropology*, 54(S8):388-396.

　　② Buchanan, B., O'Brien, M., Collard, M. 2015. Drivers of technological richness in prehistoric Texas: an archaeological test of the population size and environmental risk hypotheses. *Archaeological and Anthropological Sciences* (online):1-10.

　　③ 方开泰、彭小令:《现代基础统计学》,高等教育出版社 2014 年,第 3—5 页。

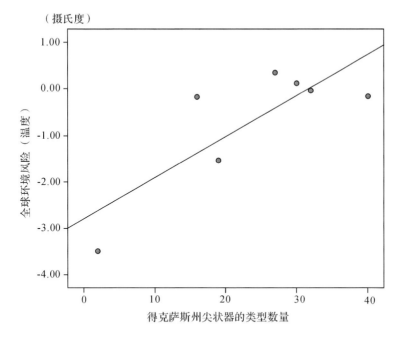

（摄氏度）

图 11　得克萨斯州尖状器类型演变与全球环境风险（温度）之间的散点分析图
（依 Buchanan et al，2015）

四　结　语

从石制品组合研究来看，对"组合"的理解包含两层意思：1）石制品组合即考古遗址或地层中发掘获得的所有石制品，由可见实体组成，一般认为其内涵包括石料、类型、技术、功能等，据此提取石料、类型、技术类型的频率和频数或石制品测量数据作为变量，研究组合的文化、技术特征，或进一步结合遗址背景研究技术组织、人类活动等；2）石制品组合是一个复杂的形成过程，除了关注组合间的相似性和差异性，还考虑到组合的边界问题、石制品的生命周期等因素，主要关注组合大小与其内部构成之间的关系，人类活动与物质文化遗存之间的相互作用关系。

在石制品分析中，组合的优势在于能将共同出土、内涵未知的物质实体作为一个整体，从其所属背景中独立出来以提取信息，是对比研究中一个强有力的单元。上述关于"组合"的两类理解都有一定的适用性,只是在组合间对比时要明确不同组合的外延一致。

采用定量分析方法进行石制品组合间对比需要三个基本步骤:

第一步,选择对比组合,确定研究目标。定量分析的目标在于能以具体数据或范围说明特定问题。其特殊性在于将对比对象转化为数字,在一定程度上从所属的考古背景中剥离出来,尤其是采用统计方法进行对比时。这就要求对比组合的外延要一致,并确保至少有一个组合的年代(或地层)是确定的,当然,也可以将较为复杂的组合划分为几个亚组合进行对比。从 Binford 对文化历史学的"标准化理论"提出批评后,考古学家纷纷将研究重点转向考古证据中的各种变化或差异[1],石制品组合间对比的目标不再满足于确定年代序列与文化属性,而更关注于过程研究和整合研究,包括技术变化、技术风格、文化传递(cultural transmission)、流动过程、认知能力等[2],中国研究者也逐渐关注到此类研究[3]。

第二步,根据研究目标提取变量。变量分为名称变量和数值变量两类。石制品组合中的信息载体包括石料、类型、技术、功能等多个层面,可以从中提取出石料、石制品类型、技术类型等作为名称变量,数量、尺寸、重量等作为数值变量。实际上,变量的提出具有一定的试验性质,因为所提取的各种数值变量不一定能够如研究者所预想的那样具有一定的规律性或考古学意义。因此,需要采用检验方法做相关性检验。变量的选取是一个十分关键的步骤,因为这反映出研究者对于石制品内涵的理解。对应于目前石制品组合间对比的研究目标,变量多为石料以及与形态有关的测量数据等。

① Lyman, R., O'Brien, M. 2000. Measuring and explaining change in artifact variation with clade-diversity diagrams. *Journal of Anthropological Archaeology*, 19:39-74.

② (1) Eren, M., Dominguez-Rodrigo, M., Kuhn, S., et al. 2005. Defining and measuring reduction in unifacial stone tools. *Journal of Archaeological Science*, 32:1190-1201;(2) Bretzke, K., Conard, N. 2012. Evaluating morphological variability in lithic assemblages using 3D models of stone artifacts. *Journal of Archaeological Science*, 39:3741-3749;(3) Morales, J., Soto, M., Lorenzo, C., et al. 2015. The evolution and stability of stone tools:The effects of different mobility scenarios in tool reduction and shape features. *Journal of Archaeological Science*, 3:295-305;(4) Touze, O., Flas, D., Pesesse, D. 2016. Technical diversity within the tanged-tool Gravettian:New results from Belgium. *Quaternary International*, 406:65-83.

③ (1)李浩、李超荣、Kuman, K.:《丹江口库区的薄刃斧》,《人类学学报》2014 年第 2 期;(2)陈宥成、曲彤丽:《试析中国长江中游地区大型尖状器类石器遗存的区域传统》,《人类学学报》2015 年第 1 期。

第三步,选择合适的定量分析方法。定量分析方法概括起来可分为图表法和统计法两大类,前者的优势在于能多维同时呈现复杂数据,同时也有助于增强分析的可读性;后者的优势在于以统计学原理将一个个独立的数据联系起来。本文介绍的所有方法都可借助 Excel、SPSS、iNEXT 等软件的帮助轻松实现。

图表法的适用范围广泛,适用于同一变量在不同组合之间的比较,探究几个组合间的异同或变化。累积曲线图的优势在于呈现数据的整体趋势,突出差异,帮助研究者快速找到问题的关键,但只限于属性变量;簇状/堆积柱状图或直方图的优势在于呈现数据的具体数值和范围,可以帮助研究者得到较为精确的结果,不限变量类型。雪花图和雷达图的特点是能通过归类减少变量,得出比变量本身所代表的信息更多的信息,只是归类时,应注意数据所代表的信息是否具有代表性,更好的办法是配合微痕分析、残留物分析等得出的数据。

统计法既可以根据统计学的函数找到无法直接观察到的数据关系,也可以寻找多个变量之间的相互关系。但对分析对象也有一定的限制,变量的选取应尽量客观,采用参数估算方法时要求样本满足正态分布。组合多样性一直深受研究者的关注,包括丰富度、均一性和异质性三个方面,多借鉴生物学衡量物种多样性时采用的方法,从早期以组合类型数量作为多样性指标,到后来以研究样本大小与组合类型、技术多样性或技术变化为重点,采用的定量分析也处于不断完善中,以应对石制品组合的复杂性。回归法用于解释两个变量之间的因果关系,即帮助了解 X 轴的自变量如何随 Y 轴因变量的变化而变化,因而需要预先对变量关系进行假设。相关分析有所不同,主要用于衡量两个独立变量之间的相关程度,可采用皮尔逊双变量相关系数进行量化,用于对比两个组合的技术特征。目前,具有非参数估算和提供置信区间特点的统计方法受到一些研究者的推崇,如刀切法、靴襻法、稀疏标准法、外推法等,这些方法能够通过已有的样本数据推测组合真正的大小,给出两个变量的相关系数以及可信度的数值。不过,对于得到的结果还需结合其考古学背景谨慎对待。原因在于,与生物学物种不同,石制品有其特殊性,除了因为石料破裂存在一定的偶然性,主要是石制品的生产和使用都关乎人类活动,组合类别和形态特征也不一定具有规律性。严格来说,这几种方法都适用于检验衡量丰富度的各种方法之间的差异,或用于比较不同变量之间相关性趋势的差异,可以帮助研究者思考更多影响石制品组合多样性的因素。

定量分析方法的探索和运用拓展了石制品组合间对比的视野,与考古学思想、石制品组合内涵解读的深化相辅相成。从上文可以看到,石制品研究寻找组合间的异同或变量之间的相关性并非石制品研究的最终目的,关键在于从人类行为的角度考虑石制品组合,在解释时将组合置于遗址所属的背景中,包括石制品分布的空间关系、环境背景、区域背景等。

在多学科交叉的背景下,众多学者尝试从其他学科借鉴新的研究方法,这无疑是学科发展的契机。但需要注意的是,不同学科之间并非完全开放,而是处于一种半开放状态,开放的一半是通用的理论和方法,封闭的一半是各自独有的实际适用性。因此,对方法有效性的检验也是一个必不可少的步骤,这体现出研究者对于方法本身的思考和改进。目前,变量的提取多种多样,缺乏统一标准,研究者多将其置于自己的研究背景中,这些变量所具有的考古学意义亟待统一和规范。因为定量分析容易使研究者陷入数字陷阱中,纯数据的运算最终都能得到一定的数值结果,但这一结果是否符合原先设定的意义还需谨慎考虑。总之,尽管定量分析能增加石制品组合对比的客观性,但还是应当作为一种辅助手段,准确地说是对定性分析的一种补充。

(刘吉颖、黄永梁、陈虹合作,原刊《人类学学报》2017 年第 3 期)

微痕分析中的使用单位与使用部位

　　微痕分析最初由苏联考古学家 S. A. Semenov 倡导,即以显微镜观察来了解石器的用途。他的微痕分析著作《史前技术》(1957 年版)一书的英译本在1964 年问世之后①,受到了欧美考古学家的重视,并迅速发展成为石器研究的一个专门领域。微痕分析为了解史前人类的行为提供了独特视角,并在观察、分析以及描述术语方面日趋规范化。经过半个多世纪的实验、应用及完善,微痕分析现已被公认为一种常规有效的分析手段,在石器研究报告和分析文章中占有相当分量。然而,一种理论方法的发展和完善往往是由许多探索者共同努力的结果,其中他们分析的思路和描述方法并不完全相同,因此对于非微痕专家而言,常常会引起困惑。随着这门技术日渐普及和成熟,需要对分析方法和描述标准及相关术语标准化和规范化,以便进行交流和比较。微痕分析在中国旧石器研究中日趋频繁,但是在引入西方的技术及术语时常常会被一些专业术语所困,本文即对两个容易引起混淆的术语"使用单位"(EU)和"使用部位"(PC)梳理后的体会和结论,对其稍加总结也许有助于我们更好地了解和掌握这种分析方法。

　　微痕分析技术完善伴随着大量专业术语的应用,例如片疤破损、磨圆、擦痕、破损终端等等,其中还有两个看来十分相近的专业名词——使用单位与使用部位。由于在研究报告中研究者一般对他们使用的术语并不提供详细定义和解释,读者因此不免心生疑惑:这两个术语或参数的作用何在? 它们是否是微痕分析中既定的分析体系或单位? 这个分析体系的依据是什么?

---

　　① Semenov, S. (translated by Thompson, M.). 1964. *Prehistoric Technology: An Experiment Study of the Oldest Tools and Artifacts from Traces of Manufacture and Wear*. London: Cory, Adams & Mackay.

使用单位(EU)用于记录石制品上被使用过的部位。基本原理是:同一件石制品可能有多个部位经过使用,且可能被用于不同任务,或是被重复使用,一件标本上可能有一个或多个使用单位。因此进行微痕定量分析或石制品功能分析时,使用单位比标本个体更实用。虽然目前"使用单位"已经被认为是基本、实用的分析参数,但是从微痕分析发展之初至今,不同研究者或研究分支一直采用不同的名称和描述方法,甚至同一个研究者也可能在不同时间采用不同的术语。

"使用单位"这一术语是在微痕分析技术的发展与完善过程中逐渐形成并巩固的。最初由 R. Knudson 根据行为机理的概念而提出①,当时称为 Employable Unit,它指一件器物在加工其他物质时,能够提供连续工作面的部位,它可能是刃缘,也可能是尖部、棱脊或表面。这个单位通常以石制品上形状的突起、两边的交点、两表面接点为界。棱脊虽然没有明显边界,也可以作为使用单位。作为有意义的文化标示,使用单位既可以是精致石器,也可以是边缘经过修薄或改造的石片。

美国学者 G. H. Odell 继续使用并改善了这个参数,但是他在不同时期的用法偶有差别。起初他采用 Knudson 的叫法,认为每个单位可用于一个或多个任务,"可以是用于一个或多个目的之刃缘或尖部"②。后来他将 Employable Unit(使用单位)改为 Functional Unit(功能单位),意指石器上可观察到确定任何改造痕迹的位置,不仅包括切割和刮削这样的使用部位,还包括手握或装柄这些不是使用但留有改造痕迹的部位。③ 功能单位虽然本质上和使用单位相近,但是涵盖了更多的内容,加入了非刻意加工或使用所导致的磨损痕迹,可以深入了解人类加工和使用工具时的行为,是微痕分析细化的一大进步。

P. C. Vaughan 在此基础上提出 Independent Use Zone/IUZ(独立使用区),

---

① Knudson, R. 1973. *Organizational Variability in Late Paleo-Indian Assemblages*. Seattle.

② Odell, G. 1977. *The Application of Micro-wear Analysis to the Lithic Component of an Entire Prehistoric Settlement: Methods, Problems and Functional Reconstructions*. Ann Arbor: Harvard University

③ Odell, G. 1996. *Stone Tools and Mobility in the Illinois Valley: From Hunter-Gatherer Camps to Agricultural Villages*. Michigan: Ann Arbor.

将石制品上每个可解释的微痕称为一个 IUZ。[①] IUZ 与 EU 基本相似,可以指用来完成特定任务或功能的刃缘或背脊。

在中国推广微痕分析的倡导者沈辰,起初在其博士论文[②]及小长梁石制品分析[③]等文章中采用 Employed Unit/EdU,指石制品上出现微痕的不连续部分。直到中国微痕分析的教科书《石器微痕分析的考古学实验研究》(以下简称《微痕报告》)编辑出版时,才统一采用 Employable Unit 一词。此外还有 Part Used/Use Area(使用区)[④],Working Part[⑤] 等等,虽然叫法不同,但都大同小异。

《微痕报告》中对"使用单位(Employable Unit/EU)"的说明是,一件石制品可能有多个刃部经过使用,每个使用过的部分编为一个使用单位,使用单位按顺序编号记录。[⑥] 该报告虽然采用 Employable Unit 一词,但显然赋予了更全面的内涵,将手握或装柄痕迹也涵盖在内,与 Odell 提出的 Functional Unit 更为相近。

在进行微痕定量分析或石制品功能分析时,使用单位比标本个体更具体、更实用,所反映的信息更详细。对于一组微痕分析标本而言,使用单位的数量往往等于或大于标本个数。例如,小长梁的微痕分析结果显示,22 件使用标本上有 25 处使用单位。研究者认为,小长梁石工业中具有使用痕迹的标本比例较低,一方面可能是该遗址古人类活动的权宜性较大,工具使用频率不高即废弃;另一方面可能由于后沉积过程,导致使用痕迹风化或磨蚀。小南海的微痕分析结果显示,21 件标本上有 32 处使用单位,5 件标本一器两用。[⑦] 这与石制品分析结果一致,即该遗址可能存在强化剥片行为,且石器使用模式可能很灵活。关于捆绑实验的微痕分析结果显示[⑧],22 件标本上共发

① Vaughan, P. 1985. *Use-wear Analysis of Flaked Stone Tools*. Tucson: The University of Arizona Press.

② Shen, C. 2001. *The Lithic Production System of the Princess Point Complex during the Transition to Agriculture in Southwestern Ontario, Canada*. Oxford: BAR International Series 991.

③ 陈淳、沈辰、陈万勇等:《小长梁石工业研究》,《人类学学报》2002 年第 21 期。

④ Crabtree, D. 1973. The obtuse angle as a functional edge. *Tebiwa*, 16(1):46-53.

⑤ Washington, D. 1979. Inference and imposition in lithic analysis. In: Hayden, B. (Eds). *Lithic Use-wear Analysis*. London: Academic Press, pp. 269-281.

⑥ 高星、沈辰主编:《石器微痕分析的考古学实验研究》,科学出版社 2008 年。

⑦ 陈淳、安家瑗、陈虹:《小南海遗址 1978 年发掘石制品研究》,见北京大学考古文博学院编:《考古学研究(七)》,科学出版社 2008 年。

⑧ 赵静芳、宋艳花、陈虹等:《石器捆绑实验与微痕分析报告》,见高星、沈辰主编:《石器微痕分析的考古学实验研究》,科学出版社 2008 年。

现 47 个使用单位,其中三分之一出现在背脊、棱脊或底端,可见使用单位这一分析参数可以全面涵盖标本上所有可能被使用的要素,避免遗漏因装柄或手握产生的痕迹。

对使用单位进行定量分析的优势还在于,它不仅能够系统地统计加工任务或功能,还可以判断该组合的维生方式,甚至可以了解一器多用、权宜使用等策略。前面提到,使用单位的数量一般等于或大于相关石制品的数量。如果一组石制品中加工软性动物的工具与加工中硬性木头的工具数量相等,但是加工动物的使用单位远远大于加工木头的使用单位,就可以推测该组合以动物加工为主要经济行为。史前石制品的权宜性一直受到众多考古学家的关注,包括技术和功能两个方面。相对于精致加工,Bousman 曾定义权宜工具为很少予以加工和修理、使用频率较低的工具①。微痕分析显示,很少加工和修理的工具反而可能拥有一个以上的使用单位(比如使用石片),可能被反复使用或被用于多种功能,同样是人类有效适应机制的一种反映。

使用单位是一个有效的基本分析参数,但也存在一些问题。随着微痕观察和信息提取技术的发展,如果在一个使用单位上发现一种以上的任务(这种情况的可能性很大),应该算作几个使用单位呢? 这应该成为微痕分析未来需要完善的课题之一。

使用部位(PC)以坐标的形式描述石制品上二次加工和使用痕迹的具体位置,各位置之间以及它们与石制品整体的相对关系。加工位置与使用痕迹位置的重合或独立,可以反映二次加工的目的和效用。通过对使用部位的认真辨认和分析,能够了解一批人群对石制品的习惯性使用方式,也可以了解使用者个体的左右手操作方式,对于阐释史前人类的适应行为来说,能够提供新的角度和信息。

《微痕报告》采用"使用部位"(Polar Co-ordinate)这一术语,依照 Odell 的"八分定位法"②,将每件标本都分为八个区域,用以描述使用单位的具体位

---

① Bousman, C. 1993. Hunter-gatherer adaptation, economic risk and stone tools. *Lithic Technology*, 18(2):59-86.

② Odell, G. 1979. A new improved system for the retrieval of functional information from microscopic observations of chipped stone tool. In: Hayden, B. (Eds). *Lithic Use-wear Analysis*. London: Academic Press, pp. 329-344.

置。这种系统的记录方法源自 R. Tringham 提议的极坐标定位法(Polar Co-ordinate grid)[①]:将被观察标本放在圆周中心,背面朝向观察者,打击台面朝下,沿周边等分为六份,由右上角开始,以顺时针方向分别列为 PC1~PC6 位;描述使用刃缘时,将刃缘所在半圆周等分为六份,从 12 点方向至 6 点方向顺时针分别列为 PC1~PC6 位。

其后,Odell 将之改良为八分极坐标定位法(8 Polar Coordinate grid),简称八分法:即以石制品中心点为圆心,从中心轴顶端顺时针依 45 度等分为八个区段。用 PC1~PC8 来记录石器使用(微痕)的位置。

八分法具有很多优点:(1)为对比提供了大致相等的单位;(2)这些单位不受标本尺寸的限制;(3)可以分别描述使用痕迹与二次加工痕迹。这个体系可以描述大多数"使用单位"。然而,八分法也存在一些问题:(1)以圆周划分部位可能更适合形状规整的器物,不规则的标本则很难直接对应八个部位。《微痕报告》针对这一点提出对非正常标本的八分定位法,是否有效还有待实践的检验;(2)由于是平面图形,所以只能描述边缘的使用单位,很难描述器物表面的痕迹;(3)由于高倍法每次观察范围过小,八分法每个部分相对过大,所以多数高倍法的支持者喜欢详细描述被使用的部位[②],而不采用系统的划分体系。

每件标本都可以潜在地划分出八个使用部位,但是每件标本上的使用单位数量却不尽相同。一个使用单位可能包含或跨越一个或一个以上的使用部位,一个使用部位也有可能包含一个或一个以上的使用单位。这两个概念相关,但不相同;一起使用,相辅相成,可以更清晰地表述标本上微痕的数量、性质和具体位置,也可以为不同研究者提供基本一致的交流标准。结合二者进行分析,还可以了解史前人类使用工具的方法和强度。例如,Odell 对

---

① (1)Tringham, R. 1972. *Analysis of Patterns in the Analysis of Stone Tools*. Unpublished paper at the 1972 annual meeting of the SAA;(2)Tringham, R., Cooper, G., Odell, G., et al. 1974. Experimentation in the formation of edge damage: A new approach to lithic analysis. *Journal of Field Archaeology*, 1:171-196.

② Keeley, L. 1980. *Experimental Determination of Stone Tool Uses: A Microwear Analysis*. Chicago and London: The University of Chicago Press.

Bergumer-meer的研究以 PC 为基本参数①,通过实验和其他中石器遗址的材料得知,食物加工工具上平均每个使用单位涉及两个使用部位,即使用单位长度较大。食物加工工具的使用单位总数,等于切割软性和硬性物质工具的使用部位总数的一半。

目前中国的微痕分析,特别是对打制石器的微痕分析,受低倍法的影响较大,基本研究路径也以 Odell 的体系为参照,同时采用使用单位和使用部位这两个分析参数。一方面可以量化使用强度,另一方面可以判断史前人类的维生方式、生存策略、操作习惯等,为深入、细致地解读考古学材料提供了更多参考。

微痕分析日益受到重视,是中国考古学界令人欣喜的好事。然而,为了更好地推进并完善这项技术,我们应该注意以下几个问题:(1)厘清和掌握那些含糊不清的概念,不应依样画葫芦,照搬照抄;(2)微痕分析结果的准确性很大程度上取决于微痕分析者的受训水平和经验,应该在实践中不断优化并提高观察和分析质量;(3)在没有深入理解微痕分析原理和方法的情况下,不应过分夸大微痕分析的效用,甚至提出所谓的"微痕考古学"。微痕分析只是有助于我们了解古代人类行为的一个微观研究领域,是石器研究的一个组成部分。就像陶器的残渍分析可以增进我们对陶器用途及人类饮食的了解,但是它并不能代替陶器其他方面诸如制作技术、形制特征以及装饰象征性方面的研究。

(陈虹、陈淳合作,原刊《中国文物报》2009 年 8 月 7 日)

---

① Odell, G. 1980. Toward a more behavioral approach to archaeological lithic concentrations. *American Antiquity*, 45:404-431.

石叶微痕研究:进展与思考

　　石叶(Blade)是旧石器时代重要的石制品类型之一。石叶技术在欧亚西部的旧石器时代晚期占主导地位①,在旧石器研究中具有重要的意义。对石叶的一般定义是:从与之有平直脊的石核上剥片的两侧边中上部平行或近平行,背面有平直的脊,长度一般为宽度的两倍以上,宽度超过12mm的石片;而将宽度低于12mm的石叶定义为细石叶②(此定义仅适用于棱柱状石叶石核剥离的石叶)。本文对石叶和细石叶的区分将沿用这一定义,但由于石叶与细石叶技术区分的界限难以确定,本文仍将石叶和细石叶作为一个整体加以讨论。

　　微痕分析为20世纪中叶由苏联学者S. A. Semenov倡导③,并于90年代后期完成整合发展,日益成为旧石器考古研究中不可或缺的一部分。微痕分析是进行石器功能分析和阐释人类行为的重要研究方法,通过显微镜观察石器上肉眼不易辨别或无法辨别的痕迹,进而推测工具可能的使用部位、使用方式及加工对象。④ 依据显微镜倍数的不同,微痕分析发展出"低倍法"与"高倍法"两种技术。这两种方法各有优势,低倍法更利于鉴定使用的使用方式,

---

　　① 奥法·巴尔-约瑟夫、斯蒂夫·库恩(著)、陈淳(译):《石叶的要义:薄片技术与人类进化》,《江汉考古》2012年第2期。

　　② 李峰:《石叶概念探讨》,《人类学学报》2012年第1期。

　　③ Semenov, S. (translated by Thompson, M.). 1964. *Prehistoric Technology: An Experiment Study of the Oldest Tools and Artifacts from Traces of Manufacture and Wear*. London: Cory, Adams & Mackay.

　　④ Chen, H., Chen, C., Wang, Y. R., et al. 2013. Cultural adaptations to the Late Pleistocene: Regional variability of human behavior in southern Shanxi Province, central-northern China. *Quaternary International*, 295:253-261.

而高倍法更适于鉴定被加工的材料。^① 因此研究者多以低倍法观察为基础，再进一步取样，作高倍法观察。

随着研究技术的进步和视野的拓展，以石器为对象，利用微痕技术进行分析研究，以进一步深入解读考古遗址人类行为模式，已逐渐被大多数石器分析者所采纳。其中，石叶通常只是作为石器组合的一部分被研究，甚少被单独分析。但石叶技术区别于石片技术，其功能研究值得研究者重视。

为深入了解石叶的微痕特点与功能，以及石叶在遗址中的地位与作用，本文尝试对国内外与石叶微痕相关的研究成果进行梳理。希望了解石叶微痕分析的研究现状，认识石叶的用途及其背后的人类行为模式，为进一步的深入研究做好铺垫。

一　实验研究

微痕实验研究是开展微痕观察和分析的基础。研究者需通过模拟实验来了解不同微痕的成因，并建立起实验参照标本组，以此与出土石器的微痕进行比较，对使用痕迹进行分类和鉴别。目前国内外针对石叶开展的微痕实验比较少。

2009 年，吉林大学方启在其博士论文中，针对黑曜岩材质石器进行微痕实验。他使用体视显微镜，采用微痕分析低倍法，建立了一套以石器分类为主线的较为系统的黑曜岩微痕判定方法。其中涉及了 22 件石叶和 35 件细石叶，实验的使用方式主要有切、刮和刻。实验材料从最软材料到坚硬材料，分为 7 个层级，包括肉、骨、皮、木等。

根据此套方法，方启对吉林省东部以黑曜石为主要原料的 7 处旧石器遗址的考古标本进行了微痕观察。对 29 件石叶的观察结果显示，它们多用于切和刮鲜木类较软物质，而切干木类较硬物质、切鲜肉类极软物质、刮新鲜肉皮类很软物质均较少，不存在钻刻的用法。分析的 21 件细石叶多用于切鲜肉类

---

① Shea, J. 1987. On accuracy and relevance in lithic use-wear analysis. *Lithic Technology*, 16(2-3): 44-50.

极软物质和鲜木类较软物质,刮骨骼类坚硬物质和干木类较硬物质以及切新鲜肉皮类很软物质均较少,刮鲜木类较软物质的细石叶仅有 1 件,不存在钻刻的用法。①

在此类微痕实验研究中,研究者已注意到了细石叶的使用方式,将细石叶进行装柄后再进行实验,但在微痕判定上,仍将石叶与石片工具混合进行,对石叶的研究方法和微痕描述并无特殊之处。但由于石叶多作为复合工具使用,如何对石叶进行装柄? 不同的装柄是否会直接影响石叶不同的使用方式? 未经加工而直接使用石叶,是否会限制石叶使用功效的发挥? 将石叶作为复合工具使用时,如何判断其使用方式的种类,其运动的力度、方向与执握石器有何不同? 这些问题都应该得到注意。因此在设计微痕实验时,研究者也许应进一步区分石叶和石片技术,更有针对性地结合民族学资料进行深入分析。

二　考古分析

以微痕实验的数据为基准,依靠微痕观察人员的专业素质,对考古标本进行微痕观察,进而分析遗址的性质,是目前微痕分析运用最广的领域。对考古标本中的石叶进行微痕研究,是近二三十年来的事情,但成果显著,具有极大的发展空间。

R. W. Yerkes 在 1990 年对美国俄亥俄州一个季节性居住遗址(Murphy site)的石叶进行微痕分析,发现石叶在遗址中起的作用与两面器类似,行使多种功能②。

G. H. Odell 曾通过低倍法分析美国伊利诺伊州 Smiling Dan 和 Napoleon Hollow 遗址中两个性质不同的仪式地点的石叶功能,进一步研究 Hopewell 地区石叶的起源与衰落问题,说明石叶在不同的遗址有不同的主要功能。在定

---

① 方启:《吉林省东部地区黑曜石微痕研究》,吉林大学 2009 年博士论文。

② Yerkes, R. 1990. Using microwear analysis to investigate domestic activities and craft specialization at the Murphy Site, a small Hopewell settlement in Licking County, Ohio. *The Interpretive Possibilities of Microwear Studies*:167-176.

居点中,石叶相对而言不太重要,与两面器和石器类似,行使多种功能,包括切、削、刻、刮、钻和投掷,加工对象主要为中等偏硬物质。但在具有特殊仪式性意义的场所(如墓葬)中,石叶在数量上占据优势,并且只行使特定功能,主要为切割和刮削柔软物质。[①]

W. E. Banks 运用高倍法对法国 Solutre 遗址中不同文化期的石器进行微痕观察时,将石叶与其余石器合为一体,将石器微痕分析结果(如装柄痕迹和执握痕迹、石器磨圆程度)背后的人类行为意义提取后进行数据分析,对遗址的使用情况进行整体分析。[②]

C. Lemorini 等人结合运用高倍法和低倍法,对以色列早更新世 Qesem 洞穴出土的石器组合进行微痕分析。确认 43 件石叶有使用痕迹,主要用于切和刮柔软物质及肉类组织,加工植物和中等硬度物质者较少。有一件石叶被认为用于戳刺柔软物质。在对动物群进行研究后证实,该遗址的主要功能为屠宰与加工动物。[③]

A. Beyin 采用低倍法对红海沿岸厄立特里亚旧石器时期晚期 Gelalo 和 Misse 贝丘遗址出土的黑曜石石器进行微痕分析,包括 27 件几何形细石器。微痕观察结果表明,这些工具大多数用于切和钻刻中等到高等硬度的材料。由于同时出土了鸵鸟蛋壳和软体动物,研究者还针对鸵鸟壳、软壳动物壳、橡树枝条等进行钻孔、切锯、切割的模拟使用实验,实验的微痕数据与考古标本的观察结果一致。[④]

在中国,最早进行石叶考古标本微痕观察的案例,是王小庆 2004 年对兴隆洼与赵宝沟遗址出土石器的微痕分析。他使用金相显微镜,以观察线状痕

① Odell, G. 1994. The role of stone bladelets in Middle Woodland society. *American Antiquity*, 59(1):102-120.

② Banks, W. 2006. A use-wear case study of Upper Paleolithic assemblages at the Solutre'Kill Site, France. *Confronting Scale in Archaeology*: 89-111.

③ Lemorini, C., Stiner, M., Gopher, A., et al. 2006. Use-wear analysis of an Amudian laminar assemblage from the Acheuleo-Yabrudian of Qesem Cave, Israel. *Journal of Archaeological Science*: 33(7): 921-934.

④ Beyin, A. 2010. Use-wear analysis of obsidian artifacts from Later Stone Age shell midden sites on the Red Sea Coast of Eritrea, with experimental results. *Journal of Archaeological Science*, 37(7):1543-1556.

和光泽①为主,对56件细石叶工具进行了观察(表1)。根据微痕结果,加之古环境学和地质学研究,研究者认为赵宝沟文化的经济形态中已有农业生产的迹象②。

表1　对兴隆洼与赵宝沟出土石叶的微痕观察结果

遗址	数量(件)	观察倍数	观察描述	用途推测	石叶形态
兴隆洼(距今8200年)	25	20×	连续分布三角形微小剥离痕	作为复合工具的石刃、直线排列于骨刃两列或顶端;切割肉类或解体动物	平面为规整长方形,长与宽的差较小,横断面呈梯形
		200×	刃缘分布E1、E2型光泽,两侧刃缘部及其上方,同时可见D1、D2型光泽,有垂直线状痕		
赵宝沟(距今7200年)	12	200×	刃缘部及向中腹部延伸处布满A型光泽,有被光泽埋没的线状痕,彗星状的小凹坑	收割谷物	平面呈长方形,长与宽的差较大,横断面呈三角形
		400×			
	19	20×	与兴隆洼的现象相同	切割肉类或解体动物	同兴隆洼
		200×			

张晓凌在其博士论文中,运用低倍法对虎头梁石器进行功能分析,并以此讨论遗址的功能,分析其经营模式。她将石叶与细石叶作为非工具类进行微痕研究,在13件石叶和细石叶上发现使用微痕,推测其功能主要为切割(7件)、刮削(4件)和钻(2件)。并在一件用于切割的细石叶和一件石叶上分别发现一处疑似装柄痕迹和一处执握痕迹③。

2010年,陈虹在博士论文中,采用低倍法对晋南几处旧石器时代晚期遗址中出土的部分石叶与细石叶进行了微痕研究。结果显示,柿子滩遗址的30

① 光泽与加工物的对应关系是(括号内为偶尔出现的情况):A型与禾本植物(竹子),B型与木头、竹子、禾本植物光泽性的初期(骨头),C型与沾水的鹿角(骨头),D1型与骨头、鹿角(木头),D2型与骨头、鹿角、木头(竹子),E1型与动物皮、肉类(木头),E2型与动物皮、肉类,F1型与干燥的鹿角、骨头、动物皮、肉类、木头,F2型与各种被加工物光泽形成的初期、动物皮、肉类。

② 王小庆:《兴隆洼与赵宝沟遗址出土细石叶的微痕研究——兼论兴隆洼文化与赵宝沟文化的生业形态》,见《西部考古第一辑》,三秦出版社2006年,第59—77页。

③ 张晓凌:《石器功能与人类适应行为:虎头梁遗址石制品微痕分析》,中国科学院古脊椎动物与古人类学研究所2009年博士论文。

件细石叶均未被使用,下川遗址有 5 件石叶具有微痕,加工对象多数为软性动物物质,例如肉、皮,少数为硬性动物物质,例如骨(图 1)。柴寺遗址有 20 件石叶、细石叶发现微痕,主要为切割(62.5%)、刮削(16.7%)、片(8.3%)及装柄(12.5%)。可识别加工材料的类型多为动物性物质,硬度略有差异,包括鲜骨、肉、皮。少数标本的微痕特征微弱(8.3%),可能曾用于加工植物性物质。[①]

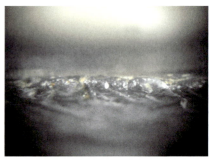

图 1   下川石叶上的使用微痕

综上所述,将石叶微痕研究与遗址分析结合起来,是国内外微痕研究中应用最广泛、成果最显著的领域。对于石叶微痕的研究往往能丰富遗址的内涵,增进人们对遗址的了解。但在遗址研究中,观察标本数量需达到一定比例,并结合标本出土位置及环境信息,才能有效地对遗址进行整体分析。

三   与其他功能分析法的结合

石器功能研究已逐渐走向综合化,将多种研究方法结合起来是学科交叉的新趋势,如微痕研究与残留物分析等。在多学科综合研究下,研究者往往能够得到更精确、更具有突破性的研究成果。

B. W. Renee 等人运用测年、植物孢粉分析、动物群分析以及石器微痕分析等手段,对美国亚拉巴马州的 Dust 洞穴遗址进行维生经营模式的重建。该

①   陈虹:《华北细石叶工艺的文化适应性研究——晋冀地区部分旧石器时代晚期遗址的考古学分析》,浙江大学出版社 2011 年。

洞穴共出土 10 件石叶,研究者结合低倍法和高倍法对其中 5 件进行微痕分析,发现 4 件石叶有使用痕迹,分别被用于切肉和切骨。[1]

A. Högberg 等人结合微痕分析(高倍法)与蛋白质残留物分析,对瑞典南部新石器时代早期的 Almhov-delområde 1 号遗址中出土的 30 件燧石石器进行研究。其中分析了 20 件石叶,18 件有使用痕迹,根据光泽显示,加工对象包括鱼类、木头、肉类、骨头、植物。两种方法相互验证,显示这些石器主要被用于捕鱼。[2]

2012 年,N. Kononenko 对马来西亚多个全新世中晚期遗址中出土的小型黑曜石石器进行了微痕分析和残留物分析。结果表明,这些石器用于穿刺和切割柔软皮革,从而提出它们也许有文身、祭祀以及医疗用途。其中有 6 件石叶经过装柄,主要用途为穿刺和切割,并且都有血迹(尚未确定是否为人血)和黑色碳化的植物残渍留存。这些疑似血迹物质和黑色植物残留物的混合,被认为可能是穿刺和切割皮肤时使用的颜料。[3]

四 石叶复合工具的微痕研究

在地中海气候区的旧石器时代晚期遗址中,经常会发现一种带有特殊光泽的石叶。由于这一时期正处于农业起源的敏感时期,这种带有光泽的石叶就特别引人关注。陆续发现的完整石叶与骨柄相连的复合工具(图 2),则证实了研究者关于这些石叶是镰刀组成部分的猜想。镰刀是农业生产过程中进行收割活动的重要农具,据研究,镰刀收割技术最早出现在西南亚 Natufian

---

① Renee, B., Kandace, R., Scott, C., et al. 2001. Berries, bones, and blades: Reconstructing late paleoindian subsistence economy at dust cave, Alabama. *Midcontinental Journal of Archaeology*, 26(2): 169-169.

② Högberg, A., Puseman, K., Yost, C. 2009. Integration of use-wear with protein residue analysis- a study of tool use and function in the south Scandinavian Early Neolithic. *Journal of Archaeological Science*, 36(8):1725-1737.

③ Kononenko, N. 2012. Middle and late Holocene skin-working tools in Melanesia: Tattooing and scarification? *Archaeology in Oceania*, 47(1):14-28.

文化早期,即大约14500~12800年间已出现。① 对于镰刀石叶(sickle blades)
光泽的形成与收割谷类植物有无关系、谷类植物残留物能否留在石叶上、残
留物分析能否证明人类已驯化了稻谷等问题的回答,将有助于解答农业起源
的关键性问题。

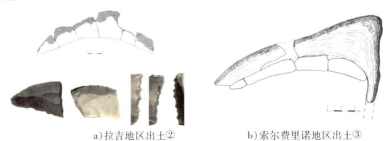

a)拉吉地区出土②　　　　　　　　　　b)索尔费里诺地区出土③

图2　考古出土的镰刀石叶

早在19世纪中叶,镰刀石叶上的光泽就吸引了考古学家的注意。1930
年左右,E. C. Curwen等人已经提出将这种"镰刀光泽(sickle gross)"与收割谷
类植物联系起来。④ 后继的考古学者们对此也做了许多研究,包括讨论考古
标本上光泽的种类,收割谷类植物的强度与光泽积累速率之间的关系,以及
镰刀收割谷物的效率等。⑤ 这些研究通过复制镰刀进行模拟实验,以此评估
光泽的形成与发展过程。大多数实验得出这样的结论:镰刀石叶工作刃上出
现的光泽,是刃缘与植物组织反复摩擦之后的结果,更进一步地说,光泽实际
上是植物残渍(植硅体)在石叶上积累造成的。⑥

　　① Bar-Yosef, O. 1998. The Natufian culture in the Levant: threshold to the origins of agriculture.
Evolutionary Anthropology, 6:159-177.

　　② Mozel, I. 1983. A Reconstructed Sickle from Lachish. *Tel Aviv*, 10:182-185.

　　③ Gilead, D. 1973. Flint Industry of the Bronze Age from HarYeruham and Tell Nagila. In: Aharoni,
Y. (Ed), *Excavations and Studies*. Tel Aviv: Tel Aviv University, pp. 133-143.

　　④ Curwen, C. 1930. Prehistoric flint sickles. *Antiquity*, 9:179-186.

　　⑤ (1)Anderson, P. 1999. Experimental cultivation, harvest and threshing of wild cereals: their
relevance for interpreting the use of epi-Paleolithic and Neolithic artifacts. In: Anderson, P. (Ed), *Prehistory
of Agriculture: New Experimental and Geographic Approaches*. Los Angeles: University of California Press, pp.
118-145;(2)Unger-Hamilton, R. 1991. Natufian plant husbandry in the southern Levant and comparison with
that of the Neolithic periods: the lithic perspective. In: Bar-Yosef, O., Valla, F. (Eds), *The Natufian
Culture in the Levant*. Michigan: Ann Arbor, pp. 483-520.

　　⑥ Kaminska-Szymaczak, J. 2002. Cutting Graminae tools and "sickle gloss" formation. *Lithic
Technology*, 27:111-151.

但是,2007 年有研究者利用扫描电镜对比观察燧石镰刀石叶中的有光泽与无光泽部位,发现在有光泽的工作刃上并没有出现任何外来物质,因此提出光泽实际上来自于镰刀石叶工作时的磨平过程(smooth abrasion)①。

在 2010 年,有两队学者同时独立提出了衡量镰刀石叶光泽与收割谷物强度关系的新方法,通过测定镰刀石叶被使用的时间,进一步推测收割谷物的强度。一队通过实验及在扫描电镜下的微痕分析测量石叶厚度②,另一队通过分析 He-Ne 激光投射在镰刀石叶刃缘的反射情况来判断光泽强度③。虽然采用了不同方法,但他们却得出了同样的结论,即,镰刀复合工具是成本高昂的物品,史前人类在制作它们时,就有了尽量延长工具使用时间的设计。这种新方法也引来了学界的一些质疑和批评④。

尽管石叶光泽产生的机制有待进一步探讨,光泽强度的判定也尚未完全解决,但这种带有特殊光泽的镰刀石叶与农业生产之间的密切关系已基本得到肯定。因此,带有光泽的镰刀石叶所占比例的多少,已成为判断新石器时代遗址维生经济是否部分或全部为谷物类农业的重要证据。⑤

近来,中国学者采用环境扫描电镜法和 X 射线能谱分析,对北京平谷上宅遗址出土骨柄石刃刀上的细石叶进行分析。未在石叶上发现植物残留物,但在石刃背缘部位发现覆盖有胶层,并确认其中均匀分布有钡盐、锌盐等,认为与史前居民制胶工艺有关。研究者判断这件骨柄石刀是一件处理肉类的

① Rosen, S., Shugar, A. 2007. *Assays in Understanding Sickle Gloss*, *Austin Texas*. Presented at the Meeting of the Society for American Archaeology.

② Goodale, N., Otis, H., Andrefsky, W. Jr., et al. 2010. Sickle blade life-history and the transition to agriculture: an early Neolithic case study from Southwest Asia. *Journal of Archaeological Science*, 37(6):1192-1201.

③ Vardi, J., Golan, A., Levy, D., et al. 2010. Tracing sickle blades levels of abrasion and discard patterns: a new sickle gloss quantification method. *Journal of Archaeological Science*, 37:1716-1724.

④ (1)Stemp, W., Evans, A., Lerner, H. 2012. Reaping the rewards: the potential of well-designed methodology, a comment on Vardi et al. (Journal of Archaeological Science 37[2010]1716-1724) and Goodale et al. (Journal of Archaeological Science 37[2010]1192-1201). *Journal of Archaeological Science*, 39(6):1901-1904;(2)Vardi, J., Golan, A., Levy, D., et al. 2012. Reaping bare fields: a response to Stemp et al. *Journal of Archaeological Science*, 39(6):1905-1907;(3)Goodale, N., Andrefsky, W. Jr., Otis, H., et al. 2012. Reaping 'rewards' in sickle use-wear analysis. *Journal of Archaeological Science*, 39(6):1908-1910.

⑤ Rosen, S. 1997. *Lithics after the Stone Age*. AltaMira: Walnut Creek.

工具,在使用期间与骨质发生了接触。①

五　总结与思考

自 20 世纪 90 年代以来,石器微痕研究进入快速发展阶段。在前人工作的基础上,本文对国内外针对石叶所开展的微痕研究进行了梳理,并就石叶微痕的研究提出一些思考。

(一)石叶用途的多样化

从国内外学者针对石叶开展的微痕研究中可以看出,石叶的使用方式与加工对象并不是固定而局限的,它有多种使用方式,包括切、割、刮、削、钻、刻、投掷、穿刺等;加工对象的硬度从较软物质(如鲜肉、鱼等)到中等偏硬物质(如木、骨等)都有。具体到某个遗址,石叶的主要功能可能会有所差别。有些遗址中的石叶以切割较软物质为主,有些以加工较硬物质为主,也有些为多种功能并存。石叶所参与的任务范围比我们之前所想象的更广,其功能更多受到使用者的需求和具体环境要素所影响。因此在推测遗址性质时,研究者需要以更系统的观念来分析石叶的微痕结果,结合石叶出土的具体背景,包括年代、动植物环境和石器组合类型等,以及多种功能分析法进行综合研究。

(二)对石叶微痕实验研究的反思

在实际考古案例中,石叶的加工方式与对象十分多样,但从石叶微痕实验研究所得出的使用方式和用途却较为局限。这其中的误差,一方面可能是由于石叶微痕实验研究本身较为薄弱,国内外进行的相关研究都较少,基本不见针对石叶专门进行的微痕实验研究。另一方面,与相关研究选用石料、实验方式和使用方式过于单一有关。例如,方启的微痕实验中预设的石叶使

---

① 崔天兴、杨琴、郁金城等:《北京平谷上宅遗址骨柄石刃刀的微痕分析:来自环境扫描电镜观察的证据》,《中国科学:地球科学》2010 年第 6 期。

用方式仅有切、刮与刻三种。另外,研究者多把石叶与石片等执握工具混合研究,往往容易忽略史前人类将石叶作为复合工具一部分使用的情况。

对于考古标本而言,微痕的描述有可能是准确的。但是,如果微痕实验的使用方式和考古标本实际使用方式存在误差,在比照过程中就可能会影响对考古标本的正确解读。复合工具与直接执握工具(如石片工具等)混用同一微痕标准似乎不妥,仍需进行专门的石叶复合工具微痕实验,以进一步区分和明确不同使用方式的微痕。

(三)技术兼用与学科交叉

20世纪80年代,学术界曾经对于微痕分析"低倍法"与"高倍法"展开激烈争论。就石叶微痕研究方法而言,使用高倍法、低倍法或二者兼用的研究者不在少数。采用哪一种微痕观察方法,往往与研究目的和材料实际情况有关,而不涉及方法上的优劣。目前的研究趋向是,在可能的情况下综合运用两种方法,以更准确地解释材料。研究者最好能对这两种方法都有所涉猎,从而在充分了解研究需求的情况下,妥善选择研究方法,达到最好的研究效果。

综合运用类型学、民族学、实验考古学、石器组合分析、测年、植物孢粉分析、动物群分析、石器微痕分析以及残留物分析等多种考古学方法,已成为功能研究的趋势。采用多学科、多方法的综合研究,研究者可以得出更细致、更具信服力的分析结果,以更广阔的视野解读石叶背后的人类行为模式,加深对遗址的整体理解。将微痕研究与其他研究方法相结合,将为全面解读石叶功能与遗址性质提供更多的可能性。

(陈虹、连蕙茹合作,原刊《草原文物》2013年第2期)

石制品后埋藏微痕的实验研究述评

石器功能研究是旧石器时代考古研究中的一大课题,它能为我们研究史前人类生存方式、行为模式等内容提供重要的资料。① 石器功能研究最先关注的是石制品表面的微小痕迹以及破损②,其理论依据是石器在使用时,使用部位会因为受到力的作用而产生一定的物理变化③。由于使用方法、加工材料和使用强度等方面的差异,石制品的使用部位会产生不同的微痕。微痕分析(use-wear analysis)即应用显微镜技术观察保留在考古标本上肉眼不易观察或识别不到的痕迹,并与实验标本上的使用微痕进行对照,从而判断石器的功能。

然而,微痕分析方法在实际应用过程中遇到了一些问题,其中之一就是石制品在后埋藏沉积过程中(post-depositional processes)会发生表面变化④,本文称之为"后埋藏微痕"。石制品的生命史可以分为几个阶段,包括原料获取、制作、使用、修整和废弃,之后进入到埋藏环境中,然后又被考古学家发掘并进行研究。⑤ 特别是史前时代的石制品被发掘出来之前,会经历漫长的埋藏过程,在此期间,石制品可能会受到水流搬运、土壤侵蚀、动物或人为踩踏、

---

① 陈虹:《华北细石叶工艺的文化适应研究——晋冀地区部分旧石器时代晚期遗址的考古学分析》,浙江大学出版社 2011 年。

② Marreiros, J., Mazzucco, N., Gibaja, J., et al. 2015. Macro and micro evidences from the past: The state of the art of archeological use-wear studies. In: Marreiros J., Gibaja J., Bicho N. (Eds), *Use-Wear and Residue Analysis in Archaeology*. London: Springer International Publishing, pp.5-26.

③ 高星、沈辰主编:《石器微痕分析的考古学实验研究》,科学出版社 2008 年。

④ 乔治·奥德尔(著)、关莹、陈虹(译):《破译史前人类的技术与行为:石制品分析》,生活·读书·新知三联书店 2015 年。

⑤ Mcbrearty, S., Conard, N. 1998. Tools underfoot: Human trampling as an agent of lithic artifact edge modification. *American Antiquity*, 63(1):108-129.

干旱环境中扬沙的作用等化学或机械作用的影响,从而对石器表面产生一定程度的改变。所以,微痕分析方法面临的一个挑战就是:如何将石制品表面因使用而产生的微痕与后埋藏过程中各种作用力造成的痕迹(包括这些作用力对原有使用痕迹的改变)进行区分。

本文将回顾国外石制品后埋藏实验研究的情况,介绍后埋藏实验的不同类型及实验结果,分析相关影响因素,提出该研究在中国考古遗址研究中的重要性,并希望更加准确、客观地揭示石制品的功能,进而更好地解释史前古人的生存和生产情况。

一 关于后埋藏微痕的研究

早在微痕分析兴起之前,F. Bordes 等人便开始关注到人类踩踏对石制品产生的影响,他在 1950 年通过人类和动物的踩踏模拟实验了解这些痕迹的具体特征[1],并在 1961 年在此提到大型哺乳动物群长时间踩踏会在一定程度上影响石制品的表面形态。从 20 世纪 70 年代开始,研究者才认真考虑这些作用可能会影响我们对人类活动证据的理解。随后,一些微痕分析者和埋藏学家针对不同石料的石制品相继展开后埋藏研究,并且通过模拟实验的方法来区分后埋藏微痕与人为使用痕迹。

(一)土壤埋藏及扰动实验

石制品被遗落在土壤表面后,会受到来自土壤中不同物质的侵蚀,并在沉积过程中不断发生垂直层面的位置变化。因而,石制品在单纯埋藏环境下(未受到水流和踩踏的机械作用)发生的变化及其位置改变情况受到了研究者的关注。20 世纪 70 年代,M. B. Schiffer 和 P. Barker 分别讨论了石器后埋藏

---

① (1)Bordes, F., Bourgon, M. 1951. Le complexe mousterien: Mousterien, Levalloisien et Tayacien. *L'Anthropologie*, 55:1-23;(2)Bordes, F. 1961. Mousterian Cultures in France. *Science*, 134(3482):803-810.

运动的相关理论①，W. R. Wood 和 D. L. Johnson 则详细地讨论了后埋藏现象的主要机制和自然过程②，此后 Ari Siiriäinen 和 C. M. Baker、J. W. Rick、R. M. Rowlett 和 M. C. Robbins 先后展开了对石制品在土壤中的垂直运动和斜坡运动情况③，以及运动过程中的粒度分选问题(size-sorting)的研究④。E. C. Harris 则提出石制品无论是往上还是往下移动，都不会在土壤中留下明显的轨迹。⑤ 这些研究对了解石器生命史有很大帮助，但是他们还没有注意到石制品表面在此过程中是否会产生相应的痕迹。

2002 年，D. Burroni 等人开展了一项关于燧石的后埋藏环境的模拟实验。实验结果显示：首先，石制品的磨耗率并非一成不变，而是会随着模拟环境中沉积物颗粒数量的增加而增加；其次，细粒度的燧石比粗粒度的燧石更难产生痕迹；再次，水分会引发石制品表面发生化学反应，促进燧石表面痕迹和薄膜的形成。在埋藏环境中最常见的自然痕迹包括：裂隙、破裂、擦痕、塑性变形、边缘和脊部磨圆、表面光泽、斑点和表面颜色变化。这项实验注意到了后埋藏过程中石制品表面可能产生的物理变化，同时提出石制品表面可能发生化学变化，即使是环境中的一点水分都会引起表面的化学改变。作者因此提出，在进行后埋藏研究时，应当完整地评估遗物所处空间背景的环境。⑥

J. Wilkins 的研究指出，石制品的破损可能发生在其生命史的任何阶段，

---

① （1）Schiffer, M. 1972. Archaeological context and systemic context. *American Antiquity*, 37(2)：156-165；（2）Barker, P. 1977. Techniques of archaeological excavation. *Antiquaries Journal*；382-383.

② Wood, W., Johnson, D. 1981. 11-A survey of disturbance processes in archaeological site formation. *Advances in Archaeological Method and Theory*, 1；539-605.

③ （1）Siiriäinen, A. 1977. Pieces in vertical movement-a model for rockshelter archaeology. *Proceedings of the Prehistoric Society*, 43；349-353；（2）Baker, C. 1978. The size effect：An explanation of variability in surface artifact assemblage content. *American Antiquity*, 43(2)：288-293；（3）Rick, J. 1976. Downslope movement and archaeological intrasite spatial analysis. *American Antiquity*, 41(2)：133-144；（4）Rowlett, R., Robbins, M. 1982. Estimating original assemblage content to adjust for post-depositional vertical artifact movement. *World Archaeology*, 14(1)：73-83.

④ 由于石制品自身大小和重力的差异，石制品在发生垂直高度运动时，最终会停留在不同的土壤层位。

⑤ Harris, E. 1989. *Principles of Archaeological Stratigraphy*. Academic Press.

⑥ Burroni, D., Donahue, R., Pollard, A., et al. 2002. The surface alteration features of flint artifacts as a record of environmental processes. *Journal of Archaeological Science*, 29(11)：1277-1287.

但是石制品破裂面出现的石锈只能在石制品后埋藏过程中产生①,这为我们判断石制品是否经过比较严重的后埋藏侵蚀提供了一个依据。P. J. Brantingham 等人则通过建立一系列模型来表示地层之间的后埋藏关系,并提出一些用于判断后埋藏因素存在的方法:(1)比较石制品埋藏前和埋藏后的差别;(2)查看不同层位中石器、骨头和陶器的分布规律;(3)应注意用于辨别实验或者考古标本的后埋藏特征差异的标准在不断发展。②

(二)水流搬运实验

水流搬运是石制品在埋藏沉积过程中常见的情况。1974 年, M. L. Shackley 研究了欧洲旧石器时代早期燧石制品的水流搬运微痕,结果显示:片疤出现在石制品狭窄的刃缘,磨痕出现的频率和燧石的坚硬程度相关;但是和使用微痕的规律分布不同,水流搬运产生的磨痕随意地聚集在刃缘附近。③ R. Hosfield 等人针对英国旧石器时代早中期的石制品在河流环境中的搬运和运输模式,开展了真实环境下的河流搬运模拟实验,其结果不仅有助于了解旧石器时代中期石制品组合在河流搬运下的二次形成过程,而且为辨识石制品在此过程中的破损情况提供了参考。大部分经过搬运的石片标本边缘呈现出不同程度的微小剥落,其数量随着搬运距离的增长而增加,而且这些剥落逐渐类似于有意的加工修整。④ 要注意的是,在搬运过程中所受到的损伤只会出现在具有特定形状的标本上,因此,在评估考古标本的保存状况时,可以重点关注具有特定形状的石制品。

L. Grosman 等人探索了手斧工具在流水沉积埋藏环境下受到的损伤。实验在一个可以滚动撞击且可控的模拟环境中进行,并且使用 3D 光学扫描仪和数学分析的方法将石制品出现的变化图像化。实验结果表明,实验品和考

---

① Wilkins, J., Schoville, B., Brown, K., et al. 2012. Evidence for early hafted hunting technology. *Science*, 338(6109):942-946.

② Brantingham, P., Surovell, T., Waguespack, N. 2007. Modeling post-depositional mixing of archaeological deposits. *Journal of Anthropological Archaeology*, 26(4):517-540.

③ Shackley, M. 1974. Stream abrasion of flint implements. *Nature*, 248:501-502.

④ Hosfield, R., Chambers, J. 2005. River gravels and flakes: new experiments in site formation, stone tool transportation and transformation. In: Fansa, M. (Ed), *Experimentelle Archäologie in Europa*, Bilanz 2004 Heft 3. OAI, pp.57-74.

古标本的主要区别在于破损程度的差异,实验品主要的破损类型包括在侧刃上出现的较深、随意、像刻痕一样的痕迹,远端尖部出现严重崩损,近端较厚部分只出现微小破损。[①] 这项实验还对破损程度、出现位置和形态特征进行定量研究,使用3D图像以及二维线图展示出手斧轮廓发生的改变(图1),并量化轮廓的损伤程度[②],由此提供了一种鉴别后埋藏微痕的方法和可参考数据。

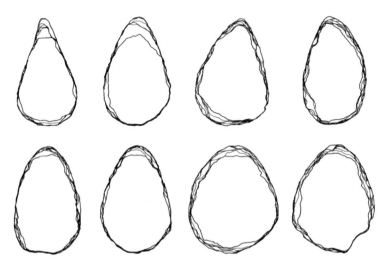

图 1　Grosman 埋藏实验的二维线图[③]

说明:每一件手斧都有多条轮廓线,代表的是每一阶段的翻滚实验后手斧的轮廓,图中可以清楚地看出实验标本每一阶段的轮廓破损情况。

L. Asryan 等进行了玄武岩石片在水流中翻滚的模拟实验以及石制品模拟使用实验,并对二者的痕迹进行比较。水流翻滚实验结果显示:石制品的表面几乎都有磨圆,刃部和背脊突起部分出现无方向性的光泽,以及无规则、

①　Grosman, L., Sharon, G., Goldman-Neuman, T., et al. 2011. Studying post depositional damage on Acheulian bifaces using 3-D scanning. *Journal of Human Evolution*, 60(4):398-406.

②　量化损伤程度的方法:在手斧的边缘轮廓上取点,测量实验最开始时的边缘到实验结束后的边缘之间的距离,其中一件标本的破损程度总体在 0～5 毫米之间,但其尖部破损近 30 毫米。

③　Hosfield, R., Chambers, J. 2005. River gravels and flakes: new experiments in site formation, stone tool transportation and transformation. In: Fansa, M. (Ed), *Experimentelle Archäologie in Europa*, Bilanz 2004 Heft 3. OAI, pp. 57-74.

短小分散的条痕。① 而使用实验表明石制品的磨圆、光泽和条痕出现在使用刃上,光泽由腹面向背面延伸,条痕有明显的方向性。可以说,微痕的位置与分布是区别使用微痕和后埋藏微痕的重要指示。

F. Venditti 等从考古遗址中采集砂质石英岩作为实验标本,通过一定步骤放入磨光机器中运转,控制运转时间以模拟尼罗河的搬运速度,实验结果表明磨蚀程度与实验的持续时间和强度有着密切关系。尽管完全区分埋藏引起的磨蚀痕迹与使用引起的磨蚀痕迹有较大难度,但是,使用产生的痕迹有一定的规律,擦痕、光泽、片疤、有方向的磨蚀会在相同位置一起出现。而在后埋藏情况下,磨蚀痕迹无规律地分布在石器边缘和表面。而且,在相同的机械和化学作用下,燧石比石英岩更容易产生痕迹。作者认为在进行功能分析时应评估石制品组合的保存情况,同时强调研究后埋藏微痕可以提供非常重要的信息,帮助重建考古标本在埋藏后的生命史,也可以帮助理解遗址的形成过程。②

德国考古学者 W. Chu 等提出,在解释露天遗址时水流作用是石制品后埋藏过程中的一个主要复杂因素。通过水流搬运的模拟实验,观察后埋藏微痕可以帮助了解石器的搬运史,强化对水流环境下石制品组合形成的理解。通过扫描电子显微镜可以发现,石制品的后埋藏微痕对磨损时间、沉积物尺寸和石器运输模型十分敏感,通过表面微观磨损、脊宽(ridge width)和边缘破损能够判断当时的埋藏环境。此外,边缘破损可能和运输时间有较大关联,而不是受运输距离的影响。随着实验时间加长,微痕数量增加,脊宽变大;缓慢水流环境下的磨损可能和使用微痕相似。作者还指出,由于变量太多,实验很难完全模拟原始河流环境,但是对于石制品表面磨损和边缘破损量化来说,运用更多的计算机控制方法可以更加精确地评估影响磨损的因素。③

---

① Asryan, L., Ollé, A., Moloney, N. 2014. Reality and confusion in the recognition of post-depositional alterations and use-wear: an experimental approach on basalt tools. *Acta Metallurgica*, 1(1): 1091-1098.

② Venditti, F., Tirillò, J., Garcea, E. 2015. Identification and evaluation of post-depositional mechanical traces on quartz assemblages: An experimental investigation. *Quaternary International*, 15(1):1-7.

③ Chu, W., Thompson, C., Hosfield, R. 2015. Micro-abrasion of flint artifacts by mobile sediments: a taphonomic approach. *Archaeological and Anthropological Sciences*, 7(1):3-11.

(三)动物或人为踩踏实验

在埋藏过程中,石制品表面可能会因人类或动物的踩踏而出现微痕。R. Tringham 等人在 1973 年进行模拟人类踩踏的实验,指出石制品因踩踏而出现的片疤随意分布于石片周边,只出现在石制品向上的一面,而且踩踏痕迹比使用痕迹长。[1] 但是实验结果并未被后来的研究完全证实。

J. F. lenniken 和 J. Haggerty 将石制品置于黄土粉砂壤土中的实验显示,出现在石制品边缘的片疤之位置、尺寸和方向是随意的,且片疤不长。石片在踩踏过程中很容易弹起翻跃,所以痕迹会同时出现在背面和腹面。[2] L. H. Keeley 将实验时间大大延长,为了更真实地模拟史前石制品的后埋藏过程,将石片埋藏到一条破旧小路上约一年后取出,观察发现刃缘产生了随意、聚合的改变。[3] J. H. Pryor 使用沙质土和含有碎石、鹅卵石的壤土作为两种埋藏土壤基底(substrate)进行实验,提出踩踏微痕和使用微痕可以区分,因为踩踏微痕大多稀疏分布且没有固定方向。[4] 以上实验的样本量较少,为了更好地说明问题,D. Gifford-Gonzalez 等人在 1985 年开展了 2000 件黑曜岩石片的踩踏实验。实验分两组进行,一组置于壤土上,一组置于疏松、精细的沙土上,结果发现片疤方向不是随意的,长片疤的数量因基底物质不同而有所差异。[5] A. Nielsen 进行了相对系统的研究,围绕骨头、黑曜岩石片、陶瓷碎片、木碎片、砖等不同材料展开了 6 组实验。其中在壤土环境下的实验结果和 Pryor 的实验相似,踩踏片疤稀疏地出现在石制品的两个面上,边缘刃角陡时可能出现较大片疤,片疤的形状和尺寸没有特殊的辨识性。[6] 之后,J. J. Shea 和 J. D.

---

① Tringham, R., Whitman, A. 1973. Experimentation in the formation of edge damage: A new approach to lithic analysis. *Journal of Field Archaeology*, 1(1-2):171-196.

② Flenniken, J., Haggerty, J. 1979. Trampling as an Agent in the Formation of Edge Damage: An Experiment in Lithic Technology. *Northwest Anthropological Research Notes*, (13):208-214.

③ Keeley, L. 1980. *Experimental Determination of Stone Tool Uses: A Microwear Analysis*. Chicago University Press, 47(3).

④ Pryor, J. 1988. The effects of human trample damage on lithics: A consideration of crucial variables. *Lithic Technology*, 17(1):45-50.

⑤ Gifford-Gonzalez, D., Thunen, R. 1985. The third dimension in site structure: An experiment in trampling and vertical dispersal. *American Antiquity*, 50(4):803-818.

⑥ Nielsen, A. 1991. Trampling the archaeological record: An experimental study. *American Antiquity*, 56(3):483-503.

Klenck 将标本放在一个装有潮湿沙土的盒子中进行人为踩踏实验,结果显示,踩踏微痕不均衡地出现在石制品边缘,表现为宽片疤而非长片疤。[1]

　　1998 年,S. McBrearty 等人开展了一个全面的石制品埋藏实验,实验基底包括壤土和沙两类,标本涉及燧石和黑曜岩两种石料,数量共计 2800 片,结论具有较高的参考意义和启示。研究者指出后埋藏基底十分重要,实验品即使在细粒沉积物里也会产生痕迹,且同样可能很严重。石与石之间的撞击也十分容易导致痕迹出现,石器密度是影响破损的因素之一。原料因素在本实验中并不突出,虽然黑曜岩石制品比燧石产生更多痕迹,但是基质和石器密度的影响更大。关于踩踏微痕的判断标准总结如下:(1)坚硬的基底会产生密集、交替的痕迹,但是在其他基底上并不明显;(2)少量片疤没有明显的方向性,但是分布大量片疤时发现它们是连续、邻近的,和使用微痕相似;(3)宽片疤,且片疤方向并不随意,而是相对整齐地垂直于边缘。[2]

　　进入 2000 年后,此类实验不断完善,并结合现代科学技术展开更加科学的研究。M. I. Eren 等人模拟动物踩踏,以硅质石灰岩为实验原料,基底分为干土和湿土两种,主要研究在踩踏过程中石器位置的改变情况。作者认为,即使是在柔软的基底上,短距离踩踏也会在石器边缘产生值得注意的痕迹。[3]
J. Pargeter 通过实验区分踩踏微痕和投掷微痕,他发现相较于投掷微痕,埋藏破损痕迹出现的频率较低,石器工具的破损频率与石器边缘的脆性有关。[4]
Asryan 不仅设计了水流埋藏环境的实验,还在一个遗址公园中设计了熊踩踏石制品的实验,与使用微痕进行对比后总结出二者在片疤尺寸、分布、磨圆情况、光泽、条痕、塑性变形等方面的差异。[5]

---

① Shea, J. , Klenck, J. 1993. An experimental investigation of the effects of trampling on the results of lithic microwear analysis. *Journal of Archaeological Science*, 20(2):175-194.

② McBrearty, S. , Conard, N. 1998. Tools underfoot: Human trampling as an agent of lithic artifact edge modification. *American Antiquity*, 63(1):108-129.

③ Eren, M. , Durant, A. , Neudorf, C. , et al. 2010. Experimental examination of animal trampling effects on artifact movement in dry and water saturated substrates: a test case from South India. *Journal of Archaeological Science*, 37(12):3010-3021.

④ Pargeter, J. 2011. Assessing the macrofracture method for identifying Stone Age hunting weaponry. *Journal of Archaeological Science*, 38(11):2882-2888.

⑤ Asryan, L. , Ollé, A. , Moloney, N. 2014. Reality and confusion in the recognition of post-depositional alterations and use-wear: an experimental approach on basalt tools. *Acta Metallurgica*, 1(1):1091-1098.

随着科技的发展,GIS 技术也被引入到微痕的定位研究中。B. J. Schoville 使用 GIS 分析方法定位出石器微小破损的位置①,并将每一件石片数字化,按照原始尺寸描绘其轮廓,使用 ArcGIS 软件记录石制品背面和腹面轮廓破损的方向。② S. P. McPherron 等总结前人研究后提出,石制品踩踏微痕难以察觉,可能和修整痕迹相似,但和其他埋藏过程所产生的微痕不同。他使用新开发的类似 GIS 的图像处理软件进行分析,指出先前无法量化的刃角与石制品破损具有较大的相关性,在进行微痕分析时应考虑石制品破损的剥落机制问题。③

二 后埋藏微痕的特征及影响因素

人类行为导致石制品产生的使用微痕具有一定的特征和规律(表 1):在分布位置上,使用微痕主要集中分布在使用刃,装柄可能会在背脊部分出现一定的压痕;磨蚀通常伴随着光泽、擦痕、磨圆等一起出现;由于使用方式和加工对象及使用强度不同,片疤会产生一定的差异,但总体上有规律地沿着刃缘分布,且呈现出一定的终端形态,例如羽翼状、阶梯状、折断状等。

自然作用产生的微痕则往往是不规则的,随意分布在石制品表面任何一个受到接触的位置(图 2),而且会因埋藏基底的差异表现出很大不同。

① Schoville, B., Brown, K. 2010. Comparing lithic assemblage edge damage distributions: Examples from the Late Pleistocene and preliminary experimental results. *vis-à-vis: Explorations in Anthropology*, 10 (2):34-49.

② Schoville, B. 2014. Testing a taphonomic predictive model of edge damage formation with Middle Stone Age points from Pinnacle Point Cave 13B and Die Kelders Cave 1, South Africa. *Journal of Archaeological Science*, 48(1):84-95.

③ McPherron, S., Braun, D., Dogandžić, T., et al. 2014. An experimental assessment of the influences on edge damage to lithic artifacts: a consideration of edge angle, substrate grain size, raw material properties, and exposed face. *Journal of Archaeological Science*, 49(1):70-82.

表 1　后埋藏实验微痕特征与使用微痕特征对比

	土壤埋藏及扰动实验	水流搬运实验	人和动物踩踏实验	使用微痕(人工)
微痕分布位置	全器身都可能出现			使用刃
片疤位置	随意分布在边缘	狭窄部分、尖部严重崩损	随意分布在石制品边缘;背面和腹面都有出现,出现频率与踩踏强度相关	沿使用刃的刃缘分布,与石器使用方式等有关
片疤方向、数量	少,随意聚集出现	数量随搬运时间发生改变	稀疏、单独、不均衡,不会出现在特定的石制品类型上;片疤有长有宽	与石器使用方式等有关,片疤方向有一定规律
擦痕	无规律,随意	随意聚集;深、类似刻痕;没有明确方向性,短而分散	短;垂直于部分脊部	与石器使用方式等有关,与使用刃平行或垂直
磨圆	边缘和背脊部分	边缘和背脊部分	十分轻微,分布随意	出现在使用刃上,程度从轻度到重度不等
光泽	点状和块状,随意分布在石制品表面	刃部和背脊的突起部分可见,没有方向性及特殊分布	点状,分布在器身	与石器加工材料等有关,分布在使用刃上,散漫、点状和片状等
化学变化	薄膜;斑点	磨蚀	无	无

考虑到石制品表面的痕迹是因为和其他物质接触摩擦或者碰撞而造成的,模拟实验中有诸多变量会对这些痕迹的特征、分布等产生影响,充分了解实验中的变量因素与痕迹之间的关系有助于更好地区分辨识。综合当前研究可知,主要有以下因素在石制品后埋藏过程中发挥作用。

(1)石制品所处环境的基底沉积物。在土壤埋藏和踩踏实验过程中,后埋藏环境中沉积物的颗粒大小和坚硬程度对痕迹起到至关重要的作用。一般而言,细颗粒沉积物作为基底时会使石制品表面产生微痕,相应地颗粒越大越坚硬,石制品表面产生的微痕越多,在尺寸上也更大更深。[1]

---

[1]　McBrearty, S., Conard, N. 1998. Tools underfoot: Human trampling as an agent of lithic artifact edge modification. *American Antiquity*, 63(1):108-129.

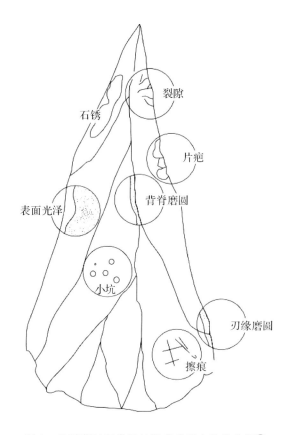

图 2　后埋藏过程常见的微痕类型大致分布图①

（2）石制品分布的密度。石制品彼此之间的撞击十分容易产生微痕，所以实验过程中石制品的密度也是重要因素之一。在相同情况下，石制品之间的间距越小，其表面在后埋藏过程中产生的微痕会越多且复杂。

（3）石制品的原料。相较于前两点，石制品原料在后埋藏过程中对产生微痕的影响较小。目前的研究主要涉及燧石、黑曜岩、石英岩，经过相同的后埋藏过程，石英岩石制品的保存状况最好②，其次是燧石，再者为黑曜岩。

（4）水流搬运的时间和强度。在河流搬运过程中，石制品所产生的破损

---

①　Burroni, D., Donahue, R., Pollard, A., et al. 2002. The surface alteration features of flint artifacts as a record of environmental processes. *Journal of Archaeological Science*, 29(11):1277-1287.

②　Venditti, F., Tirillò, J., Garcea, E. 2015. Identification and evaluation of post-depositional mechanical traces on quartz assemblages: An experimental investigation. *Quaternary International*, 15(1):1-7.

可能与搬运时间以及强度有关,而非搬运的距离。石制品刃脊和边缘在短距离的搬运环境下便会出现微痕,随着搬运时间的增加,破损的数量增加,擦痕变长。此外,微痕随着水流的加快而加深。[①]

因此,在使用微痕分析方法进行石制品功能研究时,我们需要考虑后埋藏因素对使用微痕的影响,充分考虑考古遗址埋藏环境和后埋藏过程的具体情况,注意多种因素的差异和影响,选择适合的数据进行分析。

三　小　结

随着微痕分析方法的广泛应用,学者们日益关注到石制品后埋藏过程对微痕分析的影响。目前的研究结果可以依据片疤的分布位置、分布形态和方向以及磨蚀出现的位置和方向等,初步区分后埋藏微痕与使用微痕。因此,在进行微痕分析之前最好进行石制品组合的保存状况评估,结合埋藏学、遗址形成过程研究等,借鉴已有的实验数据,适当开展适合当地考古遗址的石制品后埋藏模拟实验,了解石制品的埋藏过程和埋藏环境。

进入 21 世纪以来,许多新的科技手段在后埋藏研究中得到运用。应用三维立体显微镜、扫描电子显微镜、激光扫描共聚焦显微镜等都可以更加清晰地观察到石制品表面的微痕,利用图像处理技术和统计学方法得到的图像特征和精确数字信息,可以对石制品表面微痕的出现位置、形态特征和破损程度做简单的定量研究。GIS 技术在微痕定位和考古遗址空间处理上的能力,可以更好地量化破损的程度以及位置,也可以了解石制品的空间分布和考古遗址的环境背景。

石制品的后埋藏微痕研究和模拟实验分不开,从单一的踩踏环境到垂直运动、踩踏、水流、土壤侵蚀等多种实验的开展和改进,从单一变量控制到实验对照组的设置,从原生环境模拟到强化实验机械的发明和使用,后埋藏研究依然需要改进与完善。在今后的实验研究中,石制品的后埋藏实验与使用实验

---

①　Chu, W., Thompson, C., Hosfield, R. 2015. Micro-abrasion of flint artifacts by mobile sediments: a taphonomic approach. *Archaeological and Anthropological Sciences*, 7(1):3-11.

应该相互结合,而且应模拟多个埋藏环境的情况,以求更准确地模拟复杂的后埋藏过程。

就我国的情况而言,考古埋藏学和遗址形成过程研究对考古环境和考古标本的保存环境进行了一定分析[1],为了解石制品的埋藏环境提供了重要的参考资料。在进行考古标本微痕分析时,可以借鉴国外后埋藏实验所得到的众多数据以减少后埋藏信息的干扰,结合残留物分析、民族考古学、埋藏学等研究方法,更专业、更科学地研究史前人类的行为和生存状况。

(杨霞、陈虹合作,原刊《东南文化》2017 年第 3 期)

---

[1]　曲彤丽、陈宥成:《史前埋藏学的历史回顾与再思考》,《南方文物》2016 年第 3 期。

淀粉粒分析在石制品功能研究中的应用与思考

自20世纪20年代末开始,考古学主要经历了五种研究范式:进化考古学、文化历史考古学、过程考古学、后过程考古学和能动性研究。[①] 这些范式的差别和发展体现了学术界对实物遗存的研究思想之转变,即从早期对分门别类和编年排序的侧重到后期对多学科、多角度提取信息的强调,经历了从单纯描述到解释分析的转变。如今,考古工作的一大趋势就是从考古材料中提取并解读更多信息。

在此背景下,残留物分析方法得以兴起,并成为当代考古学研究的主要手段之一。对残留物分析的应用可以从多角度进行考察,本文选取淀粉粒分析作为思考点,通过整理相关的实践案例和理论研究,回顾其在国内的发展历史,再结合石制品研究特征,提出综合应用残留物分析和微痕分析对石制品功能分析具有重要意义。

一 简 介

残留物,指古代人类在从事生产和生活时所遗留并保存在遗迹或遗物中,包含某些特定化合物或化学元素,蕴含着反映当时人的某些特定行为的重要信息,具有多种不同形态的物质或痕迹。通常可分为无机物(如盐类、矿物颜料、矿物药等)和有机物(如食物、饮料、动植物残余等)两大类。[②]

---

① 陈胜前:《当代西方考古学研究范式述评》,《考古》2011年第10期。
② 中国社会科学院考古研究所:《科技考古的方法与应用》,文物出版社2012年。

（一）残留物分析

　　残留物分析是西方 20 世纪 70 年代发展起来的考古标本功能分析技术。[①] 1976 年，Briuer 对美国亚利桑那州 Chevelon 峡谷两个岩棚遗址的出土物进行残留物分析，是这种方法在石制品功能研究领域的首次尝试。[②] 之后，Shafer 和 Holloway 对得克萨斯州 Hinds 洞穴出土的燧石工具也进行了残留物分析，不仅明确区分出残留物类型（植硅石、淀粉粒、植物纤维、植物表皮碎屑、啮齿类毛发），还开创性地结合微痕分析结果对石制品加工对象性质和方式做出解释。[③] 80 年代，Anderso 等人通过实验模拟，深入探讨了石制品表面残留物附着和微痕形成机制，将残留物分析方法的研究提高到一个新阶段。[④] 90 年代，南非威特沃特斯兰德大学的学者采用残留物分析方法对旧石器时代中期 Rose Cottage Cave 遗址的石制品进行研究，进一步证明了残留物分析在史前研究领域的巨大潜力。[⑤] 进入 21 世纪，残留物分析发展迅猛，研究成果不断增多，日益得到考古工作者的重视。

　　所谓残留物分析，就是从考古标本表面提取残留物样品，利用科学的检测手段（生物、化学、免疫、微观形态观察等）进行定性定量分析，以判断残留物属性，从而判断残留物来源，识别工具接触对象，对其进行分析阐释，进一步推测当时社会的资源分布状况和人类的选择方略。[⑥] 研究对象主要是残留的淀粉粒、植硅体、古代 DNA、蛋白质、脂类、糖类、碳化物等。[⑦]

---

　　① 关莹、高星：《旧石器时代残留物分析：回顾与展望》，《人类学学报》2009 年第 4 期。

　　② Briuer, F. 1976. New Clues to Stone Tool Function: Plant and Animal Residues. *American Antiquity*, 41(4):478-484.

　　③ Shafer, H., Holloway, G. 1979. Organic Residue Analysis in Determining Tool Function. In: Hayden, B. (Ed), *Lithic Use-wear Analysis*. New York: Academic Press, pp.385-399.

　　④ Anderson, P. 1980. A Testimony of Prehistoric Task: Diagnostic Residues on Stone Tool Working Edges. *World Archaeology*, 12:181-193.

　　⑤ Williamson, B. 1996. Preliminary stone tool residue analysis from Rose Cottage Cave. *Southern African Field Archaeology*, 5:36-44.

　　⑥ 杨益民：《古代残留物分析在考古中的应用》，《南方文物》2008 年第 2 期。

　　⑦ 龚德才、杨玉璋：《探索未解之谜的宝库—残留物分析在考古学研究中的应用》，《中国文物科学研究》2011 年第 1 期。

（二）淀粉粒分析

淀粉是由植物通过光合作用产生的一种次生代谢产物，是葡萄糖分子聚合而成的长链化合物，以淀粉粒的形式贮藏在植物的根、茎及种子等器官的薄壁细胞细胞质中。不同种属的植物淀粉具有不同的形态特征，因此根据淀粉粒的形态特征可以进行植物种类的鉴定。由于淀粉粒具有保存时间长、产量高、分布广、等级可分辨率高四个优点，有效弥补了植硅体、孢粉等物质的缺陷，成为最近十多年来的新兴技术之一，在考古研究中得到大量应用。[①]

淀粉粒分析的基本思路是建立在现代植物种属淀粉粒形态标准的基础上[②]，通过比较鉴定从土壤地层、考古器物以及牙垢中获取的古代淀粉粒种属，以进行器物的功能分析、古人类植物资源利用分析以及古环境重建[③]。

1961 年，Towlel 对秘鲁出土的前哥伦布时期的土豆、甘薯、木薯以及大麻等根茎作物的淀粉粒描绘，被认为是最早的古代淀粉粒图像。[④] 最早开展古代淀粉粒专门研究的则是 Ugent 及其同事于 20 世纪 80 年代对秘鲁、智利等南美洲国家出土的植物块茎进行的淀粉粒分析，鉴定出土豆、甘薯、木薯等种类样品的年代早至距今 13000 年前，晚至公元 16 世纪。90 年代至今，淀粉粒分析已广泛应用于美洲、澳洲等地区的考古研究，并取得显著成果。[⑤]

但是，淀粉粒分析也存在不足之处。截至目前的考古资料表明，早在旧石器时代，史前先民已经懂得采用多种方式加工各类食物，特别是在掌握用火技术之后，对食物的处理过程更加复杂，涉及切、碾磨、煮、烤、浸泡等，包括冷处理和热处理。淀粉粒的理化性质会随着温度的变化和处理方式及程度的差异

[①] 杨晓燕、吕厚远、夏正楷：《植物淀粉粒分析在考古学中的应用》，《考古与文物》2006 年第 3 期。

[②] （1）杨晓燕、吕厚远、刘东生：《粟、黍及狗尾草的淀粉粒形态比较及其在植物考古研究中的潜在意义》，《第四纪研究》2005 年第 2 期；（2）王强、贾鑫、李明启：《中国常见食用豆类淀粉粒形态分析及其在农业考古中的应用》，《文物春秋》2013 年第 3 期；（3）万智巍、杨晓燕、李明启等：《中国常见现代淀粉粒数据库》，《第四纪研究》2012 年第 2 期。

[③] 吴文婉、杨晓燕、勒桂云：《淀粉分析在考古学中的应用——以月庄等遗址为例》，《东方考古》2011 年第 0 期。

[④] Towle, M. 2007. *The Ethnobotany of Pre-Columbian Peru*. Aldine Transaction.

[⑤] 葛威：《淀粉粒分析在考古学中的应用》，中国科学技术大学 2010 年博士学位论文。

而发生变化,从而导致形貌特征的改变。① 故而,尽可能减少考古发掘活动中取得的淀粉粒标本与分析结论之间的误差,是淀粉粒分析必须思考的问题。

二 淀粉粒分析在中国石器分析中的应用

中国最早应用淀粉粒分析可追溯到 1974 年,李璠使用碘染色法对大河村遗址出土的面粉块样品进行鉴定。② 但直到 2002 年,吕烈丹才具体介绍了淀粉粒分析在考古学中的应用,并从甑皮岩遗址出土的石器上鉴定出芋头的淀粉粒。③ 因此,我国的淀粉粒分析发展相较于国际还处于早期阶段。然而经过十多年的发展,目前淀粉粒分析在国内的应用领域不断拓展,涉及饮食结构与农作物起源传播、古环境重建、器物功能分析、传统手工艺(纺织品组成、纸业发展和漆器制作等)等多方面,研究成果逐年增加。尤其是对史前考古而言,淀粉粒分析以其客观的数据,为验证实物遗存的真实性,鉴定相对明确的使用对象,解读古人类生存方式提供了新视角,提高了我们对史前社会状态推测的可信度。

虽然我国采用淀粉粒分析研究石制品的起步时间较晚,但取得的成果却是有目共睹的。2008 年,王强同时采用微痕与淀粉粒两种分析方法对海岱地区十个遗址出土的石磨盘类工具进行研究,认为自后李文化至大汶口文化期间,该地区的磨盘类工具作为一种多用途工具,用于加工谷物、坚果和豆类,但不是水稻加工的主要工具。并依据白石村及北阡遗址谷物类淀粉粒的发现,推测胶东半岛的史前贝丘遗存至迟到大汶口文化时期已开始种植农作物,而

---

① (1)葛威、刘莉、陈星灿等:《食物加工过程中淀粉粒损伤的实验研究及在考古学中的应用》,《考古》2010 年第 7 期;(2)Wan, Z., Yang, X. Y., Ma, Z. K., et al. 2011. Morphological change of starch grain based on simulated experiment and its significance of agricultural archaeology-Taking wheat as an example. *Agricultural Basic Science and Technology*, 12(11):1621-1624.

② 李璠:《大河村遗址出土粮食标本的鉴定》,见郑州市文物考古研究所编:《郑州大河村》,科学出版社 1974 年,第 671—672 页。

③ (1)吕烈丹:《考古器物的残余物分析》,《文物》2002 年第 5 期;(2)吕烈丹:《甑皮岩出土石器表面残存物的初步分析》,见中国社会科学院考古研究所编:《桂林甑皮岩》,文物出版社 2003 年,第 646—651 页;(3)吕烈丹:《桂林地区更新世末期至全新世初期的史前经济和文化发展》,见北京大学考古文博学院编:《考古学研究(七)》,科学出版社 2008 年,第 333—353 页。

不再是采集渔猎生计模式。① 2009 年,陶大卫和杨益民等人在雕龙碑遗址出土的部分石杵、磨盘、研磨棒上发现了经过加工的淀粉粒残留,从而推测这些器物都是植物加工工具。② 同年,杨晓燕等人对北京上宅遗址出土的石磨盘石磨棒表面进行检验,发现了栎属果实、粟、黍、小豆属等多种植物的淀粉粒,从而提出磨盘类石制品应该是多用途工具,并进一步表示该时期北京平原地区古人类的社会经济方式应该是采集和农业并存。③

以这些应用成果为基础,在之后的几年中,淀粉粒分析在石制品功能研究领域发挥的作用日益显著。刘莉等人在东湖林遗址出土的磨盘、磨棒和陶片中发现了橡子、粟或黍的淀粉粒。④ 杨晓燕等在南庄头遗址的石磨盘和磨棒上提取到加工过的草本植物淀粉,其中近一半具有粟类植物的特点。⑤ 陶大卫等对白音长汗遗址磨制工具的淀粉粒分析结果明确显示,此类石制品曾加工栎属植物。⑥ 另外,万智巍、张永辉、王强、上条信彦、吴文婉等人对不同遗址出土的磨盘类工具进行了淀粉粒分析⑦,也认为该类石制品在史前时期的多数阶段作为一种多用途工具,可用于加工禾本科植物种子及块根茎类等植物性食物,少数地区还可用于加工石器、磨制装饰品等硬质器具。最新研究还

① 王强:《海岱地区史前时期磨盘、磨棒研究》,山东大学 2008 年博士论文。

② 陶大卫、杨益民、黄卫东等:《雕龙碑遗址出土器物残留淀粉粒分析》,《考古》2009 年第 9 期。

③ 杨晓燕、郁金城、吕厚远等:《北京平谷上宅遗址磨盘磨棒功能分析:来自植物淀粉粒的证据》,《中国科学》2009 年第 9 期。

④ Liu, L., Judith, F., Richard, F. 2010. A functional analysis of grinding stones from an Early Holocene site at Donghulin, North China. *Journal of Archaeological Science*, 37(10):2630-2639.

⑤ Yang, X. Y., Wan, Z., Linda, P., et al. 2012. Early millet use in Northern China. *PNAS*, 109 (10):3726-3730.

⑥ Tao, D. W., Wu, Y., Guo, Z. Z., et al. 2011. Starch grain analysis for ground stone tools from Neolithic Baiyinchanghan Site:Implications for their function in Northeast China. *Journal of Archaeological Science*, 38:3577-3583.

⑦ (1)张永辉、翁屹、姚凌等:《裴李岗遗址出土石磨盘表面淀粉粒的鉴定与分析》,《第四纪研究》2011 年第 5 期;(2)王强、栾丰实、上条信彦:《山东月庄遗址石器表层残留物的淀粉粒分析:7000 年前的食物加工及生计模式》,见山东大学东方考古研究中心编:《东方考古(第 7 集)》,科学出版社 2010 年,第 290—296 页;(3)吴文婉、辛岩、王海玉等:《辽宁阜新查海遗址早期生业经济研究——来自石器表层残留物淀粉粒的证据》,《考古与文物》2013 年第 6 期。

有刘莉等人对柿子滩 S9、S14 地点①，山西牛鼻子湾②，内蒙古岱海湖地区③磨制工具的微痕与淀粉粒分析。

从这些成果可知，目前国内将淀粉粒分析应用于磨制工具的研究较多，取得的结论也为了解该类石制品的使用与功能提供了愈加精准的信息。不过与此同时，另有部分研究者开始关注数量更为庞大的打制工具。

李明启对青海长宁遗址和乐都柳湾遗址出土石刀进行了残留物分析，根据鉴定所得淀粉粒的数量和类型差异，提出石刀不仅可实现收割还可用于切削等加工过程。④马志坤等人既对青海喇家遗址出土的四件石刀进行了淀粉粒研究，又利用打制石片模拟石刀进行割穗实验，认为考古遗址出土的石刀主要处理禾本科植物，以及少量豆类和块根茎类植物，并且多用于收割或切削两个加工阶段。⑤

2014 年，李文成等人选取河南淅川坑南遗址出土的 35 件石制品开展淀粉粒分析，包括石片、刮削器、砍砸器、断块和磨盘、研磨球，鉴定出大量禾本科与根茎类植食资源，从而对砍砸器是木本植物加工工具的观点提出质疑。⑥同年，关莹等在水洞沟第 2 地点挑选了 103 件以石片为主的石制品，送至美国密苏里大学哥伦比亚分校的古植物实验室进行淀粉粒分析，发现古人类在 MIS3 阶段采集较多的植食资源，进而推测人类的生存模式受冰期影响发生改变。⑦

① 宋艳花、石金鸣、刘莉：《从柿子滩遗址 S9 地点石磨盘的功能看华北粟作农业的起源》，《中国农史》2013 年第 3 期。

② 刘莉、陈星灿、石金鸣：《山西武乡县牛鼻子湾石磨盘、磨棒的微痕与残留物分析》，《考古与文物》2014 年第 3 期。

③ Liu, L., Lisa, K., Chen, X. C., et al. 2014. A broad-spectrum subsistence economy in Neolithic Inner Mongolia, China: Evidence from grinding stones. *The Holocene*, 24(6):726-742.

④ (1)李明启：《青海齐家文化长宁遗址石刀上的淀粉粒：石刀的功能及生计模式》，《东方考古研究通讯》2009 年第 13 期；(2)李明启：《甘青地区人类生计模式的演化及其对 4kaBP 气候事件的响应》，中国科学院地理科学与资源研究所 2010 博士论文。

⑤ (1)马志坤、李泉、郇秀佳：《青海民和喇家遗址石刀功能分析：来自石刀表层残留物的植物微体遗存证据》，《科学通报》2014 年第 13 期；(2)马志坤、杨晓燕、李泉等：《石器功能研究的现代模拟实验：石刀表面残留物中淀粉粒来源分析》，《第四纪研究》2012 年第 3 期。

⑥ 李文成、宋国定、吴妍：《河南淅川坑南遗址石制品表面残留淀粉粒的初步分析》，《人类学学报》2014 年第 1 期。

⑦ Guan, Y., Deborah, M., Gao, X., et al. 2014. Plant Use Activities During the Upper Paleolithic in East Eurasia: Evidence from the Shuidonggou Site, Northwest China. *Quaternary International*, 347:74-83.

就淀粉粒分析在石制品功能分析的应用成果而言,可以说是起步晚,发展快,但内容过于狭窄,有待扩展。单就研究对象而言,研究更多地关注于石磨盘等碾磨类工具,而对打制工具的分析偏少。然而,打制工具贯穿整个史前时期,特别是在旧石器阶段占据了支配地位,其地位和影响力不可忽视。所以,在今后的工作中拓展研究内容势在必行。

三　对石制品功能研究领域多技术兼用的思考

谈到石制品的功能,无外乎包括两个基本问题:一是用途,即其作用对象是什么;二是使用方式,即工具使用时的运动方向。[①] 为此,各国学者提出了多种思路用于研究以上问题。目前,类型学分析、共存性分析、民族学分析、技术—功能分析、微痕分析和残留物分析等方法的应用较为广泛。[②] 其中,类型学和民族学的结论多基于观察,名称本身通常就揭示了使用功能,具有合理性但客观性不足。技术—功能分析虽能提取石制品上蕴含的人类技术行为信息,却不能提供加工行为的信息。[③] 共存性分析兼顾遗址的整体出土概况,不过多数时候得出的结论不够详细和直观。

微痕分析是20世纪60年代兴起的一种功能分析技术[④],通过显微镜观察工具刃缘上留下的使用痕迹(片疤、擦痕、磨圆、光泽等)并对比实验结果,提供有关工具制作使用方式(切、刮、砍、捆绑等)以及加工物质(例如肉类、木质、骨质材料)的信息,但其缺陷是通常不能确定具体加工对象。[⑤] 而残留物

---

① 王强:《关于石制品研究方法的思考》,《文物春秋》2008年第3期。

② (1)Odell, G. 2000. Stone tool research at the end of the Millennium: Procurement and technology. *Journal of Archaeological Research*, 8(4):269-331;(2)Odell, G. 2001. Stone tool research at the end of the Millennium: classification, function, and behavior. *Journal of Archaeological Research*, 9(1):45-100.

③ 李英华、包爱丽、侯亚梅:《石器研究的新视角:技术—功能分析法——以观音洞遗址为例》,《考古》2011年第9期。

④ Semenov, S. (translated by Thompson, M.). 1964. *Prehistoric Technology: An Experiment Study of the Oldest Tools and Artifacts from Traces of Manufacture and Wear*. London: Cory, Adams & Mackay.

⑤ (1)Keeley, L. 1974. Technique and Methodology in Microwear Studies: A Critical Review. World Archaeology, 5:323-326;(2)Odell, G. 1979. *The Application of Micro-wear Analysis to the Lithic Component of an Entire Prehistoric Settlement: Methods, Problems and Functional Reconstructions*. Ann Arbor: Department of Anthropology, Harvard University.

分析虽然可以确认具体的加工对象,但一方面存在加工方式导致对象变异的干扰,另一方面对于加工行为的断定存在不足。由此可见,微痕分析与残留物分析具有互补关系,两者的结合使用必将有助于解读出更多的石制品加工行为信息,为推测史前人类饮食结构、行为模式及生计策略等提供更加准确的信息。

事实表明,已有越来越多的考古工作者意识到将这两种分析方法应用于同一对象的研究将更为准确可信。例如王强对海岱地区磨盘磨棒的研究,刘莉对东湖林遗址、孟津寨根遗址、班沟遗址和牛鼻子湾地点等研究。[①] 在山西柿子滩遗址,宋艳花等人首先对出土的两件石磨盘及两件石磨棒进行了淀粉粒分析,发现以黍属为主的草本植物和以橡子为主的栎属植物,另有部分块茎、豆科植物。后通过高倍法观察石磨盘和石磨棒的使用痕迹,基于光泽和条痕观察结果,进一步确认了该类工具的加工对象和加工任务。[②] 而在欧美国家,综合利用淀粉粒分析与微痕分析的研究出现更早,应用也更为成熟。Barton 设计的实验先后利用淀粉粒分析和微痕分析,发现石制品表面的残留物存在使用与污染的区别。[③] Kealhofer 曾选取英国 FRL 和 FAO 两个遗址的17 件石制品(石片和石叶),综合利用两种分析方法对大部分石制品的功能提出合理解释[④]。Lombard 对南非 Sibidu 洞穴遗址的矛头类工具进行双重分析,确定此类石制品在史前阶段作为装柄工具用于狩猎[⑤]。Hardy 从德国西南部的三个旧石器遗址(Hohle Fels, Vogelherd, Geißenklosterle)选取了 109 件打制石器进行残留物分析(包括淀粉粒分析)和微痕分析,发现工具类型与使用

① 刘莉、陈星灿、赵昊:《河南孟津寨根、班沟出土裴李岗晚期石磨盘功能分析》,《中原文物》2013 年第 5 期。

② Barton, H. 1998. Clues to stone tool function re-examined: Comparing starch grain frequencies on used and unused obsidian artefacts. *Journal of Archaeological Science*, 25:1231-1238

③ Kealhofer, L. 1999. Integrating phytoliths within use-wear/residue studies of stone tools. *Journal of Archaeological Science*, 1999, 26:527-546.

④ Lombard, M. 2005. Evidence of hunting and hafting during the Middle Stone Age at Sibidu Cave, KwaZulu-Natal, South Africa: A multianalytical approach. *Journal of Human Evolution*, 48:279-300.

⑤ Hardy, B., Bolus, M., Conard, N. 2008. Hammer or crescent wrench? Stone-tool form and function in the Aurignacian of southwest Germany. *Journal of Human Evolution*, 54:648-662.

方式之间并不存在固定的对应关系。① 另外还有 M. Kay、J. M. Quigg 等学者从事相关研究,为推动残留物分析和淀粉粒分析做出贡献。②

纵观 21 世纪初以来十多年的发展,淀粉粒分析在石制品功能研究中发挥的积极作用愈加明显,与微痕分析的综合利用也在不断深化。在判断加工对象方面,淀粉粒的直接判断补充了微痕间接指向的不足,增加了信息的提取量,提高了信息的精准度。而在研究加工方式方面,微痕分析依据对片疤、光泽、擦痕等显微现象的综合观察,能有效辨认工具的使用部位和使用方式,结合淀粉粒的分布状态,可进一步推测古人类的行为方式。另外,使用痕迹的存在对于验证石制品表面淀粉粒的来源有重要作用,有助于分辨污染造成的干扰。未发现使用痕迹却附着淀粉粒的石制品,更大的可能性是受到周围环境的污染而非人为使用的结果。由此可见,微痕分析和淀粉粒分析具有既可互补又可互验的紧密关系,两类方法的综合利用可同时解决石制品加工方式和作用对象两个问题,极大地提高了石制品功能研究的效率和精准度。而目前我国的史前考古正处于蓬勃发展阶段,发现的遗址已达上千处,出土的石制品更是不计其数,丰富的研究对象为石制品功能研究提供了充足的保障。同时,不断扩大的科研队伍和日趋系统化的研究过程,也保证了综合利用这两类分析方法的可行性。

但与此同时还需注意国内的研究还存一些不足。相对而言,国际考古学界对淀粉粒分析的研究更加全面,不同学者从淀粉粒的形成机制、污染来源等多角度,探讨了淀粉粒分析对石制品功能研究的影响。例如 Haslam 在 2004 年详细讨论了淀粉粒在土壤中的降解受酶、矿物等多种因素影响,对之后的分析工作具有不可忽视的指导意义。③ 而国内对该方面的研究兴起于近几年,还有待发展。

总而言之,淀粉粒分析在石制品功能研究领域具有良好的发展前景,大

---

① Hardy, B., Kay, M., Marks, A., et al. 2011. Stone tool function at the Paleolithic Sites of Starosele and Buran Kaya III, Crimea: Behavioral implications. *Proceedings of the National Academy of Sciences of the United States of America*, 98(19):10972-10978.

② Quigg, J. 2011. Use-wear and starch residues analyses on an *in situ* Corner-Tang Knife from the Texas Panhandle: Towards an understanding of function. *Plains Anthropologist*, 56:37-44.

③ Haslam, M. 2004. The decomposition of starch grains in soils: Implications for archaeological residue analyses. *Journal of Archaeological Science*, 31:1715-1734.

量的案例研究为今后的工作奠定了基础,丰富的研究对象和扩大的科研队伍提供了实践机会,与微痕分析的综合利用更有助于提高其信息解读能力。然而,对淀粉粒分析认知的不足,特别是理论探讨和解释的缺乏,将会使我国的研究陷入一种被动的局面,从而限制淀粉粒分析的进一步发展。深化淀粉粒分析理论研究,丰富实践工作的研究对象,加强与微痕分析的综合利用,应成为今后淀粉粒分析发展的一大方向。

（方梦霞、陈虹合作,原刊《草原文物》2015 年第 2 期）

从原料角度探讨中国磨制石器出现及发展的动因

自旧石器时代以来,石器修锐方式经历了硬锤法、软锤法、压制法,最终发展为刃缘磨光。磨制石器的出现及采纳,使史前人类的工具发生了根本性的变化。作为新石器时代的起始标志之一,磨制石器为何出现一直为学者所关注。

一 磨制技术

磨制技术是磨制石器出现的基础条件,但两者并非同时出现。已知考古材料显示,辽宁海城小孤山旧石器时代晚期遗址出土了三件精美的骨针,主要采用刮制方法加工针身,然后对钻出针眼,再磨制出锐利的针尖和扁薄的尾部[①],时代为距今 4 万 ~ 2 万年左右。三件骨针的尾部两侧都细磨成扁平状,以便让线能够顺利穿过针孔而不至于卡住。山顶洞人遗址出土了穿孔骨针和装饰品[②],骨针刮磨光滑,时代为距今 3.4 万 ~ 2.7 万年左右。两者相比,小孤山的骨针制作工艺略显高超。旧石器时代晚期已出现刃缘局部磨光的石器,在陕西宜川龙王辿遗址,发现了刃部磨光的石铲、石磨盘和砺石,年代为距今 25000 年左右。[③]

从上述资料可知,在距今 4 万 ~ 2 万年间,磨制技术已经成熟,其出现时间可能更早。骨器的硬度一般在莫氏 3 ~ 4 度左右,低于大部分石料,刮磨起

---

① 黄慰文等:《海城小孤山的骨制品和装饰品》,《人类学学报》1986 年第 3 期。
② 贾兰坡:《山顶洞人》,龙门联合书局 1951 年,第 61—64 页。
③ 中国社会科学院考古研究所、陕西省考古研究所:《陕西宜川县龙王辿旧石器时代遗址》,《考古》2007 年第 7 期。

来比较容易。通体刮磨、两面对钻均体现出了当时人类精湛的磨制技术,为磨制石器的出现打下了基础。旧石器时代晚期人类常用的原料,如燧石、石英岩等,硬度在莫氏 7 度左右,和骨器相比要硬得多。因此,若要将磨制技术运用到石器上,精湛的磨制工艺是必不可少的技术条件。

二 石器原料

在旧石器时代,人类一般会优先选择硬度高、性脆、均质、无节理的原料来制作石器,常用的有石英岩、石英砂岩、砂岩、脉石英及燧石等。当史前人类想要将磨制技术运用到石器上时,应该会首先尝试他们熟悉的能够制作打制石器的原料,例如燧石、石英岩、砂岩等。因此,本文对与本文相关的新石器时代部分早、中期遗址进行了梳理,其中早期遗址 18 处,中期遗址 23 处,尝试从原料角度探讨在打制石器向磨制石器转变的过程中,石器原料的选择是否发生变化以及如何变化。

为了和旧石器时代打制石器的原料进行比较,选择燧石、石英岩、石英砂岩、砂岩、脉石英及石灰岩等对各遗址出土磨制石器的原料进行统计(表1,表2)。

表 1 旧石器时代晚期向新石器时代早期过渡阶段遗址磨制石器原料

遗址	砂岩	石英砂岩	石英岩	燧石	脉石英	石灰岩
陕西宜川龙王辿遗址	√					
河北徐水南庄头遗址		√				
北京东胡林遗址	√				√	
河北玉田县孟家泉遗址			√			
河南新密李家沟遗址		√				
河北阳原虎头梁遗址			√			
山西怀仁鹅毛口石器制造场遗址			√			
山西下川遗址	√					
山西吉县柿子滩遗址	√		√			

遗址	砂岩	石英砂岩	石英岩	燧石	脉石英	石灰岩
河南舞阳大岗细石器地点				√		
河南淅川坑南遗址	√	√				
广东封开黄岩洞遗址	√	√	√			√
广东阳春独石仔遗址	√	√	√			
广西柳州白莲洞遗址	√					
江西万年大源仙人洞遗址	√					
广东英德云岭牛栏洞遗址	√					
广西桂林甑皮岩遗址	√	√				
广西邕宁顶蛳山遗址一期文化	√					
总计(n)	12	6	6	1	1	1
所占比例（$P = n/N$）	66.7%	33.3%	33.3%	5.6%	5.6%	5.6%

说明："N"表示遗址数量，"n"表示某一原料在所有遗址中出现的次数。①

---

① （1）中国社会科学院考古研究所、陕西省考古研究所：《陕西宜川县龙王辿旧石器时代遗址》，《考古》2007 年第 7 期；（2）河北省文物研究所、保定市文物管理所、徐水县文物管理所：《1997 年河北徐水南庄头遗址发掘报告》，《考古学报》2010 年第 3 期；（3）北京大学考古文博学院、北京大学考古学研究中心、北京市文物研究所：《北京市门头沟区东胡林史前遗址》，《考古》2006 年第 7 期；（4）河北省文物研究所、唐山市文物管理所、玉田县文保所：《河北玉田县孟家泉旧石器遗址发掘简报》，《文物春秋》1991 年第 1 期；（5）河北省文物研究所、唐山市文物管理所、玉田县文保所：《河北玉田县孟家泉旧石器遗址发掘简报》，《文物春秋》1991 年第 1 期；（6）北京大学考古文博学院、郑州市文物考古研究院：《河南新密市李家沟遗址发掘简报》，《考古》2011 年第 4 期；（7）北京大学考古文博学院、郑州市文物考古研究院：《河南新密市李家沟遗址发掘简报》，《考古》2011 年第 4 期；（8）王建、王向前、陈哲英：《下川文化——山西下川遗址调查报告》，《考古学报》1978 年第 3 期；（9）山西省临汾行署文化局：《山西吉县柿子滩中石器文化遗址》，《考古学报》1989 年第 3 期；（10）张居中、李占扬：《河南舞阳大岗细石器地点发掘报告》，《人类学学报》1996 年第 2 期；（11）巩启明：《华北新石器时代早期文化遗存的发现及相关问题的探讨》，见《考古学研究（十）》，科学出版社 2008 年；（12）宋方义、丘立诚、王令红：《广东封开黄岩洞洞穴遗址》，《考古》1983 年第 1 期；（13）邱立诚等：《广东阳春独石仔新石器时代洞穴遗址发掘》，《考古》1982 年第 5 期；（14）柳州白莲洞洞穴科学博物馆、北京自然博物馆、广西民族学院历史系：《广西柳州白莲洞石器时代洞穴遗址发掘报告》，《南方民族考古》1987 年第 00 期；（15）江西省文物管理委员会：《江西万年大源仙人洞洞穴遗址试掘》，《考古学报》1963 年第 1 期；（16）金志伟、张镇洪、区坚刚：《英德云岭牛栏洞遗址试掘简报》，《江汉考古》1998 年第 1 期；（17）广西壮族自治区文物工作队、桂林市革命委员会文物管理委员会：《广西桂林甑皮岩洞穴遗址的试掘》，《考古》1976 年第 3 期；（18）中国社会科学院考古研究所广西工作队、广西壮族自治区文物工作队、南宁市博物馆：《广西邕宁县顶蛳山遗址的发掘》，《考古》1998 年第 11 期。

表2 新石器时代中期遗址磨制石器原料

遗址	砂岩	石英砂岩	石英岩	燧石	脉石英	石灰岩
陕西宝鸡北首岭遗址	√					
甘肃天水西山坪遗址	√					
陕西临潼白家村遗址	√		√			√
陕西临潼零口二期遗址	√		√			
河南密县莪沟北岗遗址	√					√
河南舞阳贾湖遗址	√					√
河南长葛石固遗址	√	√	√			√
河北容城上坡遗址	√					
河北易县北福地遗址	√					
河北武安磁山遗址		√	√			√
山东章丘小荆山遗址	√					√
河北迁西东寨遗址	√			√		√
河北迁西西寨遗址	√					
辽宁阜新县查海遗址	√					
内蒙古赤峰兴隆沟遗址	√		√			
湖南澧县李家岗遗址				√		
湖南石门县皂市下层遗址						√
湖南澧县黄家岗遗址	√					
湖南临澧县胡家屋场遗址	√	√				
湖南钱粮湖坟山堡遗址	√					
湖北宜都城背溪遗址	√					
湖北秭归县柳林溪遗址	√					
广西邕宁顶蛳山遗址二至四期文化	√					
总计(n)	20	3	5	2	0	8
所占比例(P = n/N)	87.0%	13.0%	21.7%	8.7%	0	34.8%

说明:"N"表示遗址数量,"n"表示某一原料在所有遗址中出现的次数。

由表 1 可以看出,在旧石器时代晚期向新石器时代早期过渡阶段,以砂岩为原料的磨制石器在各遗址中出现的频率较高,石英岩及石英砂岩次之,而燧石、脉石英及石灰岩的出现频率极低,仅零星发现于个别遗址。[1]

到了新石器时代中期(表 2),用砂岩制作磨制石器的遗址相较于早期显著增长,石灰岩的频率也明显增加。石英岩依旧不常发现,燧石仅在个别遗址中偶有发现。以石英砂岩作为主要原料的遗址数量明显减少,脉石英已经不见。

对比可知,自旧石器时代晚期向新石器时代早期的过渡时期至新石器时代中期,砂岩逐渐成为磨制石器的主要原料,石灰岩亦呈上升趋势,而石英砂岩及脉石英有所下降,脉石英到新石器时代中期几乎消失不见。作为打制石器的主要原料,石英岩和燧石在磨制石器的原料中出现频率却很低(图 1)。

---

① (1)中国社会科学院考古研究所宝鸡工作队:《一九七七年宝鸡北首岭遗址发掘简报》,《考古》1979 年第 3 期;(2)中国社会科学院考古研究所甘肃工作队:《甘肃省天水市西山坪早期新石器时代遗址发掘简报》,《考古》1988 年第 5 期;(3)中国社会科学院考古研究所陕西六队:《陕西临潼白家村新石器时代遗址发掘简报》,《考古》1984 年第 11 期;(4)陕西省考古研究所:《陕西临潼零口遗址第二期遗存发掘简报》,《考古与文物》1999 年第 6 期;(5)河南省博物馆、密县文化馆:《河南密县莪沟北岗新石器时代遗址发掘简报》,《文物》1979 年第 5 期;(6)中国科学技术大学科技史与科技考古系、河南省文物考古研究所、舞阳县博物馆:《河南舞阳贾湖遗址 2001 年春发掘简报》,《华夏考古》2002 年第 2 期;(7)长葛县文化馆:《长葛县裴李岗文化遗址调查简报》,《中原文物》1982 年第 1 期;(8)河北省文物研究所、保定市文物管理处、容城县文物保管所:《河北容城县上坡遗址发掘简报》,《考古》1999年第 7 期;(9)拒马河考古队:《河北易县涞水古遗址试掘报告》,《考古学报》1988 年第 4 期;(10)河北省文物管理处、邯郸市文物保管所:《河北武安磁山遗址》,《考古学报》1981 年第 3 期;(11)山东省文物考古研究所、章丘市博物馆:《山东章丘市小荆山遗址调查、发掘报告》,《华夏考古》1996 年第 6 期;(12)河北省文物研究所:《河北省迁西县东寨遗址发掘简报》,《文物春秋》1992 年增刊;(13)河北省文物研究所、唐山市文物管理处、迁西县文物管理所:《迁西西寨遗址 1988 年发掘报告》,《文物春秋》1992 年增刊;(14)辽宁省文物考古研究所:《辽宁阜新县查海遗址 1987—1990 年三次发掘》,《文物》1994 年第 11 期;(15)中国社会科学院考古研究所内蒙古工作队、敖汉旗博物馆:《内蒙古敖汉旗兴隆沟新石器时代遗址调查》,《考古》2000 年第 9 期;(16)湖南省文物考古研究所、湖南省澧县博物馆:《湖南省澧县新石器时代早期遗址调查报告》,《考古》1989 年第 10 期;(17)湖南省博物馆:《湖南石门县皂市下层新石器遗存》,《考古》1986 年第 1 期;(18)湖南省文物考古研究所:《湖南临澧县胡家屋场新石器时代遗址》,《考古学报》1993 年第 2 期;(19)岳阳市文物工作队、钱粮湖农场文管会:《钱粮湖坟山堡新石器时代遗址试掘报告》,见《湖南考古辑刊 6》,岳麓书社 1994 年;(20)湖北省文物考古研究所:《1983 年湖北宜都城背溪遗址发掘简报》,《江汉考古》1996 年第 4 期;(21)湖北省文物考古研究所:《湖北秭归柳林溪遗址 1998 年发掘简报》,《考古》2000 年第 8 期。

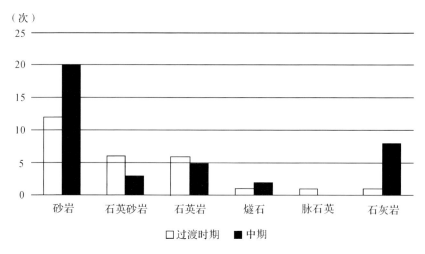

（次）

图1　中国过渡时期（旧石器时代晚期向新石器时代早期）和
新石器时代中期遗址原料对比

三　动因分析

（一）原料特性

　　燧石普遍被认为是旧石器时代人类制作石器的优质原料之一，在旧石器时代晚期遗址中被广泛使用。理论上说，史前人类在制作磨制石器初期也会首先考虑此种原料。然而，事实并非如此。就目前公布的考古材料而言，仅河南舞阳大岗遗址第四层发现一件棕红色燧石质磨刃石片，发掘者推测为旧石器时代晚期末段，大约为距今 12700 ± 1000 年。[①] 新石器时代中期遗址中，仅河北迁西东寨遗址出土三件通体磨光的燧石锛和一件燧石拍[②]，湖南澧县李家岗遗址出土了两件黑色燧石圆棒器[③]。

　　有学者对石器原料的硬度做过一些实验与总结，认为打制石器要求硬度

---

　　① 张居中、李占扬：《河南舞阳大岗细石器地点发掘报告》，《人类学学报》1996 年第 2 期。

　　② 河北省文物研究所：《河北省迁西县东寨遗址发掘简报》，《文物春秋》1992 年增刊。

　　③ 湖南省文物考古研究所、湖南省澧县博物馆：《湖南省澧县新石器时代早期遗址调查报告》，《考古》1989 年第 10 期。

在莫氏5.5度以上的原料,如燧石、石英岩等,应具备三种物理性能,包括硬度、各向同性和脆性。[1] 贾昌明认为,和打制石器需要锐利的边缘而倾向于燧石和黑曜石等硬且脆的均质体岩石不同,磨制石器对石料质量的要求不是那么高,只要有一定硬度,颗粒不要太粗、不容易脱落就可以。[2] 据此可知,磨制石器与打制石器对原料的要求有所不同。磨制石器不仅需要打制成形,还需要进一步打磨刃缘,对原料硬度有一定要求。

从原料的物理性质来看,一方面燧石、石英岩、石英砂岩及脉石英这一类打制石器的常用原料,硬度均在7及以上,含硅量高,适合制作打制石器,但不易打磨,不适于制作磨制石器。从图1可知,这四种原料在过渡时期和新石器时代中期遗址中,都不是制作磨制石器的主要原料。笔者在整理河南淅川丹江口库区调查所获的3200多件燧石打制石器时,发现3件燧石制品的刃部经过局部磨光(图2)。[3] 根据这几件标本的器形、打制技术等要素,推测其时代可能是新、旧石器时代的过渡阶段,当时生活在丹江口库区的史前人类似乎并不倾向于用燧石制作磨制石器。

图2　丹江口库区采集的燧石磨制石器及其边缘的磨光痕迹(放大80倍)

另一方面,砂岩的硬度变异性较大,其中最硬的可与石英岩相当,适合制作打制石器;较软者则远低于7,石英含量低,具备制作磨制石器的条件。石灰岩属于一种以方解石为主要成分的碳酸盐岩,莫氏硬度为3,含硅量低,质软易打

①　裴树文:《石制品原料的分类命名及相关问题讨论》,《文物春秋》2001年第2期。
②　贾昌明:《论磨制石器工业的资源问题》,《南方文物》2013年第2期。
③　中国科学院考古学与人类学系、河南省文物局南水北调文物保护办公室、浙江大学文物与博物馆学系:《丹江口库区燧石遗存调查简报》,《江汉考古》2018年第2期。

磨,适合制作磨制石器,但不适合制作打制石器。相比于燧石、石英岩、石英砂岩及脉石英,砂岩与石灰岩在新石器时代早、中期的使用比例呈上升趋势,表明古人倾向于选择砂岩及石灰岩制作磨制石器。北美东部石斧和石锛的连续演变也反映出类似的趋势:最早由硅质岩打制而成,接着是以非硅质岩为原料,打制成形并经过局部磨光,之后出现了完全磨制的非硅质岩石斧和石锛。[①]

值得注意的是,同样都是硬度较低的原料,砂岩在磨制石器中所占的比例却明显高于石灰岩。结合磨制石器的类型及其相应的功能可以发现,磨盘、磨棒类磨制石器常常以砂岩作为原料,根据研究,这类石器一般被认为用于碾磨[②],砂岩多砂的特性有助于提高碾磨效率,可能也是原料选择时一个重要的考虑因素。因此,不管是过渡时期,还是新石器时代中期,磨盘、磨棒类碾磨石器都是十分常见的工具,且呈现出一个上升趋势,这也与砂岩比例的提高相符。

综上所述,史前人类在选择制作磨制石器的原料时,充分考虑到原料硬度和磨制技术之间的关系,偏向于硬度较低且硅质含量较低的岩石,同时,针对具有特定碾磨功能的磨盘和磨棒,砂岩多砂的特性可能也被考虑在内。

(二)磨制石器的优点

磨制石器被史前人类采纳并广泛使用的时间很长。大量实验研究和民族学资料表明,磨光技术是所有加工技术中最费时耗力的一种,但它具有显著的优势。

刃缘磨光技术可以延长工具寿命,尤其是在加工木材时,其耐用程度和效率远高于打制石器。由于打制石器的石料硬且脆,刃缘常呈波状弯曲,器物表面片疤相交的棱脊突起造成应力分布不均,在做重力砍伐时容易折断,反复使用后容易变钝,影响继续使用,需要经常修理。而磨制石斧一般采用含硅量较低的石料,韧性大,不易断裂,而且器物光滑的表面和规整笔直的刃缘在砍伐时阻力小得多,使用寿命远长于打制石斧。[③] 例如,磨制辉绿岩石斧的坚固度和耐用度远远超过我们的想象,除作用于骨头或更硬的东西,日常

① 布莱恩·海登:《从砍砸器到石斧:再修锐技术的演进》,陈虹、潘艳译,《南方文物》2008 年第 3 期。
② 刘莉:《中国史前的碾磨石器和坚果采集》,《中国文物报》2007 年 6 月 22 日。
③ 陈淳:《旧石器研究:原料、技术及其他》,《人类学学报》1996 年第 3 期。

使用几乎不可能对它造成大的损伤。^① 国外一项实验证明,一件磨制石斧在 3 小时 49 分钟内砍倒 34 棵树后才变钝。^②

磨制石器的功效也一直是考古学家关心的问题。大量实验表明,磨制石斧和石锛在砍伐任务中效率较高。丹麦考古学家 Steinberg 在新几内亚西部高地调查期间,请一名 40 岁左右的土著男子用装柄磨制石斧去砍直径为 17cm 的树,该男子挥动石斧在树干两侧砍出较深的口子后,把树折断,用时仅 7 分钟。^③ 在"2004 IVPP 微痕分析培训研讨班"泥河湾的砍树实验中,实验者使用打制砍砸器砍折直径约 8cm 的杨树,砍伐方式与 Steinberg 的实验类似。实验过程中,有 19 次换人操作,共用时 28 分钟。任务完成后,工具刃部出现严重磨圆,有明显的层叠状大片疤。^④ 同磨制石器相比,用打制石器加工木材的效率明显比较低。

耐用性是影响石器及其技术被采纳与否的标准之一。耐用的石质工具意味着能够节省更多的原料,每一次制作新的石器或是对破损工具的再修锐都需要增加获取原料的成本。当节省原料成为主要关注时,能够明显节省石料的剥片与再修锐技术就日趋重要。旧石器时代的其他再修锐技术都无法像磨制技术一样高效地使用原料,即使磨制的能量成本很高。节省原料的深层次目标是为了提高效率以节省更多的时间。再修锐的磨制工具可以最大限度地被使用,同样的活动可能要耗费大量的打制石器,如果经常中断生产过程去采办石料以替换耗尽的工具,工作效率就会极低。在北美古代期的一些文化甚至现代狩猎采集群中,必须在很短的时间内切割和加工大量资源。例如,在北美西北海岸,每逢鲑鱼大批洄游的时段,当地土著必须在几星期内屠宰、切片并烘干获得的鲑鱼,以避免其腐败变质。^⑤ 这种时间限制就促使人们考虑时间预算的问题,并将磨光技术纳入到工具制作中。

高耐用性能为史前人类节省更多的原料,减少采办原料的成本,继而降

① 谢礼晔:《微痕分析在磨制石器功能研究中的初步尝试》,《中国文物报》2005 年 11 月 25 日。
② Boydson, R. 1989. A cost-benefit study of functionally similar tools. In: Torrence, R. (Ed), *Time, Energy and Stone Tools*. Cambridge: Cambridge University Press, pp.67-77.
③ 佐原真:《斧の文化史》,东京大学出版会 1994 年,第 3—4 页。
④ 高星、沈辰主编:《石器微痕分析的考古学实验研究》,科学出版社 2008 年,第 37—38 页。
⑤ 布莱恩·海登(著),陈虹、潘艳(译):《从砍砸器到石斧:再修锐技术的演进》,《南方文物》2008 年第 3 期。

低时间成本。更新世末至全新世初,气候变化和人口增加使得史前人类面临各方面的生存压力,只有尽可能提高工具的耐用性和效率以减少时间预算,才能适应多变的环境,磨制石器在这一形势下表现出巨大的优势和潜力。

(三)磨制石器的功能

对新石器时代早、中期遗址的梳理发现,24 个遗址($P = 38.1\%$)存在打制石器(尤其是细石器)与磨制石器并存的现象,如北京东胡林、江西万年仙人洞、河北迁西东寨遗址等。这些遗址都同时出土了大量的燧石质小石器或细石器,以及一部分非燧石质的磨盘磨棒及斧锛类工具。

一般认为,细石器是加工动物的专门工具,石磨盘和石磨棒是加工植物的工具,而磨制的斧和锛的功能比较多样,通常被认为与木质加工有关。通过微痕及残留物分析,可以比较确切地了解这些工具的具体功能:

1)微痕分析表明,虎头梁绝大部分的细石器用于加工软性动物类物质及骨类物质[①],东胡林的细石器中有 68.2% 用于切割肉类或刮削皮革等与动物类物质有关的行为,仅 9% 的工具用于加工植物[②]。

2)刘莉等人对山西武乡牛鼻子湾遗址出土的石磨盘和石磨棒进行残留物分析,结果表明这两件磨制石器主要用于加工植物,包括栎属橡子、小麦族的籽粒、黍族的籽粒、豇豆属的豆子及栝楼的块根。[③]

3)张晓凌等人对虎头梁遗址出土的打制锛状器进行了微痕分析,结果表明此类锛状器主要用于加工木材,进而推测磨制锛由打制锛演变而来,其功能可能相同,即磨制石锛也是木质加工的工具。[④] 考古学家 Jensen 在丹麦中石器时代斯凯特郝牧遗址Ⅰ期(Skate-holm I)23 件石斧的刃部上发现了伐木及屠宰动物的痕迹。[⑤] 东胡林的石斧微痕研究显示,该遗址的石斧不仅用来

---

① 张晓凌:《石器功能与人类适应行为:虎头梁遗址石制品微痕分析》,中国科学研究院古脊椎动物与古人类研究所 2009 年博士论文。

② 崔天兴:《东胡林遗址石制品研究——旧新石器时代过渡时期的石器工业和人类行为》,北京大学 2010 年博士论文。

③ 刘莉、陈星灿、石金鸣:《山西武乡县牛鼻子湾石磨盘、磨棒的微痕与残留物分析》,《考古与文物》2014 年第 3 期。

④ 张晓凌、沈辰、高星:《微痕分析确认万年前的复合工具与其功能》,《科学通报》2010 年第 3 期。

⑤ 黄建秋:《国外磨制石斧石锛研究述评》,《东南文化》2010 年第 2 期。

加工木材,还可用于松土和熟皮子。[①]

上述微痕分析及残留物分析结果表明,新石器时代早、中期遗址中存在燧石质细石器与非燧石质磨制石器并存的现象,这两种工具用于应对不同任务。细石器用于加工动物类物质,磨盘磨棒用于加工植物类物质,而磨制的斧和锛用于加工木材。

综上所述,燧石几乎不用于制作磨制石器,而专门用于制作加工动物类物质的细石器。燧石硬度大,不适合施以磨制技术,若将其打制成石斧或石锛直接作用于木材,会在短时间内损坏而需要不断修理,可能造成石料的浪费。因此,史前人类倾向于选择硬度较低的砂岩和石灰岩来制作耐用且有效的磨制石器,这类石料分布广,采办成本低,易于打磨。依据不同原料的特性,将其制作成最合适的工具以应对不同的任务,充分体现了史前人类合理利用资源的特点,这也是史前人力对环境的适应策略。

四　结　语

旧石器时代晚期,人类已经将磨光技术成功地运用到骨器及精美的装饰品上。之后,将此技术拓展至石器的修锐过程中,磨光技术是磨制石器出现的基础条件和技术支持。制作磨制石器的劳动力和时间成本要比制作打制石器高很多,但其功效和耐用程度也要比打制石器高得多。大量实验及研究已经证明,磨制石器在木质加工方面具有较高的效率及耐用性,这可能促使史前人类在特定时段开始采纳磨制石器。

加拿大考古学家 Brian Hayden 指出,刃缘磨光这一所有修锐技术中最费力的方法,应发生在具有特化与强化的切割需求的群体中。[②] 民族学材料也证明了刃缘磨光的石器大多出现在伐木活动比较频繁的地方,比如澳大利亚的许多地区。因此,磨制石器的出现应该伴随着某一群体对木质加工的强化需求。

[①]　崔天兴:《东胡林遗址石制品研究——旧新石器时代过渡时期的石器工业和人类行为》,北京大学 2010 年博士论文。

[②]　凯瑟琳·莱特(著),潘艳(译):《西南亚磨制石器工具与狩猎采集者的生存:向农业过渡的含义》,《南方文物》2009 年第 1 期。

更新世末至全新世初,全球气候变化和人口增加引发了史前人类生计模式的改变。动物在史前人类食谱中的比例相应减少,而植物性物质相应增多。部分植物性物质在食用之前需要进行脱壳、碾磨及捣制,民族学资料表明,碾磨和捣制在植食加工中起到四个作用:去除纤维、缩小食物的颗粒尺寸、帮助解毒以及增加营养。颗粒尺寸的缩小使更多淀粉在消化中与酶接触,留在脱粒后谷物中的糠加快了食物通过肠胃器官的速度,将富含糠的脱粒谷物再碾磨成细小颗粒则减慢了这一过程,并且使肠胃能够吸收更多的营养,将食物进一步碾磨成粉增进了营养吸收。碾磨增加了可食产品的量,相同的产量可以供养更多的人口,这是一种"强化方法"。① 石磨盘及石磨棒在这一"强化方法"中是必不可少的工具。

当史前人类尝试将磨制技术运用到燧石、石英岩等熟悉的原料上时,可能发现此类硅质含量高的原料硬度过大,不易打磨加工。因此,他们更青睐于质地较软的砂岩及石灰岩,尤其是砂岩多砂的特性十分符合磨盘、磨棒等碾磨类石器的使用方式。史前人类在时间预算、石料可获性、生态环境等各方面的生存压力下,要尽可能地降低采办石料的成本,将更多的时间用于寻找食物。磨制石器耐用性高,意味着能够节省更多的原料,降低石料的采办成本。因此,节省原料也是磨制石器出现的动因之一。同时,出于对节省原料的考虑,史前人类以燧石为原料制作细石器来处理动物,以砂岩、石灰岩等为原料制作磨制石器来加工木材。选择不同物理特性的石料制作合适的工具以进行不同的任务,充分体现了史前人类对资源的合理分配与利用,同时也是一种对环境的适应策略。

综上所述,磨制石器是更新世末至全新世初,人类适应策略中必然出现的一个革命性技术。从原料角度来探讨磨制石器的出现及演变的动因,是众多研究方法和视角中的一种,随着新材料的不断发现,对于磨制石器的研究将会更加深入。

(陈虹、刘吉颖、汪俊合作,原刊《考古》2017 年第 10 期)

---

① 陈虹:《华北细石叶工艺的文化适应研究——晋冀地区部分旧石器时代晚期遗址的考古学分析》,浙江大学出版社 2010 年,第 175—180 页。

研究篇

石制品使用微痕多阶段成形轨迹的实验研究

石器功能研究,是了解史前人类生存方式、行为模式的重要途径,也是石器时代考古学研究的重大课题之一。其中备受关注的一种方法就是微痕分析,即通过显微观察技术对石器标本上肉眼不易辨别或无法辨别的痕迹进行观察,进而推测出工具可能的使用部位、使用方式及加工对象。从 1964 年 S. A. Semenov的《史前技术》英译本出版至今[①],石制品微痕分析的成长一方面算是发展顺利,另一方面又可谓举步维艰。几经质疑与争议,研究者们不断通过一系列严格控制的实验与盲测来证实微痕分析的准确性与有效性,目前已成为考古研究中主要的石器功能分析方法。微痕分析取得每一个进步,都离不开模拟实验。目标明确、程序规范、控制严谨、处理完备、记录翔实的实验,不仅推进了微痕分析的不断完善,而且为以后的工作和深入的思考奠定了基石。

一 研究背景

石制品微痕研究,历史悠久。早在 19 世纪中叶,R. W. Greenwell 和 Canon,就曾尝试观察 Yorkshire Wolds 遗址出土端刮器加工刃缘的磨圆现象[②]。后来的

---

① Semenov, S. (translated by Thompson, M.). 1964. *Prehistoric Technology*: *An Experimental Study of the Oldest Tools and Artifacts from Traces of Manufacture and Wear*. London: Cory, Adams & Mackay.

② Greenwell, W. 1865. Notices of the examination of ancient grave-hills in the North Riding of Yorkshire. *Archaeological Journal*, 22:95-105.

研究者 J. Evans,提出刃缘的磨圆与擦痕可能和材料之间的摩擦有关。① 1880—1930 年,一些研究者由于对欧洲和近东新石器时代遗址出土长石叶上的光泽感到困惑,开始尝试摸索与使用痕迹相关的实验。② F. C. J. Spurrell 通过加工木头、骨角等模拟实验,试图复原光泽的生成,可谓微痕实验的先行者。③ 1930 年左右,E. C. Curwen 等人努力开展系统的功能研究,虽然仍以石镰刀上的光泽为主要考察项目,但研究重心已经由分辨加工材料转向探讨光泽的形成机制了。④

20 世纪 60 年代,S. A. Semenov 带领他的痕迹学实验室,历经 23 年的系统工作,终于发展出采用显微镜观察的全新功能分析技术(即后来所谓的低倍法)。随着其代表作《史前技术》英译本的出版,史前考古学界犹如注入了一支强心剂。微痕分析在欧美兴起初期,接受和应用的程度相当有限。70 年代后期,随着 L. Keeley⑤、G. Odell⑥ 和 J. Kamminga⑦ 各自关于微痕研究的博士论文同时面世,微痕分析在石制品研究中局面大开。80 年代以后,越来越多的学者接受并参与到微痕分析领域,在引发争议和思考的同时,促成了大量的实验和盲测。90 年代至今,微痕分析在方法论和技术上不断进步,日渐成为石制品研究不可或缺的重要部分,成为广泛流行的功能研究手段。

目前关于石制品使用痕迹的形成与发展过程的研究,屈指可数。Tringham 等人曾开展实验来验证石器在各种作用任务中形成的边缘破损,分

① Evans, J. 1872. *The Ancient Stone Implements, Weapons and Ornaments of Great Britain*. London: Longmans, Green, Reader and Dyer.

② Barnes, A. 1932. Modes of prehension of some forms of Upper Paleolithic implements. *Proceedings of the Prehistoric Society of East Anglia*, 7:43-56.

③ Spurrell, F. 1892. Notes on early sickles. *Archaeological Journal*, 49:53-59.

④ (1) Curwen, E. 1930. Prehistoric flint sickles. *Antiquity*, 9:62-66; (2) Curwen, E. 1935. Agriculture and the flint sickle in Palestine. *Antiquity*, 9:62-66.

⑤ Keeley, L. 1980. *Experimental Determination of Stone Tool Uses*. Chicago: The University of Chicago Press.

⑥ Odell, G. 1977. *The Application of Micro-wear Analysis to the Lithic Component of an Entire Prehistoric Settlement: Methods, Problems and Functional Reconstructions*. Unpublished Dissertation. Ann Arbor: Harvard University.

⑦ Kamminga, J. 1982. Over the Edge: Functional Analysis of Australian Stone Tools. *Anthropology Museum*, University of Queensland, Occasional Papers in Anthropology No. 12.

别对使用前、使用中、使用后的标本进行微痕观察。① 使用中的观察分为几个区间，包括工作 50 次、150 次、300 次、500 次、750 次和 1000 次。虽然研究者似乎采用了分段式(按照使用时间长度分段)观察，但仅讨论不同使用方式、不同加工材料、其他外界作用力等方面对使用痕迹的影响，没有涉及不同作用时间长度或强度下使用痕迹的区别。Lerner 试图讨论不同原料对于使用痕迹形成的影响，开展了一项多阶段的分段式实验研究。在实验中，Lerner 明确定义"阶段"(stage)的时间长度和具体操作，严格记录每阶段后的使用痕迹，然后通过电脑图像处理程序，对比不同阶段片疤破损的侵入程度。结果发现，石料的确是决定使用痕迹形成的一个重要因素，同时证明数码图像手段是解释微痕分析结果的有效手段。② 但是，由于作者意在突出石料的作用，没有公布任何微痕照片，忽略了各阶段使用微痕的差别，对于了解使用痕迹的形成动态而言，不失为一个遗憾。

　　2004 年，在中外考古学家的共同努力下，中国首届"石器微痕分析培训研讨班"在中国科学院古脊椎动物与古人类研究所开办。《石器微痕分析的考古学实验研究》一书③，系统普及了微痕研究的理论与概念，以实例演示了微痕分析的方法、规范和流程，提供了许多可对比的实验标本与数据。例如，在曲彤丽等人针对骨质加工开展的微痕实验中，个别标本经过分段式实验与观察，在文末提出："对使用情况的阶段性观察和记录……为研究使用痕迹的形成过程，分析微痕的产生机制提供重要线索。这方面应当是未来工作的重点"④，但是该实验未能了解使用痕迹的具体发展动态。谢礼晔等人在钻孔使用方式的微痕实验中，对部分单向和双向石钻标本进行分阶段观察，总结认为：石钻上"使用痕迹的产生速度很快，在使用后一两分钟之内便可迅速出现。在片疤、磨圆和光泽中，片疤产生速度最快。使用痕迹的发达程度并不是匀速上升或加速上升的。可以预见，当片疤发展到一定程度之后，其继续

_____

① Tringham, R., Cooper, G., Odell, G., et al. 1974. Experimentation in the formation of edge damage: A new approach to lithic analysis. *Journal of Field Archaeology*, 1:171-196.

② Lerner, H., Du, X., Costopoulos, A., et al. 2007. Lithic raw material physical properties and use-wear accrual. *Journal of Archaeological Science*, 34(5):711-722.

③ 高星、沈辰主编:《石器微痕分析的考古学实验研究》，科学出版社 2008 年。

④ 曲彤丽、梅惠杰、张双权:《骨质加工对象实验与微痕分析报告》，见高星、沈辰主编:《石器微痕分析的考古学实验研究》，科学出版社 2008 年，第 61—82 页。

发展会'消灭'掉已有的使用痕迹"①。此后,为了观察尖状器在不同使用阶段和多功能使用方式的使用痕迹,张晓凌在实验中对 10 件尖状器分别进行分段使用和观察,详细记录了使用痕迹在两个以上工作时间段和经历两种动作之后的表现。实验颇有成效,初步明确了石制品经过复合使用后,前后两次的使用会互相影响彼此所产生的痕迹;而且,使用痕迹是动态变化的,破损微疤可能会在后来的使用中被磨蚀消失,而磨圆则随着使用而加强。②

以上研究为认识使用微痕的多阶段成形发展的研究奠定了良好基础,提出了进步研究的可行性。但是上述实验的设计和操作因为当时实验的目的不同,对微痕多阶段成形发展缺少精密控制,观察略显主观,欠缺了必要的数据和变量。所以这些工作还不能清晰归纳使用微痕的发展轨迹,也不能全面了解使用痕迹发生与发展的机制。但是,这些实验为本研究的设计和开展提供了重要的参考信息和启示。

二　研究目的与实验设计

已经有大量研究表明,微痕分析可以辨别工具是否经过使用,而且,工具原料、加工类型、使用方式和加工对象都可以在很大程度上对使用痕迹产生影响。但是,使用痕迹从产生到最终呈现在分析者面前,究竟经历了怎样的发展过程,目前还是未知。因此,我们于 2008—2009 年在加拿大皇家安大略博物馆一起设计并开展了一系列微痕实验,希望通过一组分阶段实验以及对数码照片的处理:了解和观察微痕片疤破损的发展过程;了解和认识在不同使用阶段片疤破损与磨痕/光泽形成的关系;了解和认识使用时间与使用微痕多阶段成形的相应关系。

微痕实验所涉及的术语和要素众多,本文采用沈辰定义的"工作任务

---

① 谢礼晔、李意愿、王强等:《钻孔使用方式实验与微痕分析报告》,见高星、沈辰主编:《石器微痕分析的考古学实验研究》,科学出版社 2008 年,第 107—144 页。

② 张晓凌:《石器功能与人类适应行为:虎头梁遗址石制品微痕分析》,中国科学院古脊椎动物与古人类研究所 2009 年博士论文。

（working task）"一词来描述工具的使用。① 工作任务是一种行为,包含特定工具的使用方式和被加工材料两个方面。严格地说,工具"使用方式"指工具被操作的动作,例如切、刮、削、钻、砍等动作。② "加工对象"是工具接触并加工的对象,硬度不等,例如肉、骨、木之类。

由于目的仅仅是辨认使用痕迹的阶段性变化,而非使用方式或加工材料的作用,所以本次实验将"工作任务"锁定为单一动作,即单向刮骨。基于过去学者的实验经验,本实验将"刮"定义为,工具的工作刃缘以较大角度（70°～90°）与被加工物体垂直相交进行单向的横向运动（图1）。③ 刮是石器的基本使用方式之一,工具只要具备一定长度的锋利刃缘即可。加工材料只选择干熟骨（猪蹄骨和火鸡腿骨）一种,属于一般硬性动物类物质（1H）,基本保证其硬度、所含水分、油脂一致。

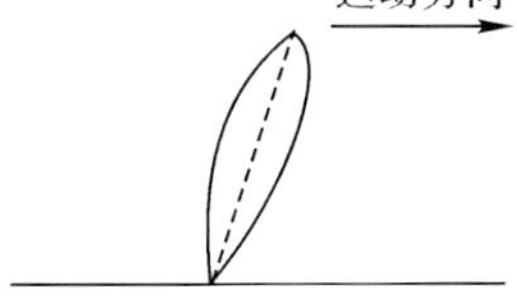

图1 "刮"动作示意图

由于本次实验是在加拿大皇家安大略博物馆微痕实验室进行的,所以标本均采用加拿大安大略省西南部伊力湖畔的深灰色 Onondaga 燧石制成。这是一种形成于泥盆纪中期石灰岩地层中的燧石,颜色从灰白到蓝灰不等,少数呈现黑色。Onondaga 燧石质地均匀,偶带玻璃质感,贝壳状断口,偶尔产生小碎片,是剥片实验和微痕实验的良好选材。④ 为了清晰地观察和拍照,实验标本全部为未经二次加工的完整石片,形状各异,每件至少有一个可以作为工作刃的锋利边缘。无风化、热处理、水侵蚀等外部作用介入。

为了突出每阶段"刮骨"使用微痕的产生,包括片疤和磨圆,计划选用一种带颜色的辅助材料涂抹于标本可能使用的刃缘。每次使用时,新生片疤上的颜料会随着片疤一起被剥掉,便于观察。使用生成的力度远远小于二次加工的剥片力,且产生的片疤远不如二次加工片疤明显,因此,这种辅助材料必

① Shen, C. 2001. *The lithic production system of the Princess Point Complex during the transition to agriculture in Southwestern Ontario, Canada*. Oxford: BAR International Series 991.

② 高星、沈辰主编《石器微痕分析的考古学实验研究》,科学出版社 2008 年。

③ 高星、沈辰主编《石器微痕分析的考古学实验研究》,科学出版社 2008 年。

④ Fox, W. 1978. *Southern Ontario Chert Sources*. Quebec City: Paper presented at the Canadian Archaeological Association Meeting.

须具备这样一些特性:色彩鲜明、涂抹形成薄膜、可附着于石料上、黏度不能影响片疤的剥离。经过筛选,认为指甲油最符合我们的需要,主要成分为硝化纤维,配以丙酮、醋酸乙酯、乳酸乙酯、苯二甲酸酊类等化学溶剂。其中的薄膜形成剂和塑形剂可以在标本选定区域形成一定范围的薄膜,色料可以区别于石料本身的颜色,分散剂和安定剂可使色彩均匀分散并保持一定的稳定性,强化剂的强度既能保持一定的耐久性,又不至于影响剥片的产生。而且,指甲油用一般的洗甲水(主要成分为丙酮、甲醛及邻苯二甲酸酯)即可清洗,简单易行。本实验采用粉色指甲油和普通洗甲水。指甲油自身产生的光泽,不在此次实验观察范畴内。

三　实验过程与分析要素

(一)实验过程

选定标本7件,其中有两件标本各有两个工作刃,全部用于刮熟骨。为了详细记录并评估使用痕迹形成的过程和速率,实验设计多阶段操作程序。"阶段"是根据行为持续的不同时间段来定义的,整个实验共分三个操作阶段。最初连续的3分钟加工为第一阶段(简称S1);接下来的6分钟为第二阶段(简称S2),此时工具使用时间累计9分钟;然后再连续使用12分钟为第三阶段(简称S3),至此实验结束,每件工具的使用时间累计21分钟。

为了便于标本间的对比,本次实验由同一位年轻女性操作者实施,力度和速度均属中等偏下(400次/3分钟)。为了尽可能保证力度和速度的连续性和一致性,每阶段的工具使用以连续3分钟为单位,即S1一次性完成,S2分两次完成,每次3分钟,以此类推。其原因在于,经过预先试验发现,操作者在3分钟内基本可以保证稳定性,超过3分钟就有可能因疲劳出现或快或慢、或轻或重的偏差。实验者右手持标本,标本与加工材料表面之间夹角约为70°~90°,每次工具运动的长度视加工材料表面形状而定,基本在3~5cm之内。

实验的每一阶段中包括涂刷指甲油、刮骨、清洗指甲油、清洗标本、微痕观察五个步骤:先在标本预计使用的工作边缘轻轻涂刷一层指甲油,晾干;接下来刮骨,时间因各阶段而定;动作完成之后,用棉花棒蘸洗甲水将指甲油去掉,洗甲水亦可去掉有机质残留物;然后再用清水轻刷使用部位,除去残留其上的洗甲水;最后用显微镜观察,详细记录使用痕迹的片疤、磨圆和光泽情况,并拍摄显微照片。本次微痕分析采用低倍法,使用连续变倍双目体式显微镜 Nikon SMZ800,物镜变倍范围 1~6.3 倍,目镜 10 倍,放大倍数在 10~63 倍之间。附加外射光源,随意选取照射角度。通过电脑转换接口,采用显微摄像系统软件将微痕影像保存为数码照片。

为了向读者呈现各阶段使用微痕的状态,对显微数码照片进行了特别处理。首先将工作刃缘每阶段产生的使用痕迹部位分段拍摄,然后使用 Photoshop 照片管理软件将同一阶段、同一边缘的分段部位顺序拼接,最后将三个阶段、同一边缘的照片自上而下地拼接在一张图版内,相互对比。

(二)分析要素

鉴于上述实验目的,本研究主要涉及以下几个分析要素:使用单位、使用部位、使用位置、片疤破损、磨蚀痕迹。

使用单位(Employable Unit/EU)[1],是微痕定量分析的基本参数之一,用于记录石制品上被使用部位及其个数,按顺序编号[2]。"使用单位"最初由 R. Knudson 根据行为机理的概念提出[3],后由 G. H. Odell 继续使用并推广[4]。

使用部位(Employable Location/ PC),一般以坐标的形式描述石制品上二次加工和使用痕迹的具体位置,各位置之间以及它们与石制品整体的相对关

---

[1] 由于本实验不涉及执握痕迹或装柄痕迹,故此处采用"使用单位",而未用"功能单位"。

[2] (1)张晓凌:《石器功能与人类适应行为:虎头梁遗址石制品微痕分析》,中国科学院古脊椎动物与古人类研究所 2009 年博士论文;(2)Shen, C. 2001. *The Lithic Production System of the Princess Point Complex during the Transition to Agriculture in Southwestern Ontario, Canada.* Oxford:BAR International Series 991.

[3] (1)Knudson, R. 1973. *Organizational Variability in Lake Paleo-Indian Assemblages.* Seattle: Washington DC, p 17;(2)Knudson, R. 1979. Inference and imposition in lithic analysis. In:Hayden, B. (Ed), *Lithic Use-wear Analysis.* London:Academic Press, pp.269-281.

[4] (1)Odell, G. 1979. A new improved system for the retrieval of functional information from microscopic observations of chipped stone tools. In:Hayden, B. (Ed), *Lithic Use-wear Analysis.* London: Academic Press, pp.329-344;(2)Odell, G. 1980. Toward a more behavioral approach to archaeological lithic concentrations. *American Antiquity*, 45:404-431.

系。本研究采用 G. H. Odell 的八分极坐标定位法(8-Polar Coordinate grid),用 PC1 ~ PC8 来记录石器使用(微痕)的位置①。

片疤破损(scarring/ SR),亦称微疤,是使用痕迹的主要特征之一,通常较小。本文的考察项目包括大小、分布、终端②、形态等。磨蚀痕迹(abrasion),是使用过程中因反复接触摩擦在工具表面产生的痕迹,包括光泽、磨圆和擦痕。本文将主要考察其表现程度和位置,用以揭示使用的时间与强度。片疤破损和磨蚀痕迹常常相伴出现,但又不是必然出现,其组合形态和匹配模式受到多种因素的影响。

在描述使用痕迹的位置时,还涉及三个术语:接触面、非接触面和刃脊。接触面(contact surface/ C)是指石制品使用边缘与加工材料直接接触的表面。非接触面(non-contact surface/ NC)是和接触面相对的表面,在“刮骨”动作中不和加工材料发生接触或摩擦。刃脊(edge ridge/ E)是指接触面与非接触面相交的侧刃,范围狭长,近似一线,和加工材料发生直接的接触,而且是作用力的主要着力区。③

此外,本文还涉及三个尺度方面的变量,包括刃缘角、片疤侵入距离、使用刃缘长度。微痕分析中有两个与工作刃相关的角度常被讨论,刃缘角(edge angle)和平面角(spine-plane angle)。④ 此处测量的刃缘角,指直接作用于加工材料的使用边缘两表面之间的夹角。刃缘角的测量方法见仁见智,本实验的刃缘角是在距离石片腹面和背面交线 1mm 处测得的⑤。片疤侵入距离,是指一系列微疤在与刃缘垂直方向上、向石片内部延伸的纵深距离。微疤形成的时间、速率、形状以及破裂机制不等,片疤侵入可能呈现出单层或多层,侵入距离也因而不等。鉴于本次实验采用指甲油作为辅助,故片疤侵入距离测量

① (1)陈虹、陈淳:《微痕分析中的使用单位与使用部位》,《中国文物报》2009 年 8 月 7 日;(2) Odell, G. 1996. *Stone Tools and Mobility in the Illinois Valley: From Hunter-Gatherer Camps to Agricultural Villages*. Michigan: Ann Arbor.

② Ho Ho Committee. 1979. The Ho Ho classification and nomenclature committee report. In: Hayden, B. (Ed), *Lithic Use-wear Analysis*. London: Academic Press, pp.133-135.

③ 上述变量的具体标准参照《华北细石叶工艺的文化适应研究》第三章。

④ Hayden, B., Kamminga, J. 1979. An introduction to use-wear: The first clue. In: Hayden, B. (Ed), *Lithic Use-wear Analysis*. London: Academic Press, pp.1-13.

⑤ Lawrence, R. 1979. Experimental evidence for the significance of attributes used in edge-damage analysis. In: Hayden, B. (Eds). *Lithic Use-wear Analysis*. London: Academic Press, pp.113-122.

的是每阶段指甲油剥落纵深，不考虑片疤分布层次；下一个阶段产生的片疤侵入距离，可能覆盖了上一阶段产生的片疤侵入距离，也可能在上一阶段片疤侵入距离范围之内。使用刃缘长度，指因直接与加工材料接触摩擦并产生使用痕迹的刃缘部分，平行于边缘的长度。

四 实验结果

7件标本共计9处使用单位（EU）经过使用，工具的有效性和效率均正常。下面将按照使用单位的顺序，逐一描述实验标本的微痕观察结果。

（一）EU 1（标本201）

S1：（1）非接触面：痕迹不连续，表现为左侧与右侧两组。左侧为连续大、中型浅平片疤，多羽翼状。最左端一个片疤呈凹缺状；向右为5～6个浅平中片疤；再向右为3个浅平小片疤，片疤侵入度小于左侧。右侧为3个大片疤，有羽翼状、阶梯状；最右侧阶梯状明显，且片疤小。边缘连续分布卷边状、阶梯状小片疤。（2）接触面：靠近边缘处脱色，边缘平面呈不规则锯齿状。（3）刃脊：轻度/中度磨圆，有光泽。最右端磨圆相对其他部位严重，有似玉的温润光泽。不同颜色部位光泽有些许差别。

S2：（1）非接触面：不连续大片疤，成三簇分布，平面近圆形，浅平，羽翼状；内套许多卷边状，阶梯状小片疤，边缘呈锯齿状。（2）接触面：边缘脱色，侵入度大于非接触面；轻度磨圆。（3）刃脊：粉碎感，左端中度磨圆，其余部分不明显。

S3：（1）非接触面：连续小片疤，紧贴边缘，侵入极少；片疤平面柳叶形，羽翼状，间有阶梯状。个别小片疤破裂处显现凹缺状打击点；中度磨圆。（2）接触面：边缘脱色，中度磨圆，片疤间脊上疑有光点。（3）刃脊：严重磨圆，刃脊上有片状光泽。

（二）EU 2（标本202）

S1：（1）非接触面：中、小型浅平片疤，多羽翼状，连续、层叠分布；最左侧有一个卷边状大片疤,卷边状终端可能与石料的颗粒有关。(2)接触面:边缘脱色,轻微磨圆。(3)刃脊:轻度磨圆,刃缘轮廓呈曲线状,受片疤破裂影响。

S2:(1)非接触面:大、中、小片疤均有,浅平,多羽翼状,偶有卷边状;大片疤间隔分布,小片疤紧贴边缘,连续分布;片疤侵入很大;边缘轻度磨圆。(2)接触面:边缘脱色,中度磨圆。(3)刃脊:中度磨圆,略呈粉碎感。

S3:(1)非接触面:基本上无片疤产生;中度磨圆,边缘明显变钝。(2)接触面:边缘脱色,侵入度大于非接触面,中度磨圆。(3)刃脊:严重磨圆,片状光泽(图2)。

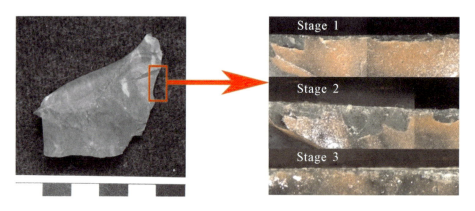

图2　标本202的微痕动态

(三)EU 3(标本204-1)

S1:(1)非接触面:连续大、中型浅平片疤,羽翼状;最右侧片疤呈凹缺状;共4个明显片疤,边缘近直线;左侧侵入大于右侧;边缘连续分布羽翼状小片疤。(2)接触面:边缘脱色。(3)刃脊:轻度磨圆,最右侧折断状。

S2:(1)非接触面:不连续大片疤,成三簇分布,平面近圆形,浅平,羽翼状;内套许多卷边状、阶梯状小片疤;边缘呈锯齿状。(2)接触面:边缘脱色,轻度磨圆。(3)刃脊:粉碎感,轻度磨圆,不明显。

S3:(1)非接触面:几乎没有片疤产生,仅隐约褪色;偶见两个圆形中片疤,浅平,羽翼状;中度磨圆,边缘明显变钝。(2)接触面:边缘脱色,侵入度大于非接触面;中度磨圆。(3)刃脊:中度磨圆,刃脊有片状光泽。(图3:a)

（四）EU 4（标本 204-2）

S1：（1）非接触面：连续大、中型片疤，羽翼状、卷边状。大片疤多浅平，中片疤多起伏明显；大、中型片疤间隔分布，大片疤居多；边缘丛簇式分布卷边状、羽翼状小片疤。（2）接触面：边缘脱色。（3）刃脊：轻度磨圆。

S2：（1）非接触面：连续浅平大片疤，羽翼状；靠近边缘处有个别的卷边状小片疤。（2）接触面：边缘脱色，轻微磨圆。（3）刃脊：粉碎感，轻度磨圆，光泽不明显。

S3：（1）非接触面：一个扁圆形大片疤，羽翼状，可见破裂点；余为连续极小片疤，羽翼状多，个别阶梯状，均紧贴边缘；中度磨圆。（2）接触面：边缘脱色，侵入度大于非接触面，中度磨圆。（3）刃脊：中度磨圆，刃脊上有连续光点。（图3:b）

a.标本204-1

b.标本204-2

图3　标本204的微痕动态

（五）EU 5（标本 206）

S1：（1）非接触面：刃部外形略呈凹状；连续大、中型浅平片疤，多羽翼状，个别大片疤内套卷边状中、小片疤；总体连续，偶有断开，应是由于刃缘不直，接触不均匀造成。（2）接触面：边缘脱色，轻微磨圆。（3）刃脊：中度磨圆，突起处尤为明显；光泽不明显，刃缘轮廓呈曲折状。

S2：（1）非接触面：有 5～6 个大型圆片疤，分布间隔甚远；边缘紧贴一排连续、浅平小片疤，均为羽翼状，边缘轮廓较平整，偶有突起。（2）接触面：边缘脱色，中度磨圆，轮廓凹凸起伏。（3）刃脊：中度磨圆，突起点部有片状光泽。

S3：（1）非接触面：几乎看不到片疤，偶有极小片疤，仅边缘处有些许颜色脱落。（2）接触面：边缘脱色，偶有卵圆形片疤出现；刃缘平面有 2 处突起，有些部位有层叠小片疤；中度磨圆。（3）刃脊：严重磨圆，刃脊呈曲折线，可看到贝状破裂痕迹，有片状光泽。（图 4）

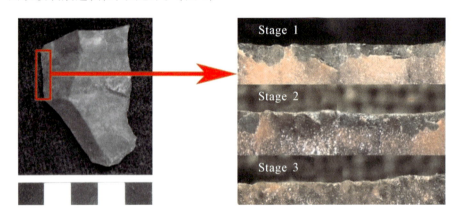

图 4　标本 206 的微痕动态

（六）EU 6（标本 208-1）

S1：（1）非接触面：连续中、小型片疤，多羽翼状、阶梯状，有 4 个卷边状片疤间断分布；不同尺寸片疤分布不规则；最右侧可能由于接触少，片疤侵入度小于左侧，有 1 个阶梯状片疤；边缘连续分布羽翼状、阶梯状小片疤。（2）接触面：边缘脱色。（3）刃脊：轻度磨圆，左侧保留原有刃口形状，有零星光泽；

右侧折断状。

S2：（1）非接触面：大型浅平片疤，连续分布，多羽翼状；边缘紧贴小片疤，连续、层叠分布，多卷边状。（2）接触面：边缘脱色，边缘轮廓呈不明显锯齿状，凹凸起伏；中度磨圆。（3）刃脊：中度磨圆，突出处有点状光泽。

S3：（1）非接触面：几乎无片疤，仅在最边缘处有极小片疤出现，有些层叠，羽翼状/卷边状，局部因石料颗粒呈现出毛糙感；中度磨圆。（2）接触面：边缘脱色，刃缘中度磨圆，与前无异。（3）刃脊：严重磨圆，片状光泽。（图5：a）

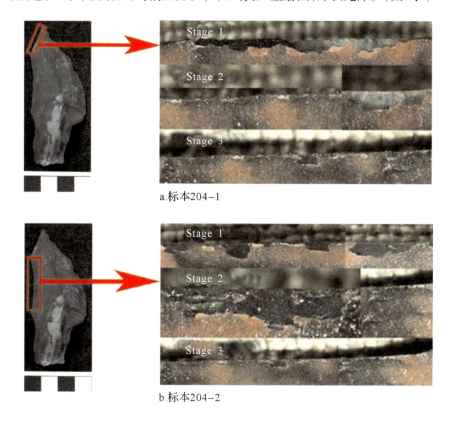

a.标本204-1

b.标本204-2

图5　标本208的微痕动态

（七）EU7（标本208-2）

S1：（1）非接触面：不连续5个浅平大片疤，平面形状不规则，每2个大片疤之间有间隔，羽翼状；中间分布有中、小型片疤；左起第2个大片疤内有2个卷边状痕迹。(2)接触面:边缘脱色。(3)刃脊:层叠阶梯状,似砍砸痕;轻度磨圆。

S2:(1)非接触面:大片疤仅3个,羽翼状,浅平;左侧第一个大片疤内层叠分布4层小片疤,卷边状;边缘处连续分布小片疤。(2)接触面:边缘脱色,中度磨圆。(3)刃脊:中度磨圆,局部有层叠现象,棱脊部分有点状光泽。

S3:(1)非接触面:几乎看不到片疤,有3个大片疤,极其分散,2个羽翼状,1个阶梯状;整个刃缘仅个别位置出现脱色,可能产生极小片疤。(2)接触面:边缘脱色,严重磨圆。(3)刃脊:严重磨圆,片状光泽。(图5:b)

(八)EU8(标本209)

S1:(1)非接触面:连续的大、中型片疤,浅平,多羽翼状,个别卷边状,片疤形状很规律;边缘处连续分布小片疤。(2)接触面:边缘脱色。(3)刃脊:轻度磨圆,刃缘轮廓近直线,较规则。

S2:(1)非接触面:连续大、中型浅平片疤,扁圆形,多羽翼状,靠近边缘有个别卷边状/阶梯状,成簇分布;边缘略呈粉碎感,整体呈锯齿状;突起处有光泽;紧贴边缘处有连续小片疤分布,羽翼状、卷边状、阶梯状均有。(2)接触面:边缘脱色,轻度磨圆。(3)刃脊:轻到中度磨圆;粉碎感,光泽不明显。

S3:(1)非接触面:几乎看不到片疤,偶有极小片疤。中度磨圆。(2)接触面:边缘脱色,中度磨圆。(3)刃脊:中度磨圆,有分散的点状光泽。

(九)EU9(标本210)

S:(1)非接触面:3个浅平大片疤,羽翼状,卵圆形;可能由于该部位突起,直接与骨头接触,所以片疤很集中;边缘连续分布羽翼状小片疤。(2)接触面:边缘脱色,轻微磨圆;刃缘形状呈锯齿形。(3)刃脊:轻度磨圆,刃缘轮廓略呈曲折状,但起伏不大。

S2:(1)非接触面:3~5个大片疤,羽翼状,侵入度极大,中间偶有间隔;边缘连续小片疤,羽翼状、卷边状、阶梯状多种片疤分布不均,局部边缘呈粉碎感。(2)接触面:边缘脱色,轻到中度磨圆。(3)刃脊:中度磨圆,有些地方粉碎感;突出部有点状光泽。

S3:(1)非接触面:基本上无片疤产生,紧贴边缘处有极小磨痕。(2)接触面:边缘脱色,严重磨圆。(3)刃脊:严重磨圆,片状光泽。

五 分析与讨论

对 9 个使用单位的微痕观察表明,单一作用任务所产生的使用微痕具有相似性、一致性和规律性,偶有差别但不明显(表1)。

(一) 片疤破损

对比 9 个使用部位 3 个阶段的石器刮骨使用功能所产生的微痕特征以及采集到的数码照片表明,片疤破损在不同的使用时间段内情况不同。要注意的是,每一阶段涂刷的颜色将完全覆盖前一阶段产生的使用痕迹,因此各阶段的记录和照片仅反映相应时间段内形成的使用痕迹,不能反映之前或累积的状况。但是,这样能更准确得到每一阶段产生的片疤形态的信息,是这次实验的主要目的。

S1:微疤集中出现在非接触面,破损明显,侵入距离较大。大、中、小型微疤层叠出现,方向单一,但是分布模式和终端形态有所区别。大、中型片疤多呈丛簇式分布;平面形状近卵圆形,浅平;终端形态以羽翼状为多,卷边状较少,偶尔出现阶梯状;大片疤的破裂点有时很清晰。小型微疤位于大、中型片疤内部边缘处,分布形态多呈连续式,偶尔为丛簇式;微疤平面浅平;微疤终止羽翼状、卷边状、阶梯状伴生。接触面的微疤不明显,仅见边缘指甲油颜色脱落,在 40 倍下方见似有极小微疤连续分布于边缘,十分浅平,隐约为羽翼状终止。

S2:微疤仍然集中出现在非接触面,基本特征同第一阶段。大、中、小型微疤层叠,大型微疤以间隔式分布,中、小型微疤则以连续式分布为多,偶见丛簇式;微疤平面浅平,近卵圆形。总体来看,微疤终端以羽翼状为多,其中大型微疤偶见卷边状,中型微疤偶见阶梯状,小型微疤紧贴边缘,羽翼状、卷边状和阶梯状三种形态均有。接触面仍无明显微疤破损出现,平面呈柳叶形的极小片疤十分浅平,连续分布于边缘,偶尔出现层叠现象。

表 1　九个使用单位的微痕观察结果(片疤与磨圆)①

使用单位	标本序号	阶段	片疤破损				磨蚀痕迹		
			位置	尺寸	分布	终端	位置	磨圆	光泽
EU 1	201	S1	NC	L/M/S	R	F/H/S	E	LR	AP
		S2	NC	L/S	C/R	H/S/F	E/C	MR/LR	AP
		S3	NC	T	R	F	E/C	HR/MR	SP
EU 2	202	S1	NC	M/S/L	R	F/H	E/C	LR/LR	AP
		S2	NC	L/M/S	R	F/H	E/C	MR/MR	AP
		S3	—	—	—	—	E/C	HR/MR	SP
EU 3	204-1	S1	NC	L/M/S	R	F	E	LR	AP
		S2	NC	L/S	C/R	F/H/S	E/C	LR/LR	AP
		S3	NC	M	S	F	E/C	MR/MR	SP
EU 4	204-2	S1	NC	L/M/S	R/C	F/H	E	LR	AP
		S2	NC	L/S	R	F/H	E/C	LR/LR	DP
		S3	NC	S/L	R	F	E/C	MR/MR	PP
EU 5	206	S1	NC	L/M/S	R	F/H	E/C	MR/LR	DP
		S2	NC	L/S	D/R	F	E/C	MR/MR	PP
		S3	NC	T	S	F	E/C	MR/HR	SP
EU 6	208-1	S1	NC	M/S	D/R	F/S/H	E	LR	DP
		S2	NC	L/S	R	F/H	E/C	MR/MR	PP
		S3	NC	T	R	F/H	E/C	HR/MR	SP
EU 7	208-2	S1	NC	M/S/L	R/C	F/H	E	LR	AP
		S2	NC	S/L	R/S	H/F	E/C	MR/MR	PP
		S3	NC	L	S	F/S	E/C	HR/HR	SP

———————

① 位置:NC = 非接触面,C = 接触面,E = 刃脊;片疤尺寸:L = 大,M = 中,S = 小,T = 极小;片疤分布:D = 间隔,R = 连续,C = 丛簇,S = 分散;片疤终止:F = 羽翼状,H = 卷边状,S = 阶梯状;磨圆:LR = 轻度,MR = 中度,HR = 重度;光泽:AP = 零,DP = 零星,SP = 片状,PP = 点状。

使用单位	标本序号	阶段	片疤破损				磨蚀痕迹		
			位置	尺寸	分布	终端	位置	磨圆	光泽
EU 8	209	S1	NC	L/M/S	R	F/H	E	LR	AP
		S2	NC	L/M/S	R/C	F/H/S	E/C	MR/LR	DP
		S3	NC	T	S	F	E/C	MR/MR	PP
EU 9	210	S1	NC	S/L	R/S	F	E/C	LR/LR	AP
		S2	NC	S/L	R/C	F/H/S	E/C	MR/MR	PP
		S3	—	—	—	—	E/C	HR/HR	SP

S3:非接触面几乎无微疤产生,边缘仅有些许脱色,其侵入范围比接触面还小;偶见个别中型片疤,仍为浅平、羽翼状、卵圆形。接触面情况和前两个阶段一样。

对比9个使用单位在各阶段的情况可知:前两个阶段非接触面的片疤破损十分显著,微疤大小、分布模式和终端形态比较相似;最后一个阶段S3历时最长,却几乎无微疤产生。其中,S1的大型微疤几乎均为羽翼状终端,中、小型的卷边状和阶梯状微疤出现频率较低,阶梯状只是偶尔出现。S2的大型微疤开始出现卷边状终端,中、小型微疤的卷边状和阶梯状终端明显增多(图6)。因此可以认定,在一定的"工作任务"如"刮骨"的情况下,片疤的破损并不是随使用时间的延长而递增,而是在一定时间段内集中产生,过了某个时间点便几乎停止生成。接触面几乎没有微疤出现,边缘连续分布的极小片疤,有可能并非破损形成,而是摩擦产生的磨痕。

(二) 磨蚀痕迹

S1:磨蚀痕迹不明显,少量可辨痕迹主要出现在与加工材料直接接触的部位。接触面由于摩擦产生轻微磨圆,但比例不高(EU=3);零光泽。刃脊与加工材料接触面积相对较大,磨蚀痕迹迅速出现,9个使用单位均可见轻度磨圆,个别突起部位由于受力直接,甚至达到中度磨圆(EU=1);光泽尚未成形,有些标本突起的刃脊上隐约出现温润感或非常零星的疑似光泽(EU=2)。非接触面几乎没有任何磨蚀痕迹。

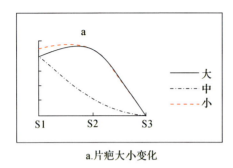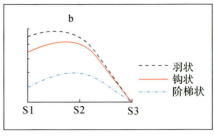

a.片疤大小变化　　　　　　　　b.终止形态变化

图6　片疤破损形态发展轨迹示意图

S2:磨蚀痕迹比 S1 有所发展。接触面可见轻度(EU =4)至中度磨圆(EU =5),刃缘平面轮廓渐直;光泽仍不明显。刃脊明显磨圆变钝,多为中度磨圆(EU =7),有些部位略显粉碎感,可能是卷边状或阶梯状小型微疤层叠分布的结果;光泽总体仍然较弱,但是比接触面明显,棱脊或突起部分开始出现点状光泽(EU =4)。

S3:磨蚀痕迹发育。接触面磨圆程度较高,多为中度磨圆(EU =6),个别甚至达到严重磨圆(EU =3)。刃脊磨圆严重,普遍为中度(EU =4)至严重磨圆(EU =5);光泽明显,多数标本侧刃呈现片状光泽(EU =7),个别出现连续光点(EU =2)。

总的来说,磨蚀痕迹主要出现于接触面和刃脊,非接触面几乎没有,且经历了从无到有、由弱到强的过程。三个阶段相比,磨圆自 S1 就有所表现,光泽自 S2 才开始出现,二者均逐渐发展并加重,至 S3 时基本发育(图7)。就同一个阶段而言,接触面的磨蚀程度总体上没有刃脊的磨蚀程度高,几乎很少光泽出现。由此可知,磨圆从工具使用初期便开始产生并逐渐增强,而光泽在最初的时间段里没有形成,直至某一时间点方开始出现,然后逐渐发展,最终形成较大范围的片状光泽。

因此可以推测,片疤的破损并不是随使用时间的延长而递增,而是在一定时间段内集中产生,过了某个时间点便几乎停止生成。接触面几乎没有微疤出现,边缘连续分布的极小片疤,有可能并非破损形成,而是摩擦产生的磨痕。

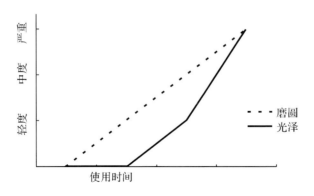

图 7　磨蚀痕迹发展轨迹示意图

（三）刃缘角、片疤侵入距离、使用刃缘长度

对实验各阶段的刃缘角、片疤侵入距离、使用刃缘长度的测量结果显示（表 2）：几乎所有标本在 S1 和 S2 之后，其刃缘角呈现出增长趋势，一般增大 3°～5°；经过 S3 后，多数刃缘角保持 S2 时的水平，个别继续增大 3°～5°。由于我们在距离刃缘顶部 1mm 处测量刃缘角，所以这个增长趋势可能和片疤破损、刃缘磨圆有关。前面已经提过，S1、S2 是片疤生成的主要阶段，随着大、中型片疤的剥离，导致刃缘顶部交线后退，附近两边的夹角便逐渐增大；S3 时，片疤破损已经停止，刃缘顶部两边和交线不再发生后移现象，磨圆对工具尖端角度的改变作用并不明显，因此刃缘角不再发生变化。

表 2　刃缘角和侵入距离的测量结果

使用单位	标本序号	阶段	刃缘角	侵入距离平均值（μm）	侵入距离最小值（μm）	侵入距离最大值（μm）	标准偏差
EU 1	201	S1	30°	110.6	59.47	193.7	40.85
		S2	35°	110.16	30.58	331.33	73.76
		S3	35°	12.32	9.35	15.29	4.18
EU 2	202	S1	70°	79.87	27.24	173.31	53.59
		S2	77°	61.17	32.28	78.16	18.08
		S3	80°	10	6.52	15.25	2.43

使用单位	标本序号	阶段	刃缘角	侵入距离平均值(μm)	侵入距离最小值(μm)	侵入距离最大值(μm)	标准偏差
EU 3	204-1	S1	40°	180.28	112.14	271.86	57.57
		S2	45°	131.34	20.39	181.81	54.39
		S3	45°	57.61	10.19	178.41	65.04
EU 4	204-2	S1	50°	163.34	40.78	261.66	75.69
		S2	55°	160	101.1	130.83	34.23
		S3	55°	49.03	10.19	232.78	76.76
EU 5	206	S1	40°	155.98	57.77	293.95	67.02
		S2	45°	136.78	25.49	246.37	76.49
		S3	45°	48.4	22.09	67.96	15.08
EU 6	208-1	S1	52°	95.32	11.89	183.51	54.03
		S2	55°	175.69	71.36	256	79.41
		S3	55°	15.87	11.89	25.54	3.87
EU 7	208-2	S1	60°	114.63	23.79	229.38	69.62
		S2	63°	117.42	68.05	166.51	36.25
		S3	63°	19.84	10.19	86.65	18.83
EU 8	209	S1	45°	102.54	64.57	132.53	18.41
		S2	50°	146.35	101.95	198.8	27.91
		S3	50°	12.32	10.19	15.29	1.77
EU 9	210	S1	70°	273.39	27.95	347.47	88.05
		S2	75°	289.53	207.29	361.92	51.71
		S3	75°	41.49	22.15	78.16	14.86

　　片疤侵入距离可以直接反映使用时所产生的破裂力的延伸范围,间接反映出非接触面片疤破损的程度。经过测量发现,各阶段不同使用部位的片疤侵入距离不等。S1 的片疤侵入距离平均值变异范围为 32～97mm,S2 的平均值范围为 49～91mm,S3 的平均值范围为 25～55mm。总体来看,前两个阶段的片疤侵入距离情况类似,而且比第三阶段的片疤侵入距离大得多,这和片

疤破损形态分析结果一致。S3 的片疤侵入距离平均值范围似乎高于微痕观察的预期值,这个偏差可能是由于个别标本在 S3 时偶尔产生的大、中型片疤。就单个使用单位的片疤侵入距离而言,几乎(66.7%)所有使用单位在三个阶段都呈现出增长(S1)——增长(S2)——降低(S3)的趋势。将各阶段的刃缘角、片疤侵入距离和使用时间结合起来对比,结果发现:

为了便于测量,我们将标本两个表面颜色脱落部分的长度定义为使用刃缘长度。结果显示,几乎所有使用单位的非接触面使用刃缘长度都大于接触面。特别是在 S3 时,两者相差甚至达到 2 倍以上。通过对比发现,这种差异一方面和刃缘平面形状、加工材料表面有关,如果接触面积较大,在刃缘产生痕迹的长度自然相应较大;如果接触面积较小或接触不完全,使用长度也会相应较短。另一方面,片疤破裂机制也影响了两面的使用长度,在刮骨动作中,片疤通常从接触面向非接触面破裂,力量和破裂点呈辐射状,因此非接触面所产生的片疤范围之总和会大于接触面因摩擦产生的磨痕范围。

许多学者认为边缘形状和刃缘角是石制品分析中的重要变量,对于使用痕迹的产生具有直接影响。[①] 普遍认为,小刃缘角用于加工软性物质,大刃缘角用于加工硬性物质。而且小刃缘角可能多产生贝壳状或弯曲状破裂,大刃缘角则不太可能。Keeley 曾经指出,在刮骨行为中,加工材料相对较硬,刃缘角越大的标本越容易产生阶梯状的片疤。多数实验研究都对刃缘角进行测量,但是看起来都没什么用处,几乎没有针对刃缘角和其他变量的统计学分析。本研究通过对比得知,工具在使用过程中,刃缘角在使用前期有增大的趋势,在中后期不再增加。这一方面说明刃缘角的确是影响使用痕迹产生和发展的重要因素,另一方面也说明使用痕迹的发展反过来影响着刃缘角的大小。就工作效率而言,针对刮骨的行为,刃缘角的钝/锐并无大碍,$30° < X < 90°$比较好用,即便磨圆很强的时候,工具仍能有效刮骨。对于切割软性物质而言,可能需要相对锋利的刃缘角。

影响片疤侵入距离的因素,主要有三个,一是工作角(作用力和刃缘的夹角),二是刃缘角,三是使用时间。让我们来逐个分析它们之间的对应关系。

---

① Lawrence, R. 1979. Experimental evidence for the significance of attributes used in edge-damage analysis. In: Hayden, B. (Ed), *Lithic Use-wear Analysis*. London: Academic Press, pp.113-122.

前两个因素,决定着作用力的发生途径:(1)假设刃缘角一致。当工作角较小时,作用力近垂直于刃缘,多发生弯曲破裂,作用力与刃缘横截面接触面积较大,破裂不仅仅局限于接触点,会产生侵入较大的片疤(图8:a);当工作角较大时,作用力近平行于刃缘,多发生点破裂,作用力与刃缘横截面接触面积较小,破裂集中在接触点附近,片疤侵入距离较深,明显大于前一种情况(图8:b)。(2)假设工作角一致。当刃缘角较小时,标本厚度相应较小,比较容易产生破裂,作用力很快即停止,发生至终端的距离较短,片疤侵入距离一般不大(图8:c);当刃缘角较大时,标本厚度相应较大,不太容易产生破裂,作用力延伸较远,发生至终端的距离较长,片疤侵入距离也相应较大(图8:d)。根据上述分析可知,第三个因素即使用时间,决定了是否产生片疤,:在产生片疤的时间段内,片疤侵入距离受到刃缘角和工作角的影响;过了一定时间点,片疤停止产生,片疤侵入距离也随之锐减或停止产生。

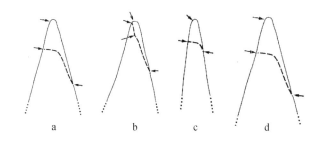

图8　刃缘角与片疤侵入距离关系示意图

a)刃缘角一定,工作角小,片疤侵入距离小;b)刃缘角一定,工作角大,片疤侵入距离大;

c)工作角一定,刃缘角小,片疤侵入距离小;d)工作角一定,刃缘角大,片疤侵入距离大

六　石器刮骨使用微痕的多阶段成形轨迹

一些学者也曾针对"刮骨"动作产生的使用痕迹进行过实验和研究。Odell 用 Burlington 燧石将狗肉从骨头上刮掉的实验结果为:破损严重,片疤以大、中型片疤为主,终端多呈阶梯状和卷边状,伴有少量羽翼状和折断状;接

触面出现光泽。① 沈辰采用 Onondaga 燧石的实验结果表明,刮骨工具的刃部会很快出现磨圆,毛糙光泽,偶见擦痕,中型羽翼状或阶梯状终端片疤连续或丛簇式分布。② 侯亚梅以山西寿阳黑色燧石为石料,采用扫描电镜高倍法分析的实验结果表明,刮骨标本的光泽集中于边、刃局部,较暗,擦痕稀疏、微弱,阶梯状终端典型,接触面出现以脊相隔的宽疤,端部浅坑具有指向性。③ 夏竟峰关于燧石刮削器的系统微痕实验和上述实验结果相近,认为刮骨标本光泽产生比较快,呈金属光泽。④ 张晓凌等人针对刮削动作的微痕实验报告认为,刮骨产生的使用痕迹以阶梯状和羽翼状终端片疤为多,连续分布,多存在磨圆和层叠现象,其程度和范围因使用强度有所区别。⑤ 曲彤丽等人对骨质加工的微痕实验报告结果则略有不同,提出刮骨会产生中型羽翼状、阶梯状和少量折断状终端片疤,重叠或不均匀分布,磨蚀不十分强烈。⑥ 诸多研究中,除有关小微疤和羽翼状终端的出现和频率的讨论不太一致以外,其他基本相似。

由于使用痕迹的发生机制与石片的发生机制相近,Schiffer 曾经假设,持续使用的程度会影响使用痕迹的变化:片疤现象可能产生于早期阶段,随后减弱;磨圆和光泽虽然从一开始就会产生,但是在后期阶段终将成为主导。⑦ 在最近关于虎头梁石制品研究的一篇博士论文中,张晓凌基于实验提出,"破损痕迹是动态变化的,曾经存在的破损微疤有时会在后来的使用过程中被磨蚀而消失不见……而磨圆则是叠加的,随着使用程度的增加,磨圆程度也在

① Odell, G. 1996. *Stone Tools and Mobility in the Illinois Valley: From Hunter-Gatherer Camps to Agricultural Villages*. Michigan: Ann Arbor.

② Shen, C. 2001. *The Lithic Production System of the Princess Point Complex during the Transition to Agriculture in Southwestern Ontario, Canada*. Oxford: BAR International Series 991.

③ 侯亚梅:《考古标本微磨痕初步研究》,《人类学学报》1992 年第 4 期。

④ 夏竟峰:《燧石刮削器的微痕观察》,《中国历史博物馆馆刊》1995 年第 1 期。

⑤ 张晓凌、王春雪、张乐等:《刮削使用方式实验与微痕分析报告》,见高星、沈辰主编:《石器微痕分析的考古学实验研究》,科学出版社 2008 年,第 83—106 页。

⑥ 曲彤丽、梅惠杰、张双权:《骨质加工对象实验与微痕分析报告》,见高星、沈辰主编:《石器微痕分析的考古学实验研究》,科学出版社 2008 年,第 61—82 页。

⑦ Schiffer, M. 1979. The place of lithic use-wear studies in behavioral archaeology. In: Hayden, B. (Ed), *Lithic Use-wear Analysis*. London: Academic Press, pp. 15-25.

不断加强"①。

多阶段实验的图像对比和数据统计表明,刮骨产生的使用痕迹会随着使用时间长度的递增发生十分复杂的动态变化,但是并非简单的正函数关系。一方面,实验使我们进一步认识,在一定使用时间内,片疤破损形态是微痕观察与分析中重要的、可靠的元素。但是,当微痕形成到一定阶段不再继续产生中大型片疤,磨圆就取而代之成为识别微痕的重要元素。本次实验还表明,正如其他学者预见的那样,当片疤发展到一定程度之后,后生成的片疤会"消灭"(或称"覆盖"更为贴切)已有的使用痕迹。② 刮骨行为最终产生的使用痕迹基本特征和其他学者的实验结果类似,之所以不同学者在描述上有细微差别,可能并非错误或偏差,而是由于他们的实验处于不同阶段(即不同使用时间长度),观察到的现象分属不同阶段。

七　结　论

经过多阶段的实验和数理统计分析,本研究证实使用微痕的形成与发展确实随着使用时间的延长,表现出复杂的动态轨迹。刮骨单一"作用任务"所产生的使用微痕特征及规律如下:

(1)前期和中期阶段的微痕特征主要表现为片疤破损,且以浅平、卵圆形、羽翼状终端的大、中、小型片疤为多。卷边状和阶梯状终端呈现增长趋势。

(2)后期阶段的微痕特征主要表现为磨圆与光泽,其分布范围与程度都逐渐增加。同时,片疤几乎停止生成。

(3)使用生成的极少量的大型片疤,以羽翼状终端为多,中、小型片疤则以卷边状和阶梯状为多。随着片疤生成速率的降低,新生成片疤的尺寸越来越小,三个阶段累积最终呈现的片疤破损形态以卷边状和阶梯状的大、中型片疤为典型。

(4)刃缘角、片疤侵入距离和使用时间长短之间存在相应比例关系。刃

---

①　张晓凌:《石器功能与人类适应行为:虎头梁遗址石制品微痕分析》,中国科学院古脊椎动物与古人类研究所 2009 年博士论文。

②　谢礼晔、李意愿、王强等:《钻孔使用方式实验与微痕分析报告》,见高星、沈辰主编:《石器微痕分析的考古学实验研究》,科学出版社 2008 年,第 107—144 页。

缘角一定时,二者成正比关系;工作角一定时,二者也成正比关系。随着使用时间的延长,二者逐渐失去明显的对应关系。

实验研究表明,"刮骨"使用微痕随着使用时间长度的递增发生复杂的动态变化,使用微痕的发展与使用时间之间并非简单的正函数关系。片疤破损自开始在一定时间段内呈连续发生状态,随后停止发展,是确认石制品是否经过使用的良好指示。磨圆和光泽虽然不十分明显,但表现出由少到多、由弱及强的逐渐发育过程,可以反映石制品的使用时间和强度。针对"刮骨"动作而言,如果石制品仅仅使用了一段时间,可通过观察片疤破损形态来辨识微痕。但是,当动作进行到一定阶段时,由于不再继续产生中大型片疤,磨圆就取而代之成为识别微痕的重要元素。

使用微痕的形成和发展是复杂的动态过程,是从考古标本中无法获得的信息。多阶段的实验和图像处理,无疑是了解使用微痕发展轨迹的有效手段,也是解释其发生机制的途径之一。考古标本上的微痕远比想象的更为复杂,分阶段实验及其结果将为我们提供微痕形成全过程的参照数据与图像。因此,本实验有助于观察者在实际分析中辨认出处于不同使用程度或使用阶段的微痕,特别是减少对不明显微痕的误读或遗漏。作为微痕研究的新方向和新尝试,本实验也为了解石制品的多功能使用痕迹提供了新的思路。

同时,本研究仅限于单一动作和单一加工材料,分析结果具有一定的局限性。鉴于多元化的考古标本和千差万别的史前人类适应方式,文中结论是否可以类推至其他动作或加工材料,以及如何应用于考古标本的观察和研究,还有待进一步的实验工作和数理分析。随着视野的拓宽和标准的完善,相信微痕研究将为阐释史前人类的适应行为提供更多的依据。

(陈虹、张晓凌、沈辰合作,原刊《人类学学报》2013 年第 1 期)

石英岩石器加工骨质材料的微痕实验研究

　　石器使用痕迹的显微观察,即微痕研究①,是石器分析的一种方法。同一种工具,以不同使用方式加工同一种对象时,产生的痕迹是不同的;以相同使用方式加工不同对象时,产生的痕迹也是不同的。判断和鉴别以何种使用方式加工何种材料所产生的不同痕迹特点是微痕研究的基本目的。

　　微痕研究的基本方法是通过实验,按照工具可能的使用方式进行模拟使用,再用显微镜观察使用痕迹,归纳出不同使用方式产生的不同痕迹以及加工不同对象产生的不同痕迹之特征,据此建立起一套参考标准。继之,运用"逆向类推"的方法,对照参考标准,对发掘出土的石器进行对比研究,从而获知人类行为方式等信息。

　　石英岩是石英含量大于85%的变质岩石,主要化学成分是二氧化硅(SiO_2),由砂岩和硅质岩经过区域变质作用重新结晶形成。石英岩硬度高,吸水较低,颗粒细腻,结构紧密,透光性好,有极好的耐高温性。但石英岩质地较脆,弯曲强度不佳,容易断裂。相比于燧石和黑曜岩来说,石英岩一般被认为是次级石料。

　　迄今为止,学者对于石英岩石器的微痕研究开展甚少。国内仅侯亚梅、黄蕴平、张晓凌等人的文章中偶有提及。② 20 世纪 80 年代,国外学者 S. Carole 曾用石英岩石器进行了刮新鲜牛皮、切割软性植物、雕刻和锯新鲜的动物骨

　　① (1) Semenov, S. (translated by Thompson, M.). 1964. *Prehistoric Technology: An Experiment Study of the Oldest Tools and Artifacts from Traces of Manufacture and Wear*. London: Cory, Adams & Mackay;(2) Keeley, L. 1980. *Experimental Determination of Stone Tool Uses*. Chicago: The University of Chicago Press; (3) Odell, G. 1980. Towards a more behavioral approach to archaeological lithic concentrations. *American Antiquity*,45(2): 404-431;(4) Shea, J. 1987. On accuracy and relevance in lithic use-wear analysis. *Lithic Technology*, 16(2-3): 44-50;(5) 高星、沈辰主编:《石器微痕分析的考古学实验研究》,科学出版社 2008 年;(6) 王小庆:《石器使用痕迹显微观察的研究》,文物出版社 2008 年。

　　② (1) 侯亚梅:《石制品微磨痕分析的实验性研究》,《人类学学报》1992 年第 3 期;(2) 黄蕴平:《小孤山骨针的制作和使用研究》,《考古》1993 年第 3 期;(3) 张晓凌、高星、沈辰等:《虎头梁遗址尖状器功能的微痕研究》,《人类学学报》2010 年第 4 期。

头及鹿角以及锯软木材和硬木材的实验,得到了一些微痕特征信息。[1] 1996年,P. Michael 等人又对弗吉尼亚州 4 处史前遗址中的石英岩标本进行了微痕观察[2]。

由于有关石英岩石器的微痕研究成果非常少,几乎没有进行过系统的实验研究,微痕特征及其规律并不清楚。许多分析者在面临石英岩微痕这一难题时,常常"望而却步",转而选择燧石和黑曜岩等相对容易观察和分析的原料类型开展研究。然而,石英岩硬度合适、分布广泛、易于获取,是旧石器时代遗址中的重要原料,更是我国诸多旧石器时代遗址中的主要原料。因此,开展这方面的微痕研究十分必要,如果长期搁置,将会造成这方面数据和信息的缺失,对于考古学研究将带来不小的影响。鉴于新近发现的乌兰木伦遗址存在对大量石英岩制品的研究需求,在相关研究成果的基础上,本研究设计了针对石英岩石器加工骨质材料进行系统微痕分析的实验性研究。

一 实验设计与实验过程

(一) 实验设计

本次研究旨在通过微痕实验,初步了解石英岩石器加工骨质材料的微痕分析特征,归纳基本规律,尝试构建石英岩石器的微痕数据与图像信息库,以便与考古标本进行对比观察与研究。具体目标有四点:

(1)了解石英岩石器加工新鲜骨质材料所产生的微痕特征;(2)了解不同使用方式所产生的微痕特征;(3)了解不同使用强度所产生的微痕特征;(4)归纳石英岩石器加工骨质材料的微痕鉴定规律。

本次实验选用 15 件均为锤击法生成的石片,未经二次修理,部分石片刃缘薄且锋利,透光性好。鉴于本次实验是配合乌兰木伦遗址的考古学研究而进行

① Carole, S. 1985. Microwear on quartz: fact or fiction? *World Archaeology*, 1:101-111.

② Michael, P., Dennis, K., Petar, G., et al. 1996. Immunological and Microwear Analysis of Chipped-Stone Artifacts from Piedmont Contexts. *American Antiquity*, 1:127-135.

的,故石料均采自乌兰木伦遗址第十地点。颜色有黑色、白色、黄褐色、红褐色,其中黑色及白色的石英岩颗粒较小,而黄褐色及红褐色的石英岩颗粒较大。

乌兰木伦遗址位于内蒙古鄂尔多斯地区,是一处重要的旧石器时代中期遗址,自 2010 年起由中国科学院古脊椎动物与古人类研究所和鄂尔多斯文物考古研究院共同发掘。① 遗址出土了较多的碎骨和具有明显切割痕迹以及人工打片痕迹的骨化石与骨制品,并发现用火遗迹与烧骨现象,推测该地区古人可能有加工和利用骨类物质的习惯。因此,此次实验的加工对象选用市场购得的冻牛骨,常温解冻后使用。考虑到古人对骨类物质可能采取的加工行为,本次实验选择了切、刮、钻、砍砸四种使用方式。

微痕观察仪器为 Olympus SZX16 体式显微镜,放大倍数 8.75 ~ 143.75 倍。观察过程中使用 Nikon EOS 600D 数码相机进行拍摄,Photoshop 软件进行图片处理与测量。

(二)分析项目

石器的微痕现象包括磨蚀和破损两大类。本次实验采用低倍法,以破损痕迹为主。磨蚀痕迹包括磨圆、光泽和擦痕。磨圆按严重磨圆、中度磨圆、轻度磨圆的不同程度进行记录。由于光泽需要在高倍法下才能清楚地观察到,未列入本次实验的重点观察项目。擦痕是石器在运动摩擦中形成的直线形条纹,具有方向性,是判断运动方向的重要依据。破损痕迹主要指微小疤痕,体现在微疤的大小、终端形态、分布形式和位置等,是低倍法主要的观察对象。微疤大小即单个微疤的尺寸,根据放大倍数可分为大(10 倍以下即可观察到)、中(10 ~ 20 倍可观察到)、小(20 ~ 40 倍可观察到)、极小(40 倍以上方可观察到)。② 微疤终端形态指微疤远端的纵剖面形态,包括羽翼状、卷边状、阶梯状和折断状四种。③ 微疤的分布形式包括连续分布、间隔分布、分散分布

---

① (1)侯亚梅、王志浩、杨泽蒙等:《内蒙古鄂尔多斯乌兰木伦遗址 2010 年 1 期试掘及其意义》,《第四纪研究》2012 年第 2 期;(2)王志浩、侯亚梅、杨泽蒙等:《内蒙古鄂尔多斯市乌兰木伦旧石器时代中期遗址》,《考古》2012 年第 7 期。

② 陈虹:《华北细石叶工艺的文化适应性研究——晋冀地区部分旧石器时代晚期遗址的考古学分析》,浙江大学出版社 2011 年。

③ Ho Ho Committee. 1979. The Ho Ho classification and nomenclature committee report. In: Hayden, B. (Ed), *Lithic Use-wear Analysis*. London: Academic Press, pp.133-135.

（无规律分布）和层叠分布（多层微疤交替出现）。

（三）实验过程

进行模拟实验之前，先记录石制品标本的基本信息，包括标本的类型、石质、颜色、是否有二次加工及刃缘角度等，以及石制品的长、宽、厚、重等数据。对标本整体外观拍照留底，采用"八分法"线描草图，以便记录使用部位。使用显微镜对即将使用的刃缘部分观察并拍照，以便使用之后进行对比。为便于对使用前后刃缘变化的观察，在无损情况下用白色修正液在即将使用的刃缘部位予以涂标。

使用实验开始前，对操作者的执握方式拍照记录。单件标本的使用由同一人完成，并保持同样的使用部位、使用方式、操作姿势、方向以及用力程度。为确保操作者在实验中能以相似的速率和力度操作，实验设计为3分钟一个阶段，共计使用12分钟后停止。每进行3分钟暂停一次，记录使用次数、使用情况等，然后继续实验过程。如果标本在使用过程中出现严重损坏，即结束实验。

实验中要详细记录每件标本的运动状态①，包括单次动作长度、动作频率、动作耗时和动作次数。单次动作长度指每次使用后在加工对象上留下的长度。动作频率指在单位时间（以"分钟"计）内的运动次数，能反映运动的持续性与力度的大小。动作耗时指完成实验的总时间。动作次数指完成实验时以同一动作使用标本的总次数。

选取5件标本进行分阶段实验。为了更清楚地观察到每个阶段石制品刃缘部分片疤的破损情况，采用粉色指甲油和普通洗甲水作为辅助材料。同样以3分钟为一个阶段，在每次使用前将指甲油涂抹在使用部位，使用后进行拍照记录，用醋酸清洗后进行显微观察与记录。观察后用洗甲水清洗，重复实验步骤。②

---

① 方启：《吉林省东部地区黑曜石微痕研究》，吉林大学2009年博士论文。
② 陈虹、张晓凌、沈辰：《石制品使用微痕多阶段成形轨迹的实验研究》，《人类学学报》2013年第1期。

二　实验结果

本次实验标本 15 件,包括切骨 3 件,刮骨 4 件,钻骨 4 件,砍砸 4 件,每种使用方式至少设计 1 件进行分阶段实验,共计 15 处功能单位。下面将对每组实验中部分标本的微痕情况分别予以描述。

(一)切骨实验及微痕基本特征

3 件切骨标本的片疤相对均匀地分布在刃缘两侧,以大型的阶梯状、羽翼状片疤为主,有一部分中、小型片疤,层叠分布或连续分布,磨圆痕迹不明显。片疤均表现出明显的方向性,与使用时的运动方向相反,与刃缘大致呈 45°。

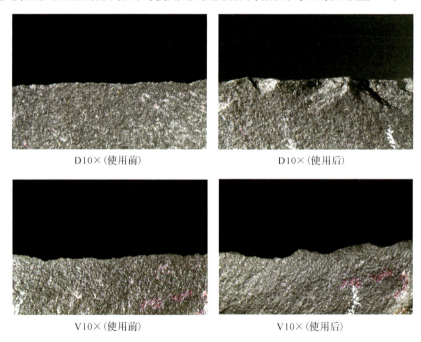

D10×(使用前)　　　　　　D10×(使用后)

V10×(使用前)　　　　　　V10×(使用后)

图 1　标本 BC7:4.1 的切骨微痕

上:背面有多处层叠分布的阶梯状大、中、小片疤,小片疤呈多向性,中片疤方向朝左。

下:腹面不连续分布阶梯状小片疤。刃缘磨圆中度。

微痕观察（图2）：使用3分钟后，背面连续、层叠分布大片疤，多为阶梯状，个别为羽翼状，片疤表现出一定的方向性；腹面连续分布阶梯状大片疤，刃缘处有粉碎状晶体；刃缘上片疤交错分布，磨圆不明显。使用6分钟后，背面磨圆加重，腹面上个别片疤变深。使用9分钟后，背面边缘中间位置崩落一处大片疤；右侧出现三个羽翼状中片疤；腹面边缘中间位置出现两个羽翼状大片疤，其中一个内套阶梯状中片疤。

图2　标本BC8:9.1的切骨微痕

a1、a2）使用前，无痕迹；b1）使用3分钟后，背面连续、层叠分布大片疤，多为阶梯状，个别为羽翼状，片疤表现出一定的方向性；b2）腹面连续分布阶梯状大片疤，刃缘处有粉碎状晶体；刃缘上片疤交错分布，磨圆不明显。使用6分钟后，背面磨圆加重，腹面上个别片疤变深。使用9分钟后，背面边缘中间位置崩落一处大片疤；右侧出现三个羽翼状中片疤；腹面边缘中间位置出现两个羽翼状大片疤，其中一个内套阶梯状中片疤。

（二）刮骨实验

标本 C25，长 80.6mm，宽 53.4mm，厚 39.4mm，重 202g。使用部位 PC2-3，使用刃长 37.1mm，刃角 69°。单次动作长度 8 ~ 9cm，动作频率为 131 次／分钟，动作耗时 9 分钟，动作总次数 1179 次。

微痕观察（图 3）：使用后，背面出现两个阶梯状大片疤，其间嵌套阶梯状中、小片疤，方向多垂直于刃缘。腹面出现一个凹缺。刃缘磨圆严重。

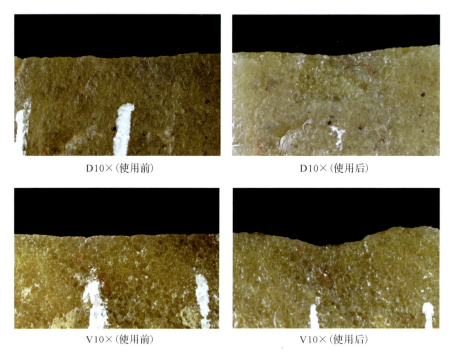

D10×（使用前）　　　　　　　　D10×（使用后）

V10×（使用前）　　　　　　　　V10×（使用后）

图 3　标本 C25 的刮骨微痕

（三）钻骨实验

该组实验标本四件，分别为 BC7:13.1，12EKBC7-1:7.1，C15:6.1，C15:16.2。

1. 标本 12EKBC7-1:7.1

长 69.4mm，宽 40.5mm，厚 14.2mm。使用部位 PC8，刃角 34°，分阶段实验。顺时针单向旋转，单次动作长度接近 180°，动作频率 29 次／分钟，动作耗时 9 分钟,动作总次数 263 次。

微痕观察(图 4):使用 3 分钟后,尖部严重磨圆,有较大崩裂;三条脊及尖部的大片疤经过多次崩裂,有阶梯状和羽翼状,内套羽翼状小片疤。使用 6 分钟后,尖部崩裂更趋严重,伴有粉碎状晶体,磨圆严重;腹面左侧刃出现一羽翼状大片疤,严重磨圆。使用 9 分钟后,尖部变钝,粉碎状晶体增多,磨损严重,磨圆严重;背面出现大量粉碎状晶体左侧刃新出现一较深的凹槽,靠近尖部处磨损严重;腹面左侧刃片疤变深,有大量粉碎状晶体,磨损严重,右侧刃新出现一个羽翼状小片疤。片疤主要出现在各面的右侧刃上。

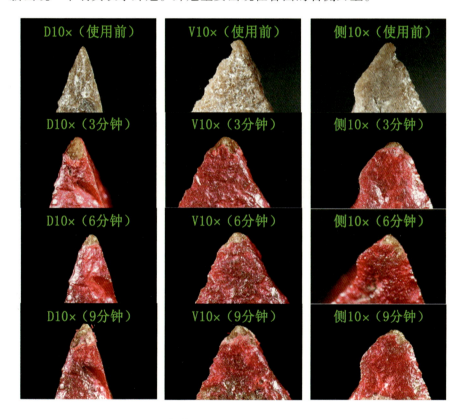

图 4   标本 12EKBC7-1:7.1 的钻骨微痕

2. 标本 C15:16.2

长 34.5mm。宽 31.1mm,厚 16.6mm,重 13g。使用部位 PC8-1,刃角 15°,分阶段实验。双向往复旋转,单次动作长度单向旋转接近 180°,动作频率 67

次/分钟,动作耗时 9 分钟,动作总次数 602 次。

　　微痕观察(图 5):使用 3 分钟后,尖部明显变钝;侧刃靠近尖部处有阶梯状大或中片疤,边缘连续分布小片疤,出现粉碎状晶体,严重磨圆;三个面上不规则分布中小片疤。使用 6 分钟后,尖部变钝;腹面左侧刃磨圆加重,左侧刃片疤内粉碎状晶体消失。使用 9 分钟后,尖部损耗,但不明显,有粉碎状晶体;侧面靠近尖部处有一阶梯状中片疤,伴有粉碎状晶体;三条侧刃均有严重磨圆。

图 5　标本 C15:16.2 的钻骨微痕

(四)砍砸骨实验

1. 标本 12EKBC7:石核

　　长 63.4mm,宽 47.6mm,厚 34.9mm,重 111g。使用部位刃缘锋利处,使用刃长 35.5mm,刃角 63°。动作频率 114 次/分钟,动作耗时 12 分钟,动作总次数 1371 次。

微痕观察(图6):使用后,腹面上有多处崩裂,刃缘呈凹状,连续分布的大片疤多为阶梯状,内部层叠分布阶梯状中片疤;刃缘左侧连续分布三个卷边状大、中片疤,片疤内伴有大量粉碎状晶体。背面有两个阶梯状中片疤,有粉碎状晶体。刃缘严重磨圆。

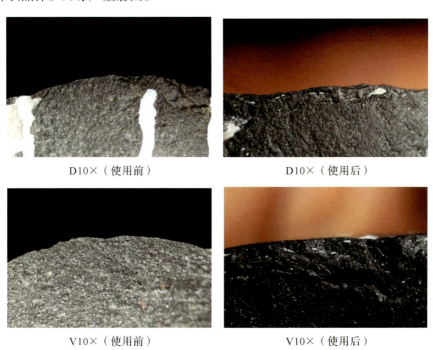

D10×（使用前）　　　　　　　　　　D10×（使用后）

V10×（使用前）　　　　　　　　　　V10×（使用后）

图6　标本12EKBC7:石核的砍砸骨微痕

2. 标本 BC8:石核

长 47.8mm,宽 45.7mm,厚 27.3mm,重 77g。使用部位刃缘较薄处,使用刃长 33.8mm,刃角 65°,分阶段实验。动作频率 41 次/分钟,动作耗时 9 分钟,动作总次数 368 次。

微痕观察(图7):使用 3 分钟后,腹面上有大崩裂,层叠分布卷边状大片疤,内嵌卷边状和阶梯状中片疤,右侧刃有卷边状大片疤,内有粉碎状晶体;背面左侧有两个阶梯状大片疤,内部层叠分布阶梯状和羽翼状小片疤,右侧连续分布阶梯状大片疤,内有粉碎状晶体;刃缘严重磨圆。使用 6 分钟后,腹面指甲油几乎全部脱落,层叠分布阶梯状大片疤,有个别为卷边状,内有粉碎状晶体,有方向;背面间隔分布羽翼状大片疤,有方向;刃缘凸起处严重磨圆。

使用 9 分钟后,背面边缘零星分布粉碎状晶体,中间有阶梯状和羽翼状中片疤,个别内套羽翼状小片疤;腹面连续分布阶梯状大片疤,侵入度浅,部分内部层叠分布阶梯状中片疤;刃缘片疤集中处磨圆严重,并伴有粉碎状晶体。

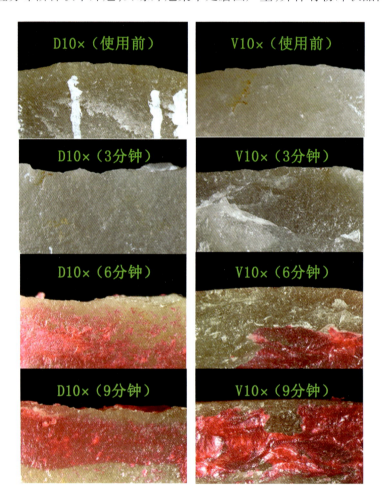

图 7 标本 BC8:石核的砍砸骨微痕

三 分析与讨论

(一) 石英岩石制品加工骨质材料的基本微痕特征

实验结果表明,加工硬性的骨质材料,会在石英岩石制品的使用部位上留下比较明显的破损痕迹,部分痕迹能以肉眼识别。

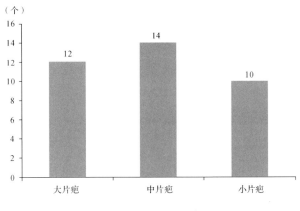

图8 片疤尺寸统计

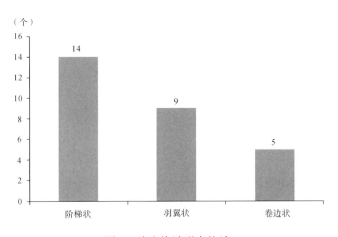

图9 片疤终端形态统计

石英岩石器加工骨质材料时,在使用部位留下的痕迹以大、中型片疤为主(图8)。片疤终端形态以阶梯状为主,少量羽翼状,以及个别卷边状(图

9）。片疤的分布形式以层叠式为主（$N=10,P=66.7\%$），其中多件标本出现多处连续分布的层叠式片疤的情况。磨圆以严重磨圆为主（$N=9,P=60\%$），2件标本中度磨圆，1件轻度磨圆，其余3件标本未能观察到清晰的磨圆痕迹。磨圆位置主要出现在石制品的刃脊上（$N=11,P=73.3\%$）。几乎所有标本使用部位都出现大量密集的粉碎状晶体，可能是石英岩石器加工骨质材料时所产生的特殊现象。

4件砍砸标本的刃缘均出现较大的崩裂，易于肉眼识别。总体呈现出以阶梯状为主，少量羽翼状及卷边状的大、中型片疤，片疤分布形式均为层叠分布，磨圆以严重磨圆为主。由于不同使用者的力量不同，刃缘厚度与角度不同等原因，各标本的使用效率有所区别，所产生的微痕也有所差异。3件标本上观察到卷边状片疤，可能与石料密度及硬度的细微差异有关。

3件切骨标本的片疤相对均匀地分布在刃缘两侧，以大型的阶梯状、羽翼状片疤为主，有一部分中、小型的片疤，层叠分布或连续分布，磨圆痕迹不明显。片疤均表现出明显的方向性，与使用时的运动方向相反，与刃缘大致呈45°。

4件刮骨标本的微痕多出现在非接触面上，以阶梯状中型片疤为多，羽翼状中型片疤次之，有少量大片疤与小片疤，片疤分布较为分散。4件标本的磨圆程度略有差异，标本 C25 与标本 12EKAC3：19.1 出现严重磨圆，标本BC7:1.1刃脊上为中度磨圆，背面出现轻度磨圆，标本 C25:16.1 的磨圆痕迹不明显。结合各标本的使用效率来看，效率较低者磨圆严重，效率较高者磨圆痕迹不明显。

4件钻骨标本的片疤以阶梯状为主，有少量羽翼状，卷边状极少。羽翼状片疤的分布没有规律，单独出现或分散出现。阶梯状片疤以层叠或连续分布为主。大、中、小片疤均有出现，以大型片疤相对多一点。尖部在使用后变圆钝，实验结束后尖部有损坏的迹象，均为严重磨圆。"钻"是一个三维使用方式，石制品在运动中的受力情况较之砍砸、切、刮等二维使用方式要复杂得多。结合运动情况分析，单向旋转标本的微痕普遍出现在每个刃脊的一面，往复旋转标本刃脊的两面上则都有微痕。

（二）分阶段实验的基本微痕特征

从5件标本分阶段实验的结果来看，石英岩石器在加工骨质材料的过程中,新产生的片疤尺寸呈递减趋势。S1 阶段以大、中型片疤为主,S2 和 S3 阶段产生的大型片疤越来越少,转而以中、小型片疤居多。在片疤数量方面,S1 阶段片疤集中产生,随着使用时间的增加,片疤生成速率逐渐降低。在片疤分布形式方面,S1 阶段生成的片疤以连续分布或层叠分布为主,之后新产生片疤的主要分布方式由连续分布转变为分散分布,S3 阶段仅在刃缘上看到零星片疤。

磨圆程度以及磨圆出现的时间因不同的使用方式而有所不同。在砍砸和钻骨的实验中,S1 阶段即可出现严重磨圆,至 S3 阶段依然保持严重磨圆。刮骨实验中,从始至终都能观察到中度磨圆,至 S3 阶段还可在非接触面上观察到轻度磨圆。切骨实验中,自 S2 阶段开始出现轻度磨圆。在石英岩石器加工骨质材料的过程中,磨圆的产生经历了由轻到重的递增过程。

(三) 与其他石料加工骨质材料的微痕比较

关于加工骨质材料的石器微痕分析,国内外许多学者已经做过相关的实验研究,多以燧石和黑曜岩为研究对象。

李卫东有关燧石尖状器钻骨的实验表明,尖部容易崩损,钻孔效率低,磨痕不明显,以阶梯状小型片疤为主。[1] 侯亚梅的实验显示,加工新鲜骨头容易发生破损,刮和砍劈等使用方式会产生有方向性的破损。[2] 沈辰的实验表明,加工硬性材料产生微疤的典型特征是阶梯状、毛糙或崩碎的大、中型片疤。[3] 夏竞峰所做的大量锯骨实验结果表明,锯骨头很容易产生不规则、相互重叠的大片疤,疤痕在刃缘两面都比较均匀分布,工具在短时间里就发生比较严重的磨圆。[4] 曲彤丽等人的实验显示,加工骨质材料都会对工具的使用部位造成破坏性损伤,主要表现为大中型阶梯状片疤、少量羽翼状及卷边状片疤,分布杂乱、密集。刃缘的磨圆程度从严重、中度至轻度不等,他们认为这可能

① 李卫东:《燧石尖状器的实验研究》,见北京大学考古系编:《考古学研究(一)》,文物出版社1992 年。
② 侯亚梅:《石制品微磨痕分析的实验性研究》,《人类学学报》1992 年第 3 期。
③ 沈辰、陈淳:《微痕研究(低倍法)的探索与实践——兼谈小长梁遗址石制品的微痕观察》,《考古》2001 年第 7 期。
④ 夏竞峰:《燧石刮削器的微痕观察》,《中国历史博物馆馆刊》1995 年第 1 期。

与工具的使用时间和动作频度有关。[1] 对比发现,石英岩石器与燧石石器加工骨质材料所产生的微痕基本相似。石英岩石器加工骨质材料不仅产生阶梯状片疤,还有部分羽翼状及卷边状片疤,片疤尺寸也涵盖大、中、小型三种。不同的是,石英岩石器在加工骨质材料时,使用部位经常会出现大量的粉碎状晶体,在燧石石器上却未曾发现(表1)。

方启曾对黑曜岩石器加工骨质材料的微痕特征规律进行过归纳。他的实验结果表明,切骨多产生连续的折断状片疤,部分羽翼状片疤,刃缘迅速变钝,效率尚可;刮骨会产生层叠分布的片疤,长时间使用后刃缘变钝,效率降低;钻骨过程中刃缘顶端变圆钝,两侧端崩裂痕较多,整个刃部呈现一个不断"造尖"同时钝化尖顶部的过程,使用效率较低。这与本次实验有较大差异,表明石英岩与黑曜岩在使用效率、磨圆情况、片疤终端形态上均存在不同(表1)。

表1 不同石料加工骨质材料的微痕对比

对比项目		石英岩	燧石	黑曜岩
片疤破损	尺寸	大、中、小	大、中	
	分布	层叠分布	层叠分布	层叠分布
	终端	阶梯状、羽翼状、少量卷边状	阶梯状、羽翼状、少量卷边状和折断状	折断状、羽翼状
磨蚀痕迹	位置	刃脊	刃脊	刃脊
	磨圆	以严重磨圆为主	从严重、中度到轻度不等	刃缘圆钝
其他		片疤破损处有大量粉碎状晶体		

四 结 论

根据本次实验的结果,可以初步了解关于石英岩石器加工骨质材料的微痕鉴定特征及其规律:

---

① 曲彤丽、梅惠杰、张双权:《骨质加工对象实验与微痕分析报告》,见高星、沈辰主编:《石器微痕分析的考古学实验研究》,科学出版社2008年,第61—82页。

（1）石英岩石器在加工骨质材料时，使用部位会产生较大破损，部分痕迹能用肉眼直接看到。片疤破损以大、中型片疤为主，终端形态多为阶梯状和羽翼状，偶见卷边状，以层叠分布为主，部分样本上出现连续、层叠分布的片疤。磨圆程度以严重磨圆为主。

（2）使用方式对片疤的分布位置、分布形式、终端形态等产生影响。在相同的使用方式下，片疤的形态、大小、分布方式及磨圆较为一致；由于实验过程中的偶然因素，也可能出现细微差别。

砍砸骨的微痕以阶梯状为主，少量羽翼状及卷边状的大、中型片疤，片疤分布形式均为层叠分布，磨圆以严重磨圆为主。切骨的微痕相对均匀地分布在刃缘两侧，以大型阶梯状、羽翼状片疤为主，有一部分中、小型的片疤，层叠分布或连续分布，磨圆痕迹不明显；片疤均表现出与动作相一致的明显方向。刮骨的微痕多出现在非接触面上，以阶梯状中型片疤为多，羽翼状中型片疤次之，有少量大片疤与小片疤，片疤分布较为分散。钻骨的片疤以阶梯状为主，有少量羽翼状，卷边状极少，阶梯状片疤以层叠或连续分布为主；尖部在使用后变圆钝，磨圆严重；单向旋转标本的微痕通常出现在每个刃脊的一面，往复旋转标本的刃脊则两面都有微痕。

（3）石英岩石器加工骨质材料时，常在刃缘处发现大量密集的粉碎状晶体，可以作为判断石英岩石器加工此类材料的依据之一。

（4）分阶段实验表明，石英岩石器在加工骨质材料的过程中，片疤在第一个阶段集中产生，且多为大、中型片疤，随着使用时间的增加，片疤产生的数量逐渐变少，产生的多为中、小型片疤。磨圆随着时间的推移逐渐加重，经历了由轻到重的递增过程。

任何实验都无法完全复原理想的"原始环境与条件"，只能从中寻求一些规律性的东西，寻找对探究古人的行为有助的灵感与启示。考古标本上的微痕远比想象的更加复杂，模拟实验为我们提供辨别微痕特征以及探究古人类行为的参考标准。本次实验能够帮助研究者在实际观察中更多地辨别石英岩石制品加工骨质材料的微痕特征，为深入研究古人类的行为提供证据。

（陈虹、汪俊、连蕙茹等合作，英文版原刊 *Quaternary International* 2017 年第 434 期）

石英岩石器装柄微痕的实验研究

　　给石器装柄,将独立的工作刃和手柄组合在一起的工具被称为复合工具。装柄行为和复合工具通常被认为是现代人(晚期智人)行为的重要特征。①

　　一般而言,复合工具的手柄主要由木头和骨头等材料制成,此类有机物仅在个别考古遗址中得以保存下来。因此,在缺乏直接证据的情况下,如何辨认装柄行为及其要素成为旧石器研究的一个问题。目前学界广泛采用的方法是借助民族考古学对装柄工具的研究,进行模拟装柄实验,并在此基础上,采用微痕分析的方法,结合类型学和残渍物分析等手段对保存在考古标本上的装柄痕迹进行观察和辨认。

一　关于装柄微痕的研究

　　与使用微痕②同理,石制品经过装柄后,其表面或边缘的微观形状可能会因装柄有所变化,并且形成不同于使用微痕的特定痕迹,即装柄微痕。在实验方面,G. Odell 在 1978 年就对装柄痕迹有所关注,认为小型磨光点,固定位

　　①　(1)Klein, R. 2000. Archaeology and the evolution of human behavior. *Evolution Anthropology*, 9: 17-36;(2)Wynn, T. 2009. Hafted spears and the archaeology of mind. *Proceedings of the National Academy of Sciences of the United States of America*, 106:9544-9545;(3)Ambrose, S. 2010. Coevolution of composite tool technology, constructive memory, and language. *Current Anthropology*, 51:135-147.

　　②　Semenov, S. (translated by Thompson, M.). 1964. *Prehistoric Technology*: *An Experiment Study of the Oldest Tools and Artifacts from Traces of Manufacture and Wear*. London: Cory, Adams & Mackay.

置的破损及擦痕可能是装柄的直接证据。① 基于实验,2004 年,Rots 制作了400 件执握标本进行微痕实验,认为痕迹的具体形态和分布模式与装柄方式有直接关系,并且通过"盲测"证明了微痕分析在辨认装柄行为上的有效性。②

考古材料方面也有所进展,G. Odell 从美国伊利诺斯流域各地 6000 余件标本上辨识出 312 个清晰的装柄功能区,并指出了装柄痕迹和手握痕迹的不同。③ 2006 年 Rots 从苏丹 8-B-11 遗址的石制品上辨认出石器装柄痕迹,首次将装柄行为的出现追溯至 20 万年前,为考古学家认识古人类的装柄行为提供了宝贵资料。④ Lombard 对南非 6 万年前的 Sibidu 洞穴出土的 16 件细石叶石英岩琢背工具进行微痕分析及残留物分析,确认了装柄痕迹,并推测捆绑材料可能是麻线,认为弓箭技术已经出现。⑤ 同时,高分子分析发现装柄黏合物系由香槐混合了石英岩颗粒和碎骨组成。⑥ 自 2004 年开始,中国学者也开展了有关装柄微痕的实验研究和考古学分析。⑦

近几年来,学者先后在德国 Micoquian 遗址和法国 Biache-Saint-Vaast 遗

① Odell, G. 1980. Towards a more behavioral approach to archaeological lithic concentrations. *American Antiquity*, 45(2):404-431.

② (1)Rots, V. 2004. Prehensile wear on flint tools. *Lithic Technology*, 29:7-32;(2)Rots, V., Pirnay, L., Pirson, P., et al. 2006. Blind tests shed light on possibilities and limitations for identifying stone tool prehension and hafting. *Journal of Archaeological Science*, 33:935-952.

③ Odell, G. 1994. Prehistoric hafting and mobility in the North American Midcontinent: Examples from Illinois. *Journal of Anthropological Archaeology*, 13:51-73.

④ Rots, V., Philip, V. 2006. Early evident of complexity in lithic economy: core-axe production, hafting and use at Late Middle Pleistocene site 8-B-11. Sai Island(Sudan). *Journal of Archaeological Science*, 33:360-371.

⑤ Lombard, M. 2005. Evidence of hunting and hafting during the Middle Stone Age at Sibidu Cave, KwaZulu-Natal, South Africa: A multi-analytical approach. *Journal of Human Evolution*, 48:279-300.

⑥ Charrié-Duhaut, A., Porraz, G., Cartwright, C., et al. 2013. First molecular identification of a hafting adhesive in the Late Howiesons Poort at Diepkloof Rock Shelter(Western Cape, South Africa). *Journal of Archaeological Science*, 40:3506-3518.

⑦ (1)赵静芳、宋艳花、陈虹等:《石器捆绑实验与微痕分析报告》,见高星、沈辰主编:《石器微痕分析的考古学实验研究》,科学出版社 2008 年,第 145—176 页;(2)崔天兴、杨琴、郁金城等:《北京平谷上宅遗址骨柄石刃刀的微痕分析:来自环境扫描电镜观察的证据》,《中国科学:地球科学》2010 年第 6 期。

址出土的石器上辨认出 11.8 万～12.5 万年前和 20 万年前的装柄痕迹。[①]
2012 年,Wilkins 等人在南非 Kathu Pan 1 遗址的尖状器上发现了 50 万年前的
装柄痕迹,是迄今已知的最早证据。[②]

石英岩是石英含量大于 85% 的变质岩石,由砂岩和硅质岩经区域变质作
用重结晶形成,一般为块状构造。[③] 和燧石和黑曜岩等优质石料相比,石英岩
质地较脆,弯曲强度不佳,容易断裂,想要加工成规整、精美的工具较为困难,
一般视作次级石料。[④] 由于硬度高、吸水性低、颗粒细腻、结构紧密、耐高温等
优质性能,石英岩成为旧石器时代人类广泛使用的一种重要石器原料。

但是,目前国内外针对石英岩质石器开展的微痕研究较少,仅个别学者
进行了尝试[⑤],尚未建立系统的数据参考体系。石英岩打制石器微痕数据的
缺乏,将限制对以石英岩为主要原料的遗址开展石器功能分析;缺乏对石英
岩装柄痕迹的微痕研究,将影响对中国旧石器遗址中装柄行为的辨认与判
断,同时也影响遗址分析的深入开展。因此,尽快开展对石英岩石器装柄微
痕实验研究具有极高的紧迫性与重要性。

二 实验设计与实验过程

本课题系国内首次针对石英岩石器装柄现象系统开展的微痕实验研究,

---

① (1)Pawlik, A., Thissen, J. P. 2011. Hafted armatures and multi-component tool design at the Micoquian site of Inden-Altdorf, Germany. *Journal of Archaeological Science*, 38: 1699-1708;(2)Rots, V. 2013. Insights into early Middle Palaeolithic tool use and hafting in Western Europe. The functional analysis of level IIa of the early Middle Palaeolithic site of Biache-Saint-Vaast(France). *Journal of Archaeological Science*, 40:497-506.

② Wilkins, J., Schoville, B., Brown, K. 2012. Evidence for early hafted hunting technology. *Science*, 338:942-946.

③ 邓绶林、刘文彰:《地学词典》,河北教育出版社 1992 年。

④ 高星、裴树文:《中国古人类石器技术与生存模式的考古学阐释》,《第四纪研究》2006 年第 4 期。

⑤ (1)Carole, S. 1985. Microwear on quartz: fact or fiction? World Archaeology, 1:101-111. (2)Michael, P., Dennis, K., Petar, G., et al. 1996. Immunological and Microwear Analysis of Chipped-Stone Artifacts from Piedmont Contexts. *American Antiquity*, 1:127-135. (3)黄蕴平:《小孤山骨针的制作和使用研究》,《考古》1993 年第 3 期;(4)Chen, H., Hou, Y-M., Yang, Z. M., et al. 2014. A preliminary study on human behaviour and lithic function at the Wulanmulun site, Inner Mongolia, China. *Quaternary International*, 347:133-138.

拟通过模拟微痕实验的方法,观察石英岩石器在装柄后产生的微痕特征,并总结规律,以期将结果运用到考古标本的观察中,为今后对此类考古标本的功能分析提供必要的参考数据,帮助更准确地判断考古标本的装柄情况。

(一)实验设计

为更好地结合乌兰木伦遗址[①]出土标本的考古学分析,本实验选用石料采自内蒙古鄂尔多斯乌兰木伦河流域。装柄实验全部采用了未经修理的标本,以避免修理疤痕对于装柄痕迹的干扰。另外,为适于装柄,本次实验采选的装柄标本较普通打制石器更小、更薄。19件标本均为锤击法生成的石片,未经二次修理,部分石片刃缘薄且锋利,透光性好。鉴于本次实验是配合乌兰木伦遗址的考古学研究而进行,故石料均采自此遗址附近。颜色有黑色、白色、黄褐色、红褐色,其中黑色及白色的石英岩颗粒较小,而黄褐色及红褐色的石英岩颗粒较大。

本次实验采用低倍法,采用 Olympus SZX16 体式显微镜(8.75～143.75倍)、Nikon SMZ800 体式显微镜(10～63倍)和 Keyence VHX-2000 超景深三维体式显微镜(50～100倍)进行显微观察与拍摄,Photoshop 软件进行图片处理与测量。主要的分析项目为破损痕迹及磨圆。破损痕迹主要是指微小疤痕,主要的观察要素是微疤大小[②]、终端形态[③]、分布形式[④]和位置等。根据 Rots 的研究,亮点(bright spot)有助于判断装柄痕迹。[⑤] 本次实验将视情况对其进行观察。磨圆按严重磨圆、中度磨圆、轻度磨圆的不同程度进行记录。

[①]　(1)侯亚梅、王志浩、杨泽蒙等:《内蒙古鄂尔多斯乌兰木伦遗址2010年1期试掘及其意义》,《第四纪研究》2012年第2期;(2)王志浩、侯亚梅、杨泽蒙等:《内蒙古鄂尔多斯市乌兰木伦旧石器时代中期遗址》,《考古》2012年第7期。

[②]　陈虹:《华北细石叶工艺的文化适应性研究——晋冀地区部分旧石器时代晚期遗址的考古学分析》,浙江大学出版社2011年。

[③]　Ho Ho Committee. 1979. The Ho Ho classification and nomenclature committee report. In: Hayden, B. (Ed), *Lithic Use-wear Analysis*. London: Academic Press, pp.133-135.

[④]　张晓凌:《石器功能与人类适应行为:虎头梁遗址石制品微痕分析》,中国科学院古脊椎动物与古人类研究所2009年博士论文。

[⑤]　Rots, V. 2003. Towards an understanding of hafting: the macro-and microscopic evidence. *Antiquity*, 77:805-815.

根据孢粉分析[1]和动物遗存研究[2]，我们认为鄂尔多斯地区旧石器时代中期的先民可能采用草绳、动物皮作为捆绑材料，木柄或骨柄作为装柄原料。故本实验涉及材料为农贸市场购买的直径3mm左右的粗糙草绳，以及新鲜杨树枝、干柳树枝及水杉树枝。

根据 Rots 的实验，标本依形态分别采用"嵌入式（Male arrangement）"或"倚靠式（Juxtaposed arrangement）"的装柄方式，以及"平行式（Parallel）"或"交叉式（Cross）"的捆绑方式（图1）。

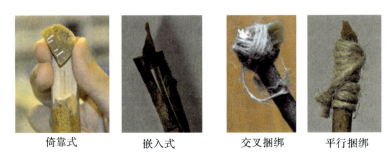

倚靠式　　　　嵌入式　　　　交叉捆绑　　　　平行捆绑

图1　装柄方式与捆绑方式示意图

（二）实验过程

依据石制品的特点和加工对象的特征，对石制品进行装柄和捆绑，并对基本情况予以记录，包括标本的类型、石质、颜色、尺寸、二次加工与否、刃缘角度等。对标本整体外观拍照留底，采用"八分法"[3]线描草图，以便记录装柄位置。为了解石英岩装柄痕迹的生成机制，本实验设计了两组对比项目，第一组装柄后经过使用，第二组装柄后不经过使用。

单件标本的使用由同一人完成，并保持同样的使用部位、使用方式、操作姿势、方向以及用力程度。拆除装柄后，将使用过的标本用白醋与清水的混

---

① 李小强、高强、侯亚梅等：《内蒙古鄂尔多斯乌兰木伦遗址 MIS3 阶段的植被与环境》，《人类学学报》2014年第1期。

② 王志浩、侯亚梅、杨泽蒙等：《内蒙古鄂尔多斯市乌兰木伦旧石器时代中期遗址》，《考古》2012年第7期。

③ Odell, G. 1979. A new improved system for the retrieval of functional information from microscopic observations of chipped stone tools. In: Hayden, B. (Ed). *Lithic Use-wear Analysis*. Academic Press, London, pp. 319-344.

合液清洗。晾干后进行显微观察,记录微痕特征,并对比装柄前后的变化,完成实验记录表和微痕记录表。

实验分两次进行,共计 18 件标本,其中 5 件装柄不使用,13 件装柄后使用。使用方式分为刮、钻、切、削和穿刺,加工对象以木质材料和中软性动物物质为主,使用时间视标本使用情况而定,为 3 ~ 30 分钟不等。

三 实验结果与分析

(一)装柄不使用的标本

共有 5 件标本在装柄一段时间后未经使用直接拆除装柄。对标本上可能产生装柄痕迹的区域,分别进行了使用前和使用后的微痕观察。

就装柄不使用的标本而言,装柄痕迹主要集中在两侧刃。微痕特征表现为不均匀或分散分布的小片疤或小凹缺,方向无特定规律。在一件"嵌入式"装柄标本的腹脊上发现较为明显的压痕(图 2)。

(二)装柄使用的标本

5 件标本在装柄后进行刮的动作,装柄痕迹主要集中在两侧刃缘和底部与木柄或绳索接触的地方,背脊上不见痕迹。底部有大片疤崩落,伴有轻度磨圆及疑似压痕,即所谓的"崩损疤痕"[①]。两侧刃的装柄微痕特征是不均匀分布的羽翼状小片疤或半月形(或柳叶形)小凹缺,伴有轻度至中度磨圆,偶见羽翼状中片疤,片疤略有方向性(图 3)。

---

① 赵静芳、宋艳花、陈虹等:《石器捆绑实验与微痕分析报告》,见高星、沈辰主编:《石器微痕分析的考古学实验研究》,科学出版社 2008 年,第 145—176 页。

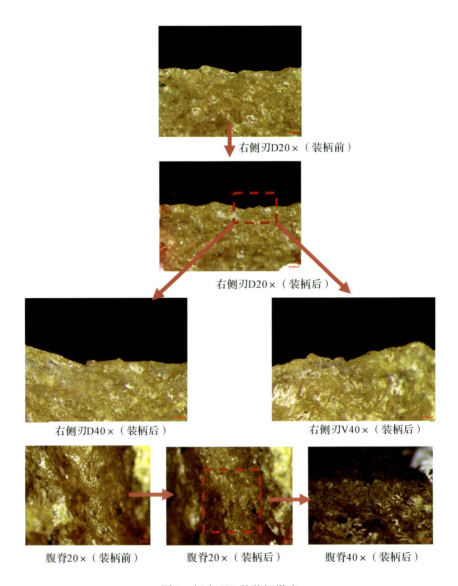

右侧刃D20×（装柄前）

右侧刃D20×（装柄后）

右侧刃D40×（装柄后）

右侧刃V40×（装柄后）

腹脊20×（装柄前）

腹脊20×（装柄后）

腹脊40×（装柄后）

图 2　标本 S01 的装柄微痕

右侧刃：腹面沿刃缘分散分布有小片疤，形状如半圆形小凹缺，片疤大小相似，片疤方向无规律；背面可见凹缺，但无片疤，磨圆不明显，但与使用之前相比，刃缘变光滑。左侧刃：背面可见半圆形凹缺截面；腹面不均匀分布有小凹缺，痕迹较原料原有痕迹要小而深。腹脊：有疑似压痕，片疤方向呈逆时针方向。

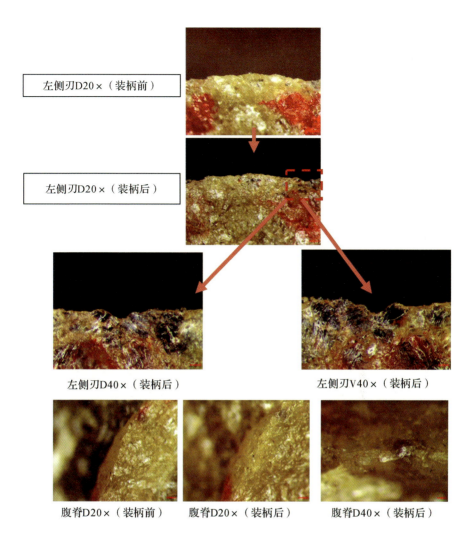

左侧刃D20×（装柄前）

左侧刃D20×（装柄后）

左侧刃D40×（装柄后）　　　　　　　　左侧刃V40×（装柄后）

腹脊D20×（装柄前）　　腹脊D20×（装柄后）　　腹脊D40×（装柄后）

图3　标本 S06 的装柄微痕

左侧刃:腹面有较连续不均匀分布的小凹缺,可见凹缺截面;背面有较连续不均匀分布的小凹缺,片疤朝背面,个别有方向性。右侧刃:背面有较多不均匀分布的小凹缺,片疤朝腹面者较多。腹面与背面相似,但片疤方向不固定。腹脊:磨圆加深,中度磨圆,有明显压痕。

　　2 件标本用于穿刺,装柄微痕相对较少,主要集中在两侧刃或底部与绳子接触的区域上,片疤在刃缘的一面较为明显,多为不均匀分布的小凹缺,个别片疤略有方向性(图4)。

　　用于钻的装柄石器有 2 件,装柄痕迹较少,表现为少量的羽翼状小片疤,不均匀分布,偶有轻微磨圆。主要集中于标本两侧刃,底部和背脊处皆不见(图5)。

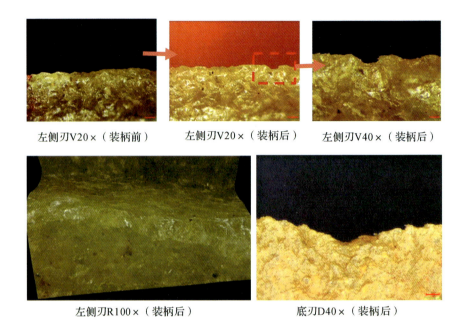

左侧刃V20×（装柄前）　　左侧刃V20×（装柄后）　　左侧刃V40×（装柄后）

左侧刃R100×（装柄后）　　　　　　底刃D40×（装柄后）

图4　标本 S03 的装柄微痕

左侧刃:腹面痕迹更为明显,有不均匀浅凹缺;背面可见一中凹缺,有零星小凹缺,方向不明。右侧刃:背面片疤方向斜向下,有不均匀浅凹缺;腹面痕迹较不明显。底刃:背面有较连续的浅小凹缺;腹面痕迹较不明显。

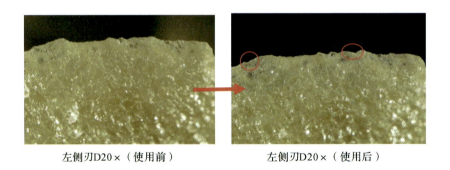

左侧刃D20×（使用前）　　　　　左侧刃D20×（使用后）

图5　标本 BC8:15.2-1 的装柄微痕

右侧刃:痕迹不明显,有轻度磨圆。左侧刃:背面可见由背面至腹面的羽翼状小片疤,不均匀单个分布。

　　用于切和削的装柄标本共计4件,装柄微痕集中分布在与绳子接触的两侧刃上,主要为不均匀分布的小凹缺,方向不明显,基本垂直于石器刃缘。个别标本的腹脊上出现疑似压痕(图6)。

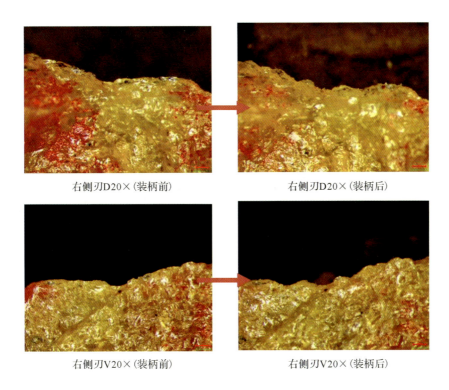

右侧刃D20×（装柄前）　　　　　　　右侧刃D20×（装柄后）

右侧刃V20×（装柄前）　　　　　　　右侧刃V20×（装柄后）

图 6　标本 S07 的装柄微痕

左侧刃：腹面偶见浅小凹缺，不均匀分布，痕迹不明显。背面底部痕迹不明显，片疤向背面，沿刃缘不均匀分布有浅小凹缺。右侧刃：背面可见半圆形小缺口，不均匀分布，数量较多，片疤方向基本垂直于石器刃缘，有一中片疤，羽翼状，较多片疤朝背面有个别朝腹面；腹面片疤方向任意，可见多处半月形浅凹陷，不均匀分布。

四　讨　论

（一）石英岩石器的装柄微痕特征及规律

通过实验可以发现，石英岩石器的装柄微痕具有特定规律，并且能够用低倍法观察和分析。一般而言，装柄痕迹分布在石器的两侧刃、脊部以及底部区域，不同区域呈现出不同特征。

两侧刃片疤与使用微痕在片疤大小、形状、分布模式和生成位置上有明显区别（图 7，表 1）。

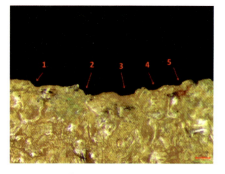 

S07 左侧刃 V40×（装柄微痕）　　　　　　S07 刃 V40× 使用微痕

图7　装柄微痕与使用微痕的片疤对比（标本 S07）

表1　装柄微痕与使用微痕的参数对比

	装柄微痕	使用微痕
片疤大小	区间：宽 89～255μm，深 32～77μm	区间：宽 708～1358μm，深 135～229μm
片疤形状	具有特色的半月形凹缺状，片疤终端不明显，一般双面可见	片疤终端可见，为羽翼状终端
分布模式	片疤不均匀、分散分布	片疤连续分布
分布位置	石器两侧相对的刃缘、突出的脊部及底部两面	在单条或多条刃缘连续生成

　　50%的"嵌入式"装柄标本在腹脊或背脊上出现压痕及磨圆，在"倚靠式"装柄石器上则不见此类痕迹。可以推测，突出背脊或腹脊上出现的压痕及磨圆与"嵌入式"的装柄方式有直接联系。压痕和磨圆的强度与使用方式有关，经过使用的装柄石器比未经使用的装柄石器痕迹的强度要大，用于前后运动的石器比用于左右运动的石器痕迹要更深。

　　装柄行为会在石器与木柄相接触的底部产生装柄微痕，其特征是有大片疤崩落，并伴有轻度磨圆及疑似压痕，这可能源自木柄对石器底部的压力。

　　另外，对显微照片的对比发现，石英岩在装柄之前表面经常有一层白色的晶体,装柄后晶体消失,石英岩石器表面光泽发生了变化。石英岩石器的白色晶体应是本身结构与母体连接不紧密,在绳子或木柄与石器表面进行摩擦后自然脱落。这一现象或许可作为判断装柄区域的依据。但后沉积现象是否会对石英岩带来同样的现象,装柄现象与埋藏现象对石英岩表面带来的变化有何区别,仍需要进一步的研究加以证实。

(二)影响石英岩装柄微痕的因素

1. 装柄材料和捆绑方式影响装柄痕迹的分布模式和形态。

本实验采用的捆绑材料的直径并不相同。第一期实验麻绳的直径约为3mm,相对较粗,较利于磨圆的产生而不利于片疤的产生。第二期实验麻绳的直径为1mm,相对较细,更易于产生小片疤和小凹缺,磨圆则相对减少。平行捆绑的装柄微痕主要分布在两侧刃缘,有两处较为集中的痕迹区域;交叉捆绑的装柄微痕分布在两侧和底部刃缘,一般有四处较为集中的痕迹区域。

2. 使用与否影响装柄痕迹的强度和方向。

通过使用与未使用两项实验的对比发现,装柄痕迹在捆绑过程中即已产生,使用过程会加深装柄痕迹,并使两侧刃的片疤出现一定的方向性。方向性与不同加工方式之间的关系还需进一步的研究进行更加细化的分析。

3. 石器的形态特征影响装柄微痕的形成。

实验中有几件标本(如 S05 和 S07)因刃缘厚度较大,导致装柄痕迹产生不明显。刃缘厚度较小时,片疤剖面会形成较为特殊的半月形(或称柳叶形)小凹缺,与之前的研究结果相似①。边缘厚度较大时,装柄痕迹不易形成。

4. 不同的加工方式影响装柄痕迹的强度。

比较实验中不同的加工方式,钻和穿刺两种加工方式产生的装柄痕迹较为微弱,刮明显比其他使用方式产生的装柄痕迹更加明显。可以推测,不同的加工方式对于装柄痕迹有一定影响,但影响不是特别大。

5. 加工对象的不同对于装柄痕迹的强度没有明显影响。

本次实验采用了硬性植物性材料和软性动物性材料两种不同的加工对

---

① 赵静芳、宋艳花、陈虹等:《石器捆绑实验与微痕分析报告》,见高星、沈辰主编:《石器微痕分析的考古学实验研究》,科学出版社 2008 年,第 145—176 页。

象。比较相似的加工方式发现，尽管加工对象的硬度差别很大，但装柄微痕强度的差别并不明显。

五　结　语

本文希望通过对石英岩装柄微痕的研究，建立一套较为系统的石英岩石器微痕分析的参考标本，以备与考古标本相对比。实验研究表明，和燧石等其他原料相比，石英岩石器的装柄痕迹具有其特定的规律，并且能够采用低倍法观察并分析。石英岩石制品的装柄痕迹一般表现为无规律的小片疤，观察倍数以 40 倍以上为佳。

装柄痕迹分布在石器两侧刃、脊部以及底部区域，在不同的区域各自具有不同的主要鉴定特征。装柄材料、捆绑方式与装柄痕迹的分布模式和形态，使用与否与装柄痕迹的强度和方向，不同的加工方式、石器自身形态特征与装柄微痕强度之间均有一定的影响关系。

（陈虹、连蕙茹、汪俊等合作，英文版原刊 *Quaternary International* 2017 年第 427 期）

角页岩雕刻器的微痕实验研究

对史前石器工具进行功能解释是进行考古学研究的重要内容之一,而功能研究最初关注的是石制品表面的微小痕迹以及破损。微痕分析就是通过显微镜技术,观察保留在石器上的微痕,并与模拟实验的石器标本使用微痕进行对照,从而判断石器的功能,它是了解史前人类生存方式、行为模式的重要途径。

20 世纪 60 年代,苏联学者 S. A. Semenov《史前技术》一书为微痕分析方法奠定了基础,Semenov 等人使用反射光的双目显微镜对石器的痕迹进行观察,以判断石器的功能,其主要目标是认识人类工具生产史,进而重建人类技术的演化史。[1] 受到"新考古学"思潮的影响,微痕分析在欧美迅速发展起来,一些考古学者运用微痕分析来研究人类行为与环境以及文化之间的关系。而后随着跨学科方法的发展,考古学家逐渐尝试通过关注工具的功能推断史前人类社会的技术、经济、社会行为和社会组织情况。近年来微痕分析在国外取得了较大的发展,科技的发展推动显微镜技术提高,扫描电子显微镜,激光扫描共聚焦显微镜等都在微痕观察中得到应用。此外图像处理技术、统计软件的开发和应用都为微痕分析的客观化以及定量化发展提供了契机。[2] 多学科交叉将微痕分析和其他学科的研究方法相结合,以更好地解释史前人类的技术、资源开发、定居模式等行为。

---

① Marreiros, J., Mazzucco, N., Gibaja, J., et al. 2015. Macro and micro evidences from the past: The state of the art of archeological use-wear studies. In: Marreiros, J. et al. (Eds). *Use-wear and Residue Analysis in Archaeology*. Switzerland: Springer International Publishing, pp.5-26.

② Gijn, A. 2014. Science and interpretation in microwear studies. *Journal of Archaeological Science*, 48(1):166-169.

一 雕刻器微痕研究简史

雕刻器大量出现在旧石器时代晚期,它有一个形似现代雕刻刀的刃口,打制方法是在石片或者石叶的一端打下雕刻器小片,并在石器端部形成一个由打击台面与雕刻器小面组成的凿状刃①,一般称该刃为雕刻刃②(图1)。Movius 将雕刻器功能同形态联系起来,认为它们的主要功能是雕刻骨角器,多见于旧石器时代的晚期。③

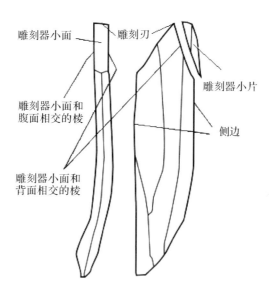

图1 雕刻器特征示意图(依 Iwase,2014)

运用微痕分析探讨雕刻器功能和定义的研究始于 20 世纪 70 年代。Stafford 在 1977 年指出,单靠形态学无法告诉我们更多关于人类制造和使用

---

① 王益人、王建:《下川雕刻器研究》,《文物世界》1998 年第 3 期。

② Iwase, A. 2014. International conference on use-wear analysis: use-wear. In: Iwase, A. (Ed), *A Consideration of Burin-blow Function: Use-Wear Analysis of Kamiyama-type Burin from Sugikubo Blade Assemblage in North-central Japan*. London: Cambridge Scholars Publishing, pp.363-374.

③ Tomášková, S. 2005. What is a burin? Typology, technology, and interregional comparison. *Journal of Archaeological Method and Theory*, 12(2):79-115.

工具的行为信息,他从功能和技术的角度出发,使用微痕分析,得出加工材料的硬度会影响微痕特征的结论,同时他利用 SPSS 进行数据分析提高了结论的科学性。[1] 此后 Vaugha、Symens、Kencht 等学者对旧石器时代晚期部分遗址的燧石雕刻器进行了微痕实验和功能分析,认为雕刻器的雕刻刃主要用于加工骨角器。[2] Tomášková 在对 Pavlov 遗址以及 Willendorf 遗址出土雕刻器进行功能分析时提出,应在形态、技术、功能和遗址环境的综合背景下来定义雕刻器。[3] Dinnnis 等在观察奥里尼亚克晚期法国西南部的 Les Vachons 遗址第二层的三件燧石脊状雕刻器时,在其中的一件雕刻器的雕刻刃上观察到使用微痕,并在其器身发现装柄的痕迹。[4] 日本学者 Iwase 在研究 Kamiyama 类型的雕刻器时指出,为了适应寒冷环境,雕刻器的打制技术发生了改变,其主要使用部位为雕刻器小面与器身背腹面相交的边棱部分。[5] Kay 等人研究了四种类型的雕刻器,指出不同类型的雕刻器使用部位不同,主要使用部位是雕刻刃和雕刻器小面与器身背腹面相交的边棱部分,功能是在骨角木上挖槽开沟[6]。

中国学者王幼平曾进行燧石雕刻器的模拟实验和微痕分析,实验涉及多种加工材料和使用方式,结果表明使用雕刻刃后可以在加工对象上留下对称整齐的沟槽。他认为不应简单将雕刻器的功能与形态相联系,雕刻器功能是复杂多样的。[7] 方启在进行吉林省东部黑曜岩雕刻器的微痕实验后,将雕刻

① Stafford, B. 1977. Burin manufacture and utilization: An experimental study. *Journal of Field Archaeology*, 4(2):235-246.

② Rots, V. 2002. Are Tangs morphological adaptations in view of hafting? Macro-and microscopic wear analysis on a selection of tanged burins from Maisières-Canal. *Notae Praehistoricae*, 114:61-69.

③ Tomášková, S. 2005. What is a burin? Typology, technology, and interregional comparison. *Journal of Archaeological Method and Theory*, 12(2):79-115.

④ Dinnis, R., Pawlik, A., Gaillard, C. 2009. Bladelet cores as weapon tips? Hafting residue identification and micro-wear analysis of three carinated burins from the late Aurignacian of Les Vachons, France. *Journal of Archaeological Science*, 36(9):1922-1934.

⑤ Iwase, A. 2014. International Conference on Use-Wear Analysis: Use-Wear. In: Iwase, A. (Ed), *A Consideration of Burin-blow Function: Use-Wear Analysis of Kamiyama-type Burin from Sugikubo Blade Assemblage in North-central Japan*. London: Cambridge Scholars Publishing, pp. 363-374.

⑥ Kay, M., Solecki, R. 2000. Pilot study of burin use-wear from Shanidar Cave, Iraq. *Lithic Technology*, 25(1):30-41.

⑦ 王幼平:《雕刻器实验研究》,见北京大学考古系编:《考古学研究(一)》,文物出版社 1992 年,第 91—123 页。

刃上观察到的痕迹与考古标本进行对照，认为遗址中3件雕刻器的雕刻刃分别用于雕刻骨骼类坚硬物质、干木质和鲜木类较软物质。① 赵海龙对吉林大洞遗址的黑曜岩斜刃雕刻器进行研究，他通过对斜刃雕刻器的打制实验和微痕实验，认为斜刃雕刻器的主要使用部位是雕刻器小面与器身背腹面相交的边棱部分，功能是加工平整光滑的平面，可能和磨制骨器技术起源有关。② 此外，林圣龙认为欧洲部分地区的雕刻器主要使用雕刻刃进行楔劈和沟裂技术以加工骨角器，但是在中国尚未发现这种现象，并指出中国旧石器时代晚期石器工业中雕刻器数量相对较少的原因可能与骨角器和艺术品不发达有关。③

以上雕刻器微痕研究多集中在燧石和黑曜岩，对于其他材质雕刻器的微痕研究尚显不足，例如角页岩。角页岩是泥质岩在侵入岩体附近由接触变质作用而产生的接触热变质岩，是对一般具有细粒粒状变晶结构和块状构造的中高温热接触变质岩的统称④，其矿物晶体细而致密，十分坚硬，在加工的过程中容易出现沿节理断裂的情况⑤。角页岩是旧石器遗址中的一种重要原料，在我国许多旧石器时代遗址中常有出现，尤其是在山西省襄汾县的丁村遗址中，角页岩的比例高达94.7%。⑥ 不过要说明的是，角页岩雕刻器，在考古遗址中并不多见。

目前，关于角页岩的微痕研究还是一个空白，本研究既是对角页岩石器微痕系统研究的一个开端，也是对不同材质雕刻器微痕的基础研究之补充。我们希望通过更多的实验和观察，更好地积累实验数据和参考图像，以便更全面地了解史前人类的行为模式。

---

① 方启：《吉林省东部地区黑曜岩石器微痕研究》，吉林大学2009年博士论文。

② 赵海龙、徐廷、马东东：《吉林和龙大洞遗址黑曜岩雕刻器的制作技术与功能》，《人类学学报》2016年第4期。

③ 林圣龙：《楔劈技术，沟裂技术和雕刻器》，《人类学学报》1993年第2期。

④ 王仁民：《变质岩石学》，地质出版社1989年，第52页。

⑤ 陈慧、陈胜前：《湖北郧县余嘴2号地点砍砸器的实验研究》，《人类学学报》2012年第1期。

⑥ (1)山西省考古研究所：《丁村旧石器时代遗址群》，科学出版社2014年；(2)王建、陶富海、王益人：《丁村旧石器时代遗址群调查发掘简报》，《文物季刊》，1994年第3期。

二 研究方法、实验设计与过程

(一)研究方法

微痕实验研究主要分两个部分进行。第一部分为模拟实验,即模拟史前人类使用石器,从而得到实验标本上的使用微痕。第二部分为显微镜观察和分析,用显微镜观察并记录实验标本的使用微痕特征,并与考古学材料进行比较,反推考古学材料具体的使用功能。

本次实验将按照序贯试验①(sequential experiment)的原理对 10 件标本进行分阶段观察,记录雕刻器不同使用阶段的使用微痕,以便了解其微痕的形成轨迹,分析使用时间和使用强度与微痕形成的关系。② 依照该原理,本次实验在刚开始时会设置 3 分钟的时间间隔,观察不同实验标本在 3 分钟内的微痕特征,并拍照记录。下一个阶段的时间间隔由上个阶段的实验结果决定,如果微痕形成速度快,则适当缩短,如果形成速度慢,则适当延长。

(二)实验设计

本次研究的目标主要是了解角页岩雕刻器使用不同使用方式及加工不同材料所产生的微痕特征,以及使用强度与微痕特征之间的关系。使用时间的长短、动作次数的多少以及用力的大小等因素会影响石制品的使用强度,同时会影响微痕表现出的特点。③ 在此基础上,将之与燧石、黑曜岩雕刻器的微痕进行对比,分析原料对微痕的影响。

---

① 序贯试验是指在按照一定的原则进行试验时,对现有的样本一个接着一个或者一对接着一对地展开试验,循序而连贯地进行,直至出现规定的结果便可适可而止结束试验,下一步的试验方案往往要根据上一步的试验结果来设计,时间上有先后,步骤上分前后,直至找到最优值。

② (1)Ollé, A., Vergès, J. 2014. The use of sequential experiments and SEM in documenting stone tool microwear. *Journal of Archaeological Science*, 48(4):60-72;(2)陈虹、张晓凌、沈辰:《石制品使用微痕多阶段成形轨迹的实验研究》,《人类学学报》2013 年第 1 期。

③ Chen, H., Wang, J., Lian, H. R., et al. 2017. An experimental case of bone-working usewear on quartzite artifacts. *Quaternary International*, 434:129-137.

本次实验所涉及的 18 件角页岩标本均采自丁村遗址,均使用硬锤打击法制成,具有合适的刃缘形状与刃角,未经过二次修理。同时,为了将来便于讨论微痕与石料硬度之间的关系,我们选择部分和标本同源的石制品标本送往东京大学先端科学技术研究中心测试维氏硬度。在硬度测试中,选择同一件样本上的 25 个小平面进行测试,共得到 10 个有效数据,平均维氏硬度值为 846.794HV0.3(相当于莫氏硬度 6~7 度之间)。

加工材料则是根据对石料来源遗址(丁村遗址)人类生存环境的推测加以选择。丁村旧石器时代遗址群中出土了一些水牛、杨氏水牛和原始牛的化石[1],本实验因此选择烘干的牛骨作为骨质加工的材料。根据丁村遗址54:100地点和77:01 地点的沉积物中黏土矿物、重矿物、化学分析、有机物和酸碱度的分析,并结合古脊椎动物、水生物、孢子花粉等资料[2],选择暖温带至北亚热带气候常见松木作为木质加工的材料,主要采自浙江大学西溪校区,包括新鲜的松木枝和干松木枝。共设置 5 组实验,涉及刮、刻两种使用方式,每组实验中又分别选择两件标本进行分阶段试验。

在石制品使用实验中,操作者个体数据的差异也很重要。实验过程中发现,一个握力为 55N 的青年男性和握力为 20N 的青年女性在进行同一项实验时,实验结果有明显差异。

(三)观测器材和分析要素

本次实验所用观测器材为 Nikon SMZ800 体视显微镜(放大倍数为 1~63倍),通过 CCD 显微系统成像。由于角页岩颜色比较深,部分图像不清晰,因此使用 Keyence VHX-700F 超景深三维显微镜补充完善(观察倍数为 10~5000 倍,拍照时主要使用 100 倍)。

石器的微痕现象主要包括片疤破损和磨蚀痕迹两大类。片疤破损指的是石制品在使用过程中产生的微小片疤,包括微疤的大小、分布、终止和形态等。微疤大小,即单个微疤的尺寸,根据放大倍数的差异可以分为大(10 倍以下即可观察到)、中(10~20 倍可观察到)、小(20~40 倍可观察到)、极小(40

---

① 王建、陶富海、王益人:《丁村旧石器时代遗址群调查发掘简报》,《文物季刊》1994 年第 3 期。
② 陈万勇:《山西"丁村人"生活时期的古气候》,《人类学学报》1983 年第 2 期。

倍以上方可观察到)。微疤的分布形式包括连续分布、间隔分布、分散分布和层叠分布。微疤终端指的是片疤的终端形态,在描述的过程中主要借鉴 Ho Ho Committee 在 1978 年提出的片疤终端形态分类法则(Ho Ho Classification),将其分为羽翼状(Feather)、卷边状(Hinge)、阶梯状(Step)和折断状(Break)[1],同时对片疤的形状进行一定描述,例如三角形、半月形、梯形等。磨蚀痕迹,即"刃缘磨损"包括光泽、磨圆和擦痕,是使用过程中因反复接触摩擦在工具表面产生的痕迹。由于本次实验观察倍数在 10 倍到 100 倍之间,所以无法清楚辨别光泽和擦痕,故本次重点观察的磨蚀痕迹为磨圆,根据磨圆的程度轻重,参考以往的微痕研究,将其分为重度、中度和轻度磨圆。[2]

(四)实验过程

为了减少其他变量对主要变量的干扰,在明确石器使用方式和加工对象的基础上,在同一实验中,统一石制品使用的方式方法,确定单件石制品的实验由同一个人操作,固定石器使用的部位、使用方式、操作姿势、方向以及用力程度,详细记录石制品的单次运动长度、动作频率、耗时和动作次数。

1)对 8 件没有进行分阶段实验的标本,首先设置 3 分钟或者 5 分钟的使用时间,在使用 3 分钟或者 5 分钟后暂停实验,记录石制品的使用次数、使用情况等,并进行拍照和文字记录。根据上个阶段使用者的乏力情况,调整下阶段的时间间隔。以下阶段相同。如果在上述任何一个阶段中,石制品出现破损以至无法继续使用,应立即停止实验,记录石制品使用多少次后破损,并拍照,结束本次实验。实验总共预设的时间为 30 分钟,可根据刃缘破损情况适当调整实验的时间。

2)此外本次实验中有 10 件分阶段观察的标本,依据序贯实验原理,确定不同阶段的使用时间。每一个阶段实验结束后,清洗并拍照记录微痕特征,在一件雕刻器结束使用后,进行每一个阶段微痕的比较。将每一次使用过的标本使用超声波清洗仪进行清洗,晾干后在显微镜下观察微痕特点,记录微

---

[1] Ho Ho Committee. 1979. The Ho Ho classification and nomenclature committee report. In: Hayden, B. (Ed), *Lithic Use-wear Analysis*. London: Academic Press, pp. 133-135.

[2] 陈虹:《华北细石叶工艺的文化适应性研究——晋冀地区部分旧石器时代晚期遗址的考古学分析》,浙江大学出版社 2011 年,第 71—73 页。

痕特征,完成微痕实验记录表(表1)。

表1 雕刻器标本实验过程记录表(带 * 的为分阶段实验标本)

标本编号	使用部位	加工对象	运动方式	使用效率	使用时间(min)	使用次数	次数/min	单次运动长度(cm)	加工材料实验后的痕迹
SY:101	P6	干牛骨	刮	较高	22.5	803	36	3.7	U形沟槽
SY:103 *	P7			一般	14	937	67	2.5	U形沟槽
SY:201 *	P7			较低	9	309	34	3.6	U形沟槽
SY:402	P5			较低	26	1094	42	7	平整面
SY:202	P8	干牛骨	刻	高	30	1291	43	6	V形沟槽
SY:204 *	P7			低	14	498	36	4.5	V形沟槽
SY:205 *	P3			较低	18	938	52	4.2	V形沟槽
SY:303	P3			较高	22	1018	46	4	V形沟槽
SY:104	P3	干松木枝	刻	一般	30	1258	42	2	V形沟槽
SY:301 *	P5			较低	18	902	50	4.5	V形沟槽
SY:302	P7			较高	30	1228	41	4	V形沟槽
SY:304 *	P1			一般	18	830	46	1.8—4	V形沟槽
SY:403 *	P7—P8	新鲜松木枝	刻	较高	21	1384	66	2.5	V形沟槽
SY:404 *	P5			一般	21	1077	51	4.2	V形沟槽
SY:501	P5			较高	30	1486	50	3.7	V形沟槽
SY:102	P1	干松木枝	刮	高	26.5	1018	38	5.5	U形沟槽
SY:203 *	P4			一般	18	1152	64	3.3	平整面
SY:502 *	P8			较高	14	383	27	4.2	U形沟槽

三 实验结果

本次实验标本共18件,功能单位18个(图2)。其中刮干牛骨实验4件,刻干牛骨实验4件,刻干松木枝实验4件,刻新鲜的松木枝实验3件,刮干松木枝3件,以及每组分别设计2件进行分阶段实验。

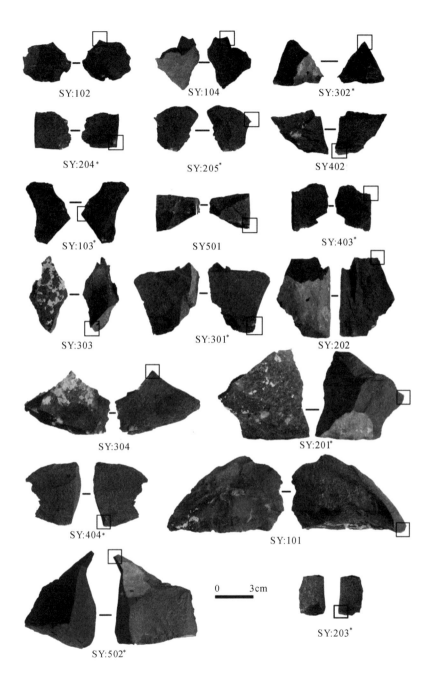

SY:102　SY:104　SY:302*
SY:204*　SY:205*　SY402
SY:103*　SY501　SY:403*
SY:303　SY:301*　SY:202
SY:304　SY:201*
SY:404*　SY:101
0　　3cm
SY:502*　SY:203*

图 2　实验标本整体照(矩形框标出的为使用部位)

(一)刮干牛骨的微痕特征

4件刮干牛骨的实验标本痕迹比较相似,实验标本的刃缘均出现了重度磨圆,刃缘凸出部位被磨成一个小平面(图3),而且刃缘向刃缘两侧延伸层叠分布小凹坑。片疤主要出现在非接触面上,以小型羽翼状终端为主,少数为大、中型阶梯状片疤,多分散分布(图4)。

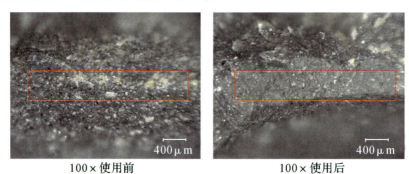

图3　标本 SY:402 的刃缘磨圆

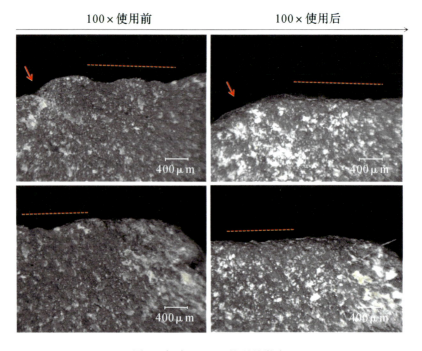

图4　标本 SY:101 的刮骨微痕

(二)刻干牛骨的微痕特征

4件刻干牛骨的实验标本痕迹比较相似,实验标本的刃缘都出现了中轻度磨圆,以及小凹缺,刃缘的凸出部位磨圆更加严重,磨圆情况比刮干牛骨轻。片疤在刃缘的两侧面上都有出现,同样以中小型片疤,分散分布为主,片疤终端形态主要为羽翼状和阶梯状,片疤形态有半月形和梯形(图5)。

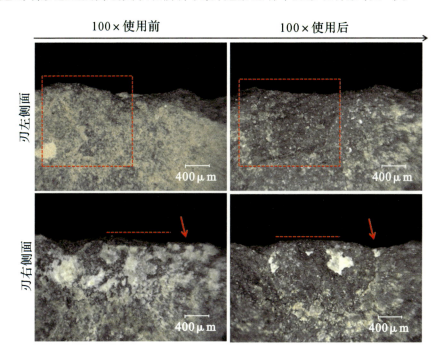

图5　标本 SY:303 的刻骨微痕

(三)刻干松木枝的微痕特征

4件刻干松木枝的实验标本微痕基本一致,首先刃缘都为轻度磨圆,突出部位磨圆更加严重,刃缘出现小凹缺,或者原先的凹缺变大,磨圆痕迹比刻干牛骨轻。阶梯状和羽翼状终端片疤分散分布为主,在刃缘的两个侧面上都有分布片疤,形态有半月形和矩形,大中小型尺寸都有。部分片疤具有一定的方向性(图6)。

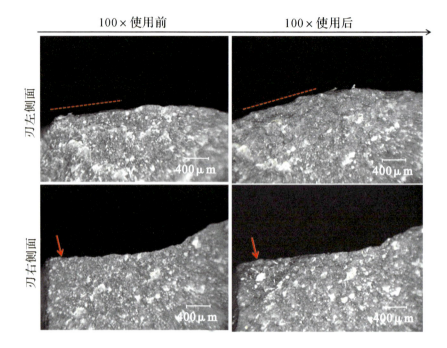

100×使用前　　　　　　　　100×使用后

刀左侧面

刀右侧面

图 6　标本 SY:302 的刻干松木微痕

（四）刻新鲜松木枝的微痕特征

3 件刻新鲜松木枝的实验标本微痕相似，刃缘以轻度磨圆为主，有一件中度磨圆，在刃缘的两侧面上半月形分散分布的中片疤为主，部分分散分布的浅平小片疤（图 7）。

（五）刮干松木枝的微痕特征

3 件刮干松木枝的实验标本的刃缘磨圆以中度和重度为主（图 8），片疤主要分布在非接触面上，3 件标本的微痕有一定的差异。标本 SY:102 刃部由较平整变成小波浪状，磨圆严重；标本 SY:203 刃缘基本没有出现明显微痕；标本 SY:502 的非接触面出现一个崩损，原有凹缺变大，变浅，一个大片疤内嵌套两个小片疤。标本 SY:203 和标本 SY:205 这两件标本实验的操作者握力远不及标本 SY:102 的操作者，且刃缘更长，而这两件标本的磨损状况较标本 SY:502 小，推测雕刻器的使用刃形态和操作者的力度对微痕有一定的影响。

刃右侧面（20×）　　　刃左侧面（20×）

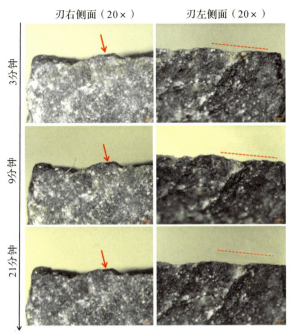

图 7　标本 SY:404 的刻新鲜松木微痕

非接触面（20×）　　　接触面（20×）

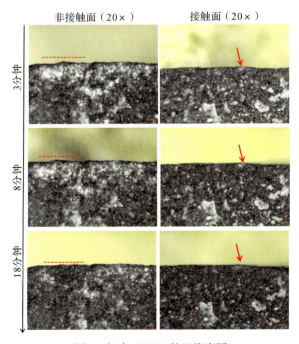

图 8　标本 SY:203 的刃缘磨圆

角页岩雕刻器的微痕实验研究　163

四 分析与讨论

(一)角页岩雕刻器微痕的基本特征

实验结果表明,角页岩雕刻器在加工骨质和木质材料时会产生不同特征的微痕,且在不同的使用方式下,痕迹有较明显的区别。总体微痕特征表现如下:片疤数量较少,以小、中型片疤为主(占样本总量的72%),多为分散分布,大片疤多单个出现,终端多呈现羽翼状和阶梯状(占样本总量的77%),片疤多为半月形;使用刃都出现磨圆现象,由于使用方式和加工材料不同,磨圆程度为严重、中度、轻度不等,且刃缘的突出部位磨圆更加严重,"刮"的使用方式下产生的磨圆比"刻"产生的磨圆更重。在进行"刮"的使用方式后,片疤主要分布在使用刃缘与加工材料相对的非接触面上,而在使用刃缘与加工对象直接接触的接触面上零星分布;而进行"刻"的使用方式后,片疤在使用刃缘的两个与加工材料接触的侧面上都有分布,且多为小、中型片疤(图9)。

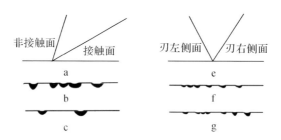

图9 不同使用方式下产生的片疤分布示意图

a)"刮"的使用方式,b/c)表示非接触面和接触面上的片疤分布情况;e)"刻"的使用方式,f/g)表示使用刃左右两侧面的片疤

(二)角页岩雕刻器微痕形成轨迹

用S1、S2、S3分别代表分阶段实验的三个阶段,角页岩雕刻器的微痕产生轨迹总体如下

S1:刮的使用方式下,刃缘出现轻度磨圆,刃缘原有的凹缺变浅平。刻的

使用方式下,刃缘的两侧面上痕迹较少,刃缘凸出部位轻度磨圆。

S2:刮的使用方式下,非接触面上片疤数量增多,原有片疤侵入加深;刃缘磨圆加重,原先凸出部位开始被磨平。刻的使用方式下,原有片疤更加明显,出现一定的方向性;刃缘凸出部位磨圆略有加重,刃缘原有小凹缺变大变深。

S3:刮的使用方式下,非接触面的片疤加深,但也有小片疤被磨损的现象;重度磨圆,刃缘凸出部位被磨平,并且凹缺变得更加浅平。刻的使用方式下,原有片疤再次加深,部分小片疤被磨损消失;刃缘部分小凹缺变浅平,突出部位磨圆加重,一般为轻度和中度磨圆。

综上可以初步得出,在角页岩雕刻器的使用微痕形成过程中:磨圆以一个从快到慢的速度生成(图10)。在刮的使用方式下,片疤痕迹主要出现在非接触面上,在S1阶段主要为大片疤,随着使用时间的增加,中小片疤开始增多。在刻的使用方式下,S1阶段的中小片疤居多,且随着使用时间的增加,这些片疤侵入逐渐加深(图11),也会出现部分小片疤被磨损的情况。

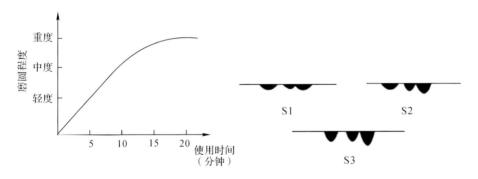

图10　角页岩雕刻器的磨圆产生速率　　　图11　片疤侵入距离大致变化示意图

(三) 不同石料雕刻器的使用微痕比较

目前国内外有关于燧石和黑曜岩雕刻器的微痕实验,所以本文将在前人的研究基础上进行不同原料雕刻器使用微痕的比较。曲彤丽、梅惠杰、张双权在燧石雕刻器的刻骨实验中指出,在刻煮熟驴骨时,刃缘会产生重度磨圆,刃缘破损杂乱,片疤为丛簇层叠且破碎分布在刃缘的侧面,主要为阶梯状。[1]王幼平的燧石雕刻器实验中发现,燧石雕刻器在刻骨时在近刃缘两侧都会分布崩损,且几乎各种类型片疤都可以见到;在刻木时,崩损也是在刃缘两侧都有分布,主要为微深疤和半月形片疤,以及微阶梯状疤。燧石雕刻器在刮木时,崩损主要分布在对面刃缘(非接触面),片疤形态为微深疤和阶梯状疤;在刮骨时,崩损主要分布在对面刃缘(非接触面),片疤形态主要为微阶状疤和各种大小的阶梯状片疤。[2]

方启进行了黑曜岩雕刻器刻干松木和刻新鲜杨木的实验。在刻干松木时,刃缘顶端出现磨圆,刃缘两侧崩裂疤痕较多,主要为折断状疤痕,整个刃部呈现一个不断"造尖"同时钝化尖顶的过程,程度上比刻骨轻。在刻新鲜杨木时,凿状刃缘出现磨圆,同时刃部的一个侧面崩裂零星疤痕,形状为折断状或者羽翼状。在刻湿骨时,刃缘磨圆,两侧端崩裂痕较多,整个刃部呈现一个不断"造尖"同时钝化尖顶的过程,刃部的一个侧面在使用过程中持续崩裂,出现连续分布羽翼状终端的片疤。[3] 赵海龙在黑曜岩雕刻器的"刮"、"刨"实验中,发现在加工皮革、猪皮和鹿角后,在与斜棱刃相接的面上会出现擦痕、刃缘有磨痕,并分布有片疤,片疤主要分布在非接触面上,多呈半月形。[4]

综上所述,燧石、黑曜岩以及角页岩雕刻器在加工不同的材料以及不同的使用方式下微痕差异明显,但同时也有一定的相似之处。三者在"刻"时,都会在刃缘的两侧出现片疤,但是片疤的形态有差异,燧石主要为阶梯状,黑曜岩为折断状和羽翼状终端居多,角页岩片疤形态主要为羽翼状和阶梯状。而在"刮"时,三者的主要片疤都出现在非接触面,但片疤的形态、分布、尺寸会有一定的差异(表2)。

---

① 曲彤丽、梅惠杰、张双权:《骨质加工对象实验与微痕分析报告》,见高星、沈辰主编:《石器微痕分析的考古学实验研究》,科学出版社2008年,第61—82页。
② 王幼平:《雕刻器实验研究》,见北京大学考古系编:《考古学研究(一)》,文物出版社1992年,第91—123页。
③ 方启:《吉林省东部地区黑曜岩石器微痕研究》,吉林大学2009年博士论文。
④ 赵海龙、徐廷、马东东:《吉林和龙大洞遗址黑曜岩雕刻器的制作技术与功能》,《人类学学报》2016年第4期。

表 2　不同原料的雕刻器使用微痕比较

运动方式	微痕特征	雕刻器原料		
		角页岩	燧石	黑曜岩
刮	片疤尺寸	小、中、大	各种大小	各种大小
	片疤分布	主要在非接触面	主要在非接触面	主要在非接触面
	片疤终端形态	羽翼状和阶梯状终端(半月形)	阶梯状	半月形
	磨圆	重度和中度磨圆	磨痕,中度和轻度	重度
刻	片疤尺寸	大、中、小	小、微疤	小
	片疤分布	分散分布为主	丛簇层叠,刃缘两侧	刃缘两侧
	片疤终端形态	羽翼状和阶梯状终端(半月形)	阶梯状,半月形	折断状、羽翼状
	磨圆	轻度磨圆为主	刻骨严重磨圆	磨圆

五　结　论

本次实验是一个初步的定性研究,基本结论如下:

(1)角页岩雕刻器在加工坚硬材料和硬度中等左右的材料时,在使用部位会产生较明显的使用微痕。其主要特征是:刃缘主要为轻度到重度磨圆,片疤数量较少,小中型片疤居多,以分散分布为主,大片疤常单独出现。

(2)不同的加工材料和使用方式下,微痕的形态和分布位置不同。首先,刮骨和刮木虽然都会产生重度磨圆,但是磨圆的程度前者更高。其次,使用方式不同对微痕的分布位置会有较大的影响,"刮"时,片疤痕迹主要分布在非接触面;而"刻"时,片疤在使用刃的两个侧面都有分布,而且"刮"的磨圆程度明显高于"刻"。微痕的定位和分布情况是进行微痕判断的重要指示,可以帮助我们判断考古标本的功能。

(3)使用微痕的形成和发展是一个复杂的动态过程,序贯实验可以追踪微痕的形成轨迹,例如形成速度、磨圆变化,片疤变化等,因此在解读标本的过程中减少信息的误读和漏读。在本次实验中,通过分阶段实验可知,微痕的形成速度是发生改变,在刚开始时形成速度较快,而后随着刃部变钝,形成的速度开始下降。磨圆随着使用时间的推移逐渐加重,石器不再能继续使用后,基本不再变化。刮骨的磨圆情况会在一开始就急剧加重。

(4)角页岩、燧石和黑曜岩雕刻器的使用微痕分布位置大致相似,基本都分布在刃缘和刃缘两侧面上,但是片疤的终端形态有差异,角页岩片疤终端形态主要为羽翼状和阶梯状,燧石主要为阶梯状,黑曜岩为折断状和羽翼状终端居多,且角页岩雕刻器的片疤数量较少。

(5)除了加工材料、使用方式和使用强度外,以下因素也会影响微痕的特征:使用者的力量大小,使用刃的刃角和刃缘形态(包括刃缘长度和平整度等),操作者的使用力量分布等。

(6)雕刻器最初是依据其形态来定名的,因"雕刻"之名推测其功能。常认为雕刻器用于雕刻,但实验结果表明,雕刻器的功能是十分复杂的,在进行以后的研究中应该结合多种方法和学科交叉,科学地进行雕刻器功能研究。

本次实验为探讨角页岩雕刻器的微痕提供了基础的实验参考数据,其结果是一个初步的定性标准,之后可以结合发达的显微镜技术定量研究。本次实验所涉及的加工材料和方式有限,所以开展更多实验是十分必要的,雕刻器的功能研究应该在考古遗址的时空背景下展开,选择合适的实验数据进行分析。最后,根据实验记录可知,雕刻器在加工骨木棒后会留下深且整齐的沟槽,适用于石器镶嵌①,这为我们了解旧石器时代复合工具的制作提供了新的思路。

(杨霞、陈虹合作,原刊《人类学学报》2018 年第 1 期)

---

① (1)陈淳:《几何形细石器和细石叶的打制及用途》,《文物世界》1993 年第 4 期;(2)唐·克雷布特利:《石器技术的潜力》,陈淳译,《江汉考古》2012 年第 3 期。

燧石制品加工竹木材料的微痕实验研究

　　微痕分析主要用以研究石制品因使用而产生的痕迹[1]，被认为是通过考古记录探寻人类行为的一把钥匙，同时也是重建人类社会、文化行为和组织的必要途径。石制品在不同的加工对象和不同的使用方式下会产生不同的使用痕迹，包括具有一定特征的片疤、磨圆、光泽、擦痕等。通过变量可控的模拟实验认识并获取特定的使用痕迹是微痕分析的第一步，目的在于为后续研究提供参照数据。

　　自 20 世纪 70 年代以来，微痕分析发展出了"低倍法"和"高倍法"[2]。其中，"低倍法"（放大倍数一般小于 100 倍）主要采用体视显微镜，重点观察石制品表面因使用而产生的片疤和磨损痕迹，优势在于判断使用方式，从更加宏观的层面观察微痕的分布情况，且适用于观察大量标本。"高倍法"（放大倍数一般为 100~400 倍）主要采用反射光显微镜，观察石制品表面因使用而出现的光泽和擦痕，尤其是在于更加细致观察微痕，判断石制品的加工对象，但展示范围小，操作耗时。同时，也有一些研究者尝试将两种方法相结合[3]，近年来，随着研究的深入和显微镜技术的更新，以观察倍数区别的"低倍法"

---

　　① （1）Odell, G. 2004. *Lithic Analysis*. Kluwer；（2）Fullagar, R., Matherson, M. 2013. Traceology：A summary. In：Smith, C. (Ed). *Encyclopedia of Global Archaeology*. New York：Springer, pp. 73-85；（3）Sterud, N. 1987. Changing aims of American archaeology：A citation analysis of American Antiquity 1964-1975. *American Antiquity*, 43：294-302；（4）Redman, C. 1973. Multistage fieldwork and analytical techniques. *American Antiquity*, 38：61-79.

　　② （1）Odell, G., Odell-Vereecken, F. 1980. Verifying the reliability of lithic use-wear analysis by "Blind Tests"：The low magnification approach. *Journal of Field Archaeology*, 7（1）：87-120；（2）Keeley, L. 1980. *Experimental Determination of Stone Tool Uses：A Microwear Analysis*. Chicago：The University of Chicago Press.

　　③ Grace, R. 1996. Use-wear analysis：The state of the art. *Archaeometry*, 38：209-229.

和"高倍法"之分渐趋模糊,这类研究日益增多①,基本上采用两种不同的显微镜,如利用体视显微镜观察片疤和磨圆,再选择部分标本用扫描电子显微镜观察光泽和擦痕,观察项目之间有所分离,而且高倍观察的标本数量和范围都比较小,没有完整记录整体刃缘的变化情况。由于微痕分析的系统化和标准化仍旧处在探索阶段②,微痕照片的完整记录和各项目之间的结合情况显得尤为重要。因此,如何有机结合两种方法的优势,提高分析的准确性是微痕分析未来值得努力的方向。

旧石器时代植物资源的利用情况一直是考古研究的一大重点。然而,由于这类有机物难以长时间保存,发现的直接证据相当少③,研究者们主要通过对石器的微痕分析获取重要信息。目前,已有众多研究在旧石器时代的石器上观察到了加工木质材料的微痕④,同时也积累了较为丰富的实验数据⑤。另外,除了树木,竹子也是一类重要的植物资源,对它的加工利用历史久远,目

① （1）Rots，V. 2002. Are Tangs morphological adaptations in view of hafting? Macro-and microscopic wear analysis on a selection of tanged burins from Maisières-Canal. *Notae Praehistoricae*，114：61-9；（2）Lombard，M. 2005. Evidence of hunting and hafting during the Middle Stone Age at Sibidu Cave，KwaZulu-Natal，South Africa：A multianalytical approach. *Journal of Human Evolution*，48：279-300；（3）Macdonald，D. 2013. *Interpreting Variability Through Multiple Methodologies：The Interplay of Form and Function in Epipalaeolithic Microliths*. Toronto：University of Toronto，PhD dissertation.

② Evans，A.，Lerner，H.，Macdonald，D.，et al. 2014. Standardization，calibration and innovation：a special issue on lithic microwear method. *Journal of Archaeological Science*，48：1-4.

③ Schoch，W.，Bigga，G.，Böhner，U.，et al. 2015. New insights on the wooden weapons from the Paleolithic site of Schöningen. *Journal of Human Evolution*，89：214-225.

④ （1）Keeley，L. 1980. *Experimental Determination of Stone Tool Uses：A Microwear Analysis*. Chicago：The University of Chicago Press；（2）Odell，G. 1996. *Stone Tools and Mobility in the Illinois Valley：From Hunter-gatherer Camps to Agricultural Villages*. Michigan：Ann Arbor；（3）陈淳、沈辰、陈万勇等：《小长梁石工业研究》,《人类学学报》2002 年第 1 期；（4）Lemorini，C.，Plummer，T.，Braun，D.，et al. 2014. Old stones' song：Use-wear experiments and analysis of the Oldowan quartz and quartzite assemblage from Kanjera South(Kenya). *Journal of Human Evolution*，72：10-25.

⑤ （1）王幼平：《雕刻器实验研究》,见北京大学考古系编：《考古学研究（一）》,文物出版社 1992 年,第 65—90 页；（2）李卫东：《燧石尖状器实验研究》,见北京大学考古系编：《考古学研究（一）》,文物出版社 1992 年,第 91—117 页；（3）侯亚梅：《石制品微磨痕的实验研究》,《人类学学报》1992 年第 3 期；（4）Odell，G. 1996. *Stone Tools and Mobility in the Illinois Valley：From Hunter-gatherer Camps to Agricultural Villages*. Michigan：Ann Arbor；（5）Shen，C. 2001. *The Lithic Production System of the Princess Point Complex During the Transition to Agriculture in Southwestern Ontario，Canada*. BAR International Serious 991；（6）陈福友、曹明明、关莹等：《木质加工对象实验与微痕分析报告》,见高星、沈辰主编：《石器微痕分析的考古学实验研究》,科学出版社 2008 年,第 41—60 页。

前中国利用竹子的证据可追溯至新石器时代。[①] 竹子属禾本科,原产于中国云南,广泛分布于中国南方地区和东南亚地区。一些研究者认为东南亚地区之所以形成独特的石器工业部分可能是因为采用较轻的有机物制成的工具,如竹子。[②] 但是,中国目前还未有针对加工竹子的专门微痕研究,相应的对比数据有待补充。

基于上述背景,本次将针对加工竹子开展微痕实验研究,补充相应的参照数据;同时结合加工树木的实验,将两者的微痕进行对比分析,寻找具有指示性意义的微痕特征。另外,结合低倍法和高倍法的优势,采用新型光学显微镜观察并记录微痕的形成与变化,更加完整立体地呈现片疤、磨圆、光泽、擦痕等微痕及其相互之间的关系。

一 实验设计与实验过程

本次实验的目的主要有两个:一是补充燧石制品加工竹质材料的微痕数据库,总结其微痕特征;二是对比燧石制品加工竹和木的微痕,辨认可能存在的鉴别特征。

(一) 实验设计

本次实验共开展了 12 组加工竹木材料的模拟实验(图 1)。所有燧石标本均为锤击法生成,未经二次修理,部分石片刃缘薄且锋利。燧石原料采集自丹江口库区,灰白色为主,部分标本表面有少量石皮,呈黄色。这批燧石混有杂质和白色晶体,仅一件红白混杂的石料较为致密。实验加工对象皆为南方地区常见的材料,分别是新鲜竹子、干竹子、新鲜松木枝和干松木枝。考虑到古人可能针对竹木材料采用的加工行为,本次实验选择了削、锯和砍砸三种使用方式。削指与刃缘呈一定角度的单向运动,锯指垂直于刃缘的双向运

---

① 浙江省文物管理委员会:《吴兴钱山漾遗址第一、二次发掘报告》,《考古学报》1960 年第 2 期。

② (1) Pope, G. 1989. Bamboo and human evolution. *Natural History*, 10:49-57; (2) Reynolds, T. 2007. Problems in the stone age of South-east Asia revisited. *Proceedings of the Prehistoric Society*, 73:39-58.

动(在计数时来回算一次),砍砸指垂直于刃缘的上下运动。每组实验加工时长为 30 分钟,所有标本采用分阶段实验[1],以 15 分钟为界进行观察和记录,以了解微痕的形成机制。

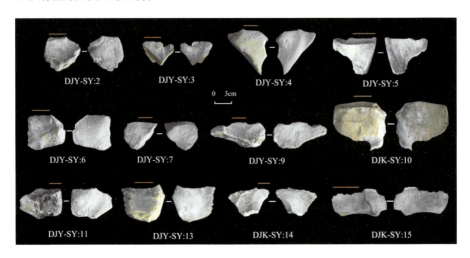

图1 本次实验标本(直线标注部位为使用刃)

(二)观察设备与分析要素

为了探索"低倍法"和"高倍法"结合分析的方法,本次实验采用 Nikon SMZ800 体视显微镜(放大倍数 10～63 倍)和 Keyence VHX-5000 超景深三维显微系统(放大倍数 20～200 倍)对标本进行观察和拍摄。两者皆为光学显微镜,Keyence VHX-5000 具有超大景深和全幅对焦的功能,可实现大范围高倍观察和记录。

微痕分析重点观察石制品使用后产生的破损和磨蚀痕迹。破损痕迹主要指微小疤痕(简称片疤),包括:片疤大小,根据放大倍数可分为大(10 倍以下即可观察到)、中(10～20 倍可观察到)、小(20～40 倍可观察到)、极小(40

① (1)Odell, G. , Odell-Vereecken, F. 1980. Verifying the reliability of lithic use-wear analysis by "Blind Tests":The low magnification approach. *Journal of Field Archaeology*, 7(1):87-120;(2)陈虹、张晓凌、沈辰:《石制品使用微痕多阶段形成轨迹的实验研究》,《人类学学报》2013 年第 1 期。

倍以上方可观察到)①;片疤终端形态,指微疤远端的纵剖面形态,包括羽翼状、卷边状、阶梯状和折断状四种②;片疤的分布形式,包括连续分布、间隔分布、分散分布(无规律分布)和层叠分布(多层片疤交替出现)。磨蚀痕迹包括光泽、磨圆和擦痕,是使用过程中因反复接触摩擦在工具表面产生的痕迹。其中磨圆按程度可分为轻度、中度和严重三种不同程度。光泽的描述包括亮度、平滑度、分布范围等,包括明亮、稍亮、弱等;光滑、粗糙等;散漫、点状、片状分布等。③ 擦痕可分为零擦痕、平行擦痕、垂直擦痕、斜交擦痕等。④

(三) 实验过程

实验准备阶段,先记录石制品标本的基本信息,包括类型、石质、颜色、使用刃角及刃缘角度,以及石制品的最大长、宽、厚和重量等数据。通过绘制线图定位选定的使用刃,描述和记录刃缘的形态。使用显微镜对选定的使用刃进行观察和拍照,用于实验前后的对比。

实验正式开始前,对操作者的执握方式拍照记录。单件标本的使用由同一人完成,并保持同样的使用部位、使用方式、操作姿势、方向与用力程度。为确保操作者在实验中能以相似的速率和力度操作,多次试验后选定每5分钟暂停一次,记录使用次数、使用情况等,然后继续实验过程。一旦标本在使用过程中出现严重损坏,实验即告终止。

实验开展过程中详细记录每件标本的运动状态,包括单次动作长度、动作频率、动作耗时和动作次数。单次动作长度指每次使用后在加工对象上留下的长度。动作频率指在单位时间(以"分钟"计)内的运动次数,能反应运动的持续性与力度的大小。动作耗时指完成实验的总时间。动作次数指完成实验时以同一动作使用标本的总次数。

每件标本在每次观察前都经过清洗和自然晾干,具体是先用酒精清洗,

---

① 陈虹:《华北细石叶工艺的文化适应性研究——晋冀地区部分旧石器时代晚期遗址的考古学分析》,浙江大学出版社2011年,第72—73页。

② Ho Ho Committee. 1979. The Ho Ho classification and nomenclature committee report. In:Hayden, B. (Ed), *Lithic Use-wear Analysis*. New York:Academic Press.

③ 王小庆:《石器使用微痕:显微观察的研究》,文物出版社2008年,第20—25页。

④ Ho Ho Committee. 1979. The Ho Ho classification and nomenclature committee report. In:Hayden, B. (Ed), *Lithic Use-wear Analysis*. New York:Academic Press.

然后放进超声波清洗仪清洗 10～20 分钟,加工后的标本因附着残留物,还需采用清洁剂浸泡。从针对高倍观察的微痕实验研究来看,大部分会采用化学剂清洗法,如 Keeley 用温热的 10% 的 HCl 和 20%～30% 的 NaOH 溶液浸泡标本[1];Van Gijn 先用 10% 的 HCl 溶液浸泡,再用 10% 的 KOH 溶液浸泡[2]。但从本次试验的情况来看,这批燧石可能含有杂质会与 HCl 溶液发生反应。因此,尽管本次采用的清洗法并不能完全去除加工后的残留物,为避免标本受损,并没有采用 HCl 溶液浸泡。竹子的残留物比较容易清洗,不使用 HCl 和 NaOH 溶液也可以清洗干净,具体方法是用加入了洗涤剂的热水浸泡,时间视情况而定,然后用超声波清洗仪清洗 10 分钟,用酒精擦拭石制品表面,再用超声波清洗仪清洗 10 分钟,最后自然晾干。然而,加工木质材料的残留物很难清洗干净,会嵌入石制品的表面,影响对于光泽和擦痕的判断,因此采用主要被用来去除有机物的 NaOH 溶液浸泡 10～20 分钟,然后用超神波清洗仪和酒精清洗。

需要注意的是,清洗过程中应密切留意标本的状况,保护使用刃。Keeley 曾提出清洗可能会对标本的微痕产生一定的影响,本次在试验清洗方法的过程中也发现了一些问题。化学溶液的浓度和浸泡时间需要合理控制;在用超声波清洗仪清洗时也需要保护标本的使用刃,因为刃缘和清洗架子的接触容易产生光泽,同时也会使刃缘出现磨圆的现象。

二 实验结果

12 件燧石标本的刃缘在加工后都发生了一定的变化,在显微镜下可观察到相应的片疤、磨圆、光泽和擦痕(表 1)。

① Keeley, L. 1980. *Experimental Determination of Stone Tool Uses：A Microwear Analysis*. Chicago：The University of Chicago Press.

② Van, G. 2010. *Flint in Focus：Lithic Biographies in the Neolithic and Bronze Age*. Leiden：Sidestone Press.

表1 本次实验记录表

标本编号	加工对象	使用方式	加工时间（分）	运动次数	使用效率	加工材料效果
DJK-SY:2	干竹子	锯	30	3357	较高	沟槽
DJK-SY:6	干竹子	砍砸	30	2515	低	浅凹缺
DJK-SY:3	新鲜竹子	削	30	1695	较高	削薄
DJK-SY:4	新鲜竹子	锯	30	2249	高	断
DJK-SY:5	新鲜竹子	锯	30	3013	高	接近断裂
DJK-SY:13	新鲜竹子	砍砸	30	2549	高	多次砍断
DJK-SY:14	干松木枝	削	30	2129	高	削尖
DJK-SY:9	干松木枝	锯	30	2789	较高	沟槽
DJK-SY:8	干松木枝	砍砸	30	2651	一般	大凹缺
DJK-SY:10	新鲜松木枝	锯	30	2253	较高	深沟槽
DJK-SY:15	新鲜松木枝	锯	30	2948	高	接近锯断
DJK-SY:11	新鲜松木枝	砍砸	30	2586	较高	接近砍断

（一）加工竹子的微痕结果

1. 锯竹子的微痕

标本 DJK-SY:2,锯干竹子。腹面和背面连续分布羽翼状和折断状片疤,多为中型和小型,少数大型片疤,可见"翻越状"片疤,腹面有一个大型卷边状片疤。大部分片疤有方向。刃缘呈不规则锯齿式,磨损较为严重,可见几个大凹缺,应为加工崩损所致。刃脊严重磨圆,呈 S 形,可见"翻越状"片疤的横断面。腹面和背面都可见光泽,但是分布面积较小,明亮光泽分布在刃缘凸起处。没有观察到明显擦痕(图 2:a1—a4)。

标本 DJK-SY:4,锯鲜竹子。背面和腹面都连续分布中型和小型片疤,个别大型片疤,多为羽翼状和折断状,可见一些大型和中型翻越状片疤;大部分片疤有方向,可见两个方向。刃脊严重磨圆,可见"翻越状"片疤的横断面,刃脊呈 S 形曲线。光泽较为发育,分布在背面和腹面的刃缘处,尤其凸起处分布大面积细网状的明亮光泽,部分片疤内侧也可见光泽。擦痕较不明显,只能观察到与光泽相伴的疑似短擦痕,与刃缘平行。大部分片疤在加工15分钟后产生,30分钟后产生片疤的速率变慢,多为贴近刃缘处的小型羽翼状片疤,光泽变亮,分布区域也更大(图2:b1—b4)。

标本DJK-SY:5,锯鲜竹子。严重磨圆,腹面近连续分布中型和小型片疤,个别大型片疤,多为羽翼状和折断状,偶见"翻越现象";部分片疤有方向,可见两个方向。背面片疤较少,为中型和小型羽翼状片疤。背腹面都可见较亮的光泽,但不发育,主要分布在刃缘凸起处,但分布区域较小。

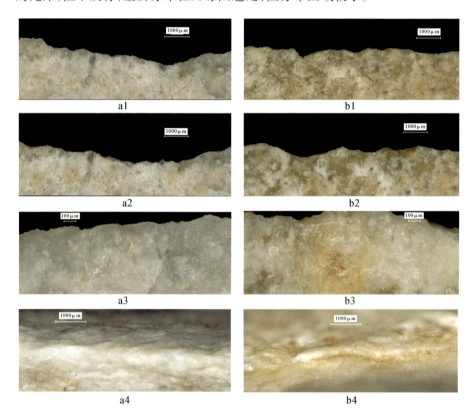

图2　锯竹子的微痕特征

左:锯干竹子(No. DJK-SY:2):a1)使用前,D40×;a2)片疤,30分钟,D40×;a3)光泽,30分钟,V200×;a4)磨圆,30分钟,R50×。右:锯鲜竹子(No. DJK-SY:4):b1)使用前,D40×;b2)片疤,30分钟,D40×;b3)光泽,30分钟,D200×;b4)磨圆,30分钟,R50×。

2. 砍砸竹子的微痕

标本 DJK-SY:6,砍砸干竹子。刃缘变宽,严重磨圆,部分凸起处崩损。背面近连续分布大型和中型阶梯状片疤,部分阶梯状片疤层叠分布,贴近刃缘可见个别小型羽翼状片疤。腹面片疤较背面少,近连续分布阶梯状片疤,多位中型和大型,少量小型片疤。从刃脊处可见片疤垂直破裂方向(图3:a1~a3)。

标本 DJK-SY:13,砍砸鲜竹子。刃缘变宽,严重磨圆,可见片疤的横断面。刃缘凸起处磨损,刃缘趋于平直。腹面分散分布阶梯状片疤,以中型为主,个别大型片疤,可见阶梯状片疤层叠分布的现象,还可见小型羽翼状片疤。背面片疤较少。片疤生成集中在前15分钟,后15分钟产生的片疤较少,主要为贴近刃缘分布的小型羽翼状片疤。可见沿着刃缘分散分布的明亮光泽,分布范围小(图3:b1~b3)。

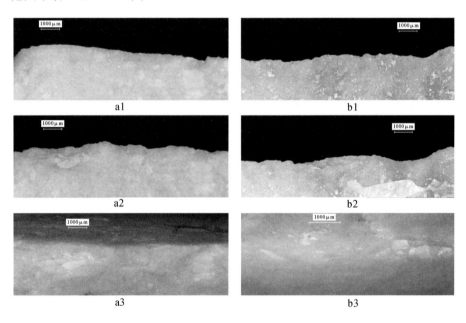

图3　砍砸竹子的微痕特征

左:砍砸干竹子(No. DJK-SY:6):a1)使用前,D30×;a2)片疤,30分钟,D30×;a3磨圆,30分钟,R30×。右:砍砸鲜竹子(No. DJK-SY:13):b1)使用前,V30×;b2)片疤,30分钟,V30×;b3)磨圆,30分钟,R50×。

3. 削鲜竹子的微痕

标本 DJK-SY:3 的刃缘背面(非接触面)原有凸起处磨圆较为严重,刃缘趋于平直,一侧崩损,连续分布小型和中型片疤,分散分布大型片疤,羽翼状为主,一处大型卷边式片疤,内部嵌套羽翼状小片疤,大部分片疤侵入较深。还有个别中型阶梯状片疤。可见翻越状片疤。腹面刃缘呈锯齿形,部分凹缺略显方向,偶见羽翼状小片疤。刃脊中度磨圆,部分凸起处严重磨圆。片疤主要在 15 分钟后产生,30 分钟后凹缺加大加深(图 4)。

图 4 削鲜竹子的微痕特征

No. DJK-SY:3;a)使用前,D40×;b)30 分钟,D40×;c)30 分钟,R50×。

(二)加工松木的微痕结果

1. 锯松木的微痕

标本 DJK-SY:9,锯干松木。刃脊变宽,严重磨圆,零星可见"翻越现象"。一个中型卷边状片疤,个别大型折断状片疤,小型折断状和羽翼状疤刃缘形态呈不规则锯齿状。背腹面都可观察到少量明亮的光泽,但不发育,分布范围较小(图 5:a1—a4)。

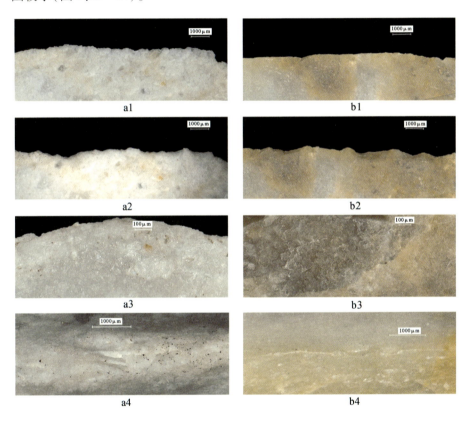

图 5 锯松木的微痕特征

左:锯干松木(No. DJK-SY:9):a1)使用前,V30×;a2)片疤,30 分钟,V30×;a3)光泽,30 分钟,V200×;a4)磨圆,30 分钟,R50×。右:锯鲜松木(No. DJK-SY:10):b1)使用前,V30×;b2)片疤,30 分钟,V30×;b3)光泽,30 分钟,D200×;b4)磨圆,30 分钟,R60×。

标本 DJK-SY:10,锯鲜松木。腹面出现一处大型崩损,一侧连续分布6—7个大型折断状片疤,可见"翻越现象"。零星分布中型羽翼状和阶梯状片疤,贴近刃缘分布小型羽翼状片疤,大部分片疤有方向。背面片疤较少,主要为小型羽翼状和折断状片疤,有方向。刃缘处可见一定方向的缺口。刃脊中度磨圆。背腹面都可观察到明亮光泽,主要在 15 分钟后生成。石料表面原本可见散漫光泽,点状分布,范围大,但经过加工后,刃缘附近出现较为连续的明亮光泽(图 5:b1—b4)。

标本 DJK-SY:15,锯鲜松木。刃缘崩损较为严重,出现大型半月形凹缺。可见两个方向的大型片疤,有"翻越现象"。刃缘背腹面分布明亮光泽,部分发育处出现光泽连接成线的情况。

2. 砍砸松木的微痕

标本 DJK-SY:8,砍砸干松木。刃缘中度至严重磨圆。背面可见少量大型和中型阶梯状片疤,多为小型羽翼状片疤。腹面出现大小不一的凹缺(图 6:a1~a3)。

标本 DJK-SY:11,砍砸新鲜松木。腹面可见两处大型崩损。背腹面可见折断状和阶梯状片疤,多为中型;不连续分布小型羽翼状片疤。严重磨圆。零星分布擦痕和光泽。刃缘变化主要发生在前 15 分钟,之后产生少量小型片疤。偶见分散分布的光泽,偏毛糙,亮度不大(图 6:b1~b3)。

3. 削松木的微痕

标本 DJK-SY:14,削干松木。刃缘一处大的崩损,磨损较为严重。背面(非接触面)连续分布片疤,多为中型和小型的阶梯状和羽翼状,部分片疤层叠分布,也有个别大型卷边状片疤。腹面(接触面)无明显片疤,偶见稍亮光泽,刃缘呈波浪状,部分凹缺略显方向。

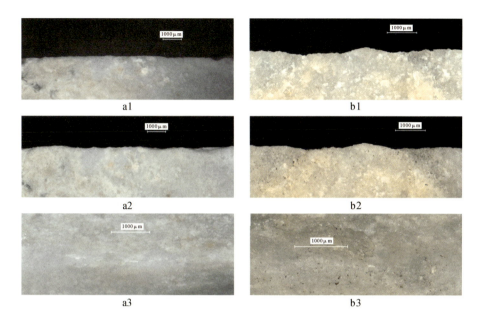

图 6 砍砸松木的微痕特征

左:砍砸干松木(No. DJK-SY:8):a1)使用前,D30×;a2)30 分钟,D30×;a3)30 分钟,R50×。

右:砍砸鲜松木(No. DJK-SY:11):b1)使用前,D50×;b2)30 分钟,D50×;b3)30 分钟,R60×。

三 分析与讨论

(一)加工竹质材料的典型微痕特征

本次 6 件加工竹子的实验结果显示:1)不同使用方式会产生不同的微痕特征,片疤的分布形态、磨圆强度、光泽特征(图 8)等有一定的差异;2)削竹子多连续分布片疤,分布在非接触面,有一定的方向,轻度至中度磨圆,无明显光泽;3)锯竹子产生的片疤部分呈现出两种方向,多为中型和小型的折断状和羽翼状片疤,"翻越现象"多见,中度至严重磨圆,光泽形似细网状,发育的光泽分布范围较大,刃缘凸起处和片疤内部都可见,少量擦痕;4)砍砸竹子产生层叠分布的阶梯状片疤和分散分布的光泽,严重磨圆;5)加工新鲜竹子更易产生光泽,发育的光泽特征为明亮,多相互连接;6)加工新鲜竹子后,刃缘的形态更加规整,而加工干竹子出现崩损的情况较多。

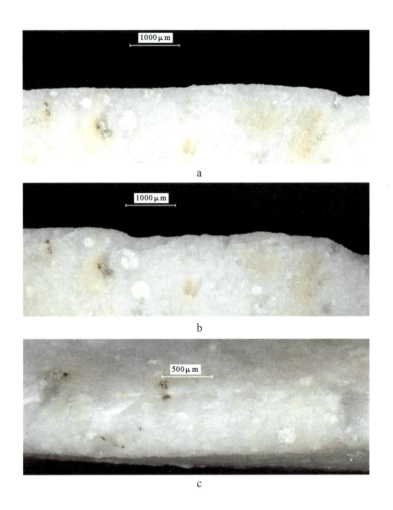

图 7　削干松木的微痕特征

No. DJK-SY:14;a)使用前,D50×;b)30 分钟,D50×;c)30 分钟,R100×。

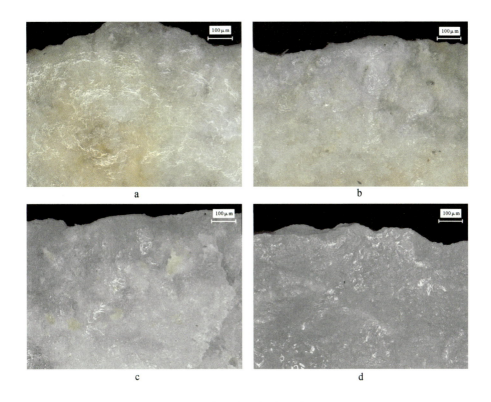

图 8　加工竹子的光泽对比

a）锯鲜竹子（No. DJK-SY:4）,30 分钟,D400×;b）锯鲜竹子（No. DJK-SY:5）,30 分钟,D400×;

c）锯干竹子（No. DJK-SY:2）,30 分钟,V400×;d）砍砸鲜竹子（No. DJK-SY:13）,30 分钟,V400×。

　　从分阶段实验来看,削竹子产生的微痕一直处于递增趋势。锯和砍砸竹子的大型和中型片疤主要在前 15 分钟,后 15 分钟的刃缘没有发生十分明显的变化,产生的多为小型羽翼状片疤。光泽随加工时间不断发育,亮度和范围递增（图 9）。

　　中国可查的竹质材料微痕研究,可见针对甑皮岩遗址细砂岩和细石英砂岩的实验研究①,但未见相似记录和完整对照图。另外,一些研究者针对东南

---

① 中国社会科学院考古研究所等编:《桂林甑皮岩》,文物出版社 2003 年,第 379—384 页。

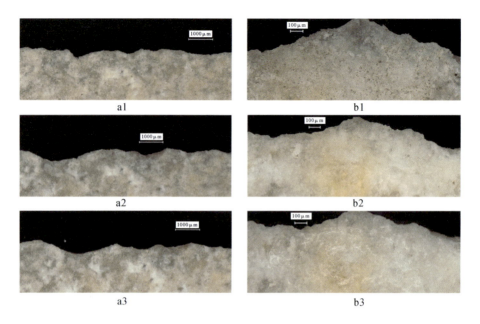

图9　锯鲜竹子的微痕变化(No. DJK-SY:4)

左:刃缘形状与片疤:a1)使用前,D40×;a2)15 分钟,D40×;a3)30 分钟,D40×。

右:光泽:b1)使用前,D150×;b2)15 分钟,D150×;b3)30 分钟,D150×。

亚地区的常见石料进行了加工竹子的模拟实验①。尽管部分实验的石料有所差异,但结果与本次实验有众多相似之处,Xhauflair 等人的实验还发现竹子的成熟程度会对光泽有一定影响,加工成熟的竹子更容易形成光滑的光泽;另外,大部分标本在加工后会出现画笔状的擦痕。不过,由于没有提供实验前的照片,难以了解光泽的形成。

(二)燧石制品加工木质材料的典型微痕特征

本次 6 件加工松木枝的实验结果显示:1)不同使用方式会产生不同的微痕特征,片疤的分布形态、磨圆强度、光泽特征(图 10)等有一定的差异;2)削

---

① (1)Mijares, A. 2001. An expedient lithic technology in Northern Luzon (Philippines). *Lithic Technology*, 26:138-152;(2)Xhauflair, H., Pawlik, A., Gaillard, C., et al. 2016. Characterisation of the use-wear resulting from bamboo working and its importance to address the hypothesis of the existence of a bamboo industry in prehistoric Southeast Asia. *Quaternary International*, 416:95-125.

木产生的片疤连续分布在非接触面,有卷边状和阶梯状,可见"翻越现象",中度至严重磨圆,少量光泽;3)锯木产生的片疤部分呈现出两种方向,多为大型的折断状和小型连续分布的羽翼状和折断状片疤,"翻越现象"多见,中度至严重磨圆,产生小范围的明亮光泽,无明显擦痕;4)砍砸木多中型和小型的折断状和羽翼状片疤,严重磨圆,有少量光泽和疑似擦痕。

从分阶段实验来看,削木产生的微痕一直处于递增趋势。锯和砍砸木的大型和中型片疤主要在前15分钟,后15分钟产生的多为贴近刃缘分布的小型羽翼状片疤。前15分钟内产生的光泽不太明显,后15分钟光泽增强,面积扩大。

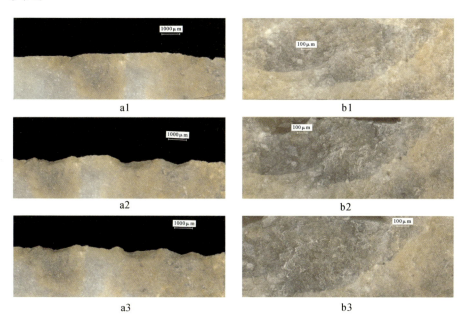

图 10 锯鲜松木的微痕变化

左:刃缘形状与片疤:a1)使用前,V30×;a2)15分钟,V30×;a3)30分钟,V30×。

右:光泽:b1)使用前,D160×;b2)15分钟,D160×;b3)30分钟,D160×。

实际上,已有多位研究者针对木质材料开展了大量的微痕实验研究,涉及不同使用方式和不同石料,包括燧石①、石英岩②、黑曜岩③、角页岩④等,尤以燧石原料最为丰富。对照这些实验结果,在相似的使用方式下,尽管片疤大小有所差异,但总体的组合特征较为接近。

(三)燧石制品加工竹木材料的微痕对比

加工竹和木的微痕基本接近,但也存在一定的差异。

加工竹木都容易产生"翻越状"片疤,片疤的分布与使用方式有较为密切的关系。削竹木产生的片疤主要分布在非接触面,不见折断状片疤;锯产生的片疤分布在背面和腹面,可见两个方向,"翻越现象"相对较多,锯新鲜材料形成的刃缘更为规整。两者片疤较为明显的差异体现在砍砸这一方式上。砍砸竹子更容易形成阶梯状片疤以及层叠分布的现象,而砍砸木会在刃脊出产生较多中型和小型的凹缺;砍砸竹子形成的片疤比砍砸木的大。

在相同的使用方式和加工强度下,磨圆程度基本一致。砍砸产生的磨圆最为严重,削产生的磨圆程度相对较轻。

加工竹和木产生的发育光泽都属明亮光泽,但分布形态存在一定差异(图11)。锯木更容易产生线状光泽,锯竹更容易产生网状光泽。削产生的光泽较少;锯容易产生发育的光泽,分布范围大,基本整条刃缘都有可能分布,多为刃缘凸起处,有时片疤内部也可见;砍砸产生的光泽比较分散,范围较小,片疤内不可见。加工新鲜材料形成的光泽分布范围更大。

---

① (1)Keeley, L. 1980. *Experimental Determination of Stone Tool Uses: A Microwear Analysis.* Chicago: The University of Chicago Press, pp.10-11;(2)王幼平:《雕刻器实验研究》,见北京大学考古系编:《考古学研究(一)》,文物出版社1992年,第65—90页;(3)李卫东:《燧石尖状器实验研究》,见北京大学考古系编:《考古学研究(一)》,文物出版社1992年,第91—117页;(4)沈辰、陈淳:《微痕研究(低倍法)的探索与实践——兼谈小长梁遗址石制品的微痕观察》,《考古》2001年第7期;(5)陈福友、曹明明、关莹等:《木质加工对象实验与微痕分析报告》,见高星、沈辰主编:《石器微痕分析的考古学实验研究》,科学出版社2008年,第41—60页。

② Liu, J., Chen H. 2016. An experimental case of wood-working use-wear on quartzite artefacts. *Documenta Prihistorica*, 43:507-514.

③ 方启:《吉林省东部地区黑曜岩石器微痕研究》,吉林大学2009年博士论文。

④ 杨霞、陈虹、王益人:《角页岩雕刻器的微痕实验研究》,《人类学学报》2017年第1期。

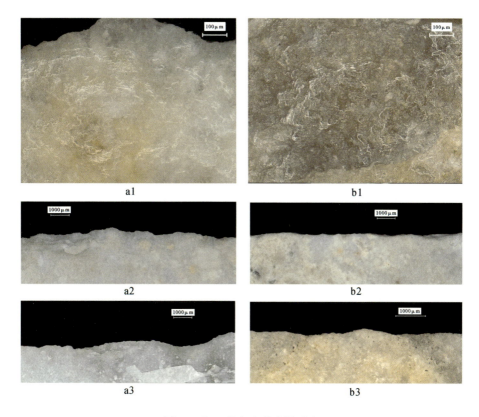

图 11　加工竹和木的光泽对比

左:a1)锯鲜竹(No. DJK-SY:4),30分钟,明亮网状光泽,D400×;a2)砍砸干竹(No. DJK-SY:6),层叠分布的阶梯状片疤,30分钟,D30×;a3)砍砸鲜竹(No. DJK-SY:13),30分钟,阶梯状片疤,V30×。

右:b1)锯鲜松木(No. DJK-SY:10),30分钟,明亮光泽,D400×;b2)砍砸干松木(No. DJK-SY:8),30分钟,片疤,D30×;b3)砍砸鲜松木(No. DJK-SY:11),30分钟,片疤,D50×。

四　结　论

本次加工竹木材料的实验研究获取了重要的微痕对照数据,记录了使用特定使用方式加工特定材料的微痕形成过程。片疤的形态和分布以及光泽的分布对于使用方式有一定的指示意义,尤其是锯这一动作形成的微痕在本次实验中最具特征性。加工竹木材料形成的微痕具有一定的相似性,都容易产生"翻越状"片疤,锯干竹子和干木都较容易产生卷边状片疤;但是,砍砸竹子多形成阶梯状片疤及部分层叠分布的现象,而砍砸木多形成中型和小型的折断状和羽翼状片疤。锯新鲜竹子容易形成发育光泽,表现为较大面积的网状明亮光泽,与锯工木形成的呈线状连接的明亮光泽存在一定差异。分阶段实验显示,仅削竹和木的片疤处于递增趋势,锯和砍砸竹、木的片疤和磨圆主要形成于前15分钟,之后形成的片疤多为贴近刃缘分布的小型羽翼状;而光泽的形成呈现出不断增强和范围扩大的现象。

结合已有的实验结果,在对应的使用方式下,即便石料略有所差异,比如致密程度不同的燧石、安山岩、红碧玉等,产生的微痕组合特征尤其是一些指示性特征具有较大相似性。这一方面表明微痕实验的可复制性和微痕结果的可参照性;另一方面,表明观察不同石料的经验可以相互借鉴。

同时,本次实验显示出使用新型光学显微镜有效结合"低倍法"和"高倍法"优势的可能性。运用具有超大景深和全幅对焦的显微镜能够帮助大范围记录微痕各要素的形成过程及其相互之间的关系,更加全面立体地呈现光泽。目前,微痕研究的系统化和标准化程度尚处于探索阶段,未形成统一的术语,而且随着新实验的增加,会有新的发现。语言很多时候难以完全表述看到的微痕形态,因此,图像的完整记录和清晰展示显得更为重要。

需要指出的是,本次研究并没有观察到明显的擦痕,可能是因为观察倍数不够或者石料本身的问题。擦痕在高倍法中主要用于判断运动方向,不过,一般通过片疤组合也能实现。因此,如果能掌握利用片疤和磨圆的组合特征判断运动方向,同时在一定程度上判断加工材料,然后,结合光泽的特征,即可进一步确认加工材料。

本次实验也存在许多需要改进和注意的地方。例如,对于加工木质材料标本的清洗不是十分成功,也发现在使用超声波清洗仪时需要特别注意对标本的保护。另外,个别标本的实验效果不是十分理想,可能受到标本尺寸、变量控制等方面的影响。采用实验方法进行微痕研究,未来有待更多不同类型使用实验的测试和完善。

(刘吉颖、陈虹、沈易铭合作)

山西南部晚更新世人类行为的区域多样性研究

　　人类行为是人与文化共同进化的产物。[①] 许多人类学家认为,文化是人类进化史中最有效的适应手段。Odell 定义的石器技术是指石器制作过程中的各个阶段[②],包括了操作程序、剥片工具、原料制备和制作技术。工具和技术是人类文化和认知进化的直接体现,剥片和修理技术可能意味着制作者和使用者施加的文化介入。Torrence 曾指出石器组合可能和时间压力和时间预算有关。[③] Oswalt 在他的书中讨论了不同环境下出现的不同的工具组合,认为"最佳工具组合"的增加是为了减少觅食失败引起风险的一种解决方法。[④] Bamforth 和 Odell 认为原材料的稀缺促使狩猎者和采集者加大对工具生产的投入[⑤],因此,精细石器技术可能变成了一种至关重要的适应性策略。

　　旧石器时代晚期被史前研究者定义为以石叶工具组合为主体的旧石器时段,包括东北亚、西伯利亚和北美的石叶技术,以及欧洲和西亚的几何形细石器。[⑥] 更新世末期石叶技术的出现与兴盛,被认为是史前时期最为重要的

---

① Durham, W. 1976. The adaptive significance of cultural behavior. *Human Ecology*, 4(2):89-121.

② Odell, G. 2001. Stone tool research at the end of the Millennium: classification, function, and behavior. *Journal of Archaeological Research*, 9(1):45-99.

③ Torrence, R. 1982. Time budgeting and hunter-gatherer technology. In: Bailey, G. (Eds.). *Hunter-Gatherer Economy in Prehistory: A European Perspective*. Cambridge: Cambridge University Press, pp. 11-22.

④ Oswalt, W. 1976. *An Anthropological Analysis of Food-Getting Technology*. New York: Wiley and Sons.

⑤ (1)Bamforth, D. 1986. Technological efficiency and tool curation. *American Antiquity*, 51(1):38-50;(2)Odell, G. 1996. Economizing behavior and the concept of "curation". In: Odell, G. (Eds), *Stone Tools: Theoretical Insight into Human Prehistory*. New York: Plenum, pp. 51-77.

⑥ (1) Bar-Yosef, O. 1999. The big deal about blades: Linar technologies and human evolution. *American Anthropologist*, 101 (2): 322-338;(2) Taylor, W. 1962. A distribution between blades and microblades in the American Arctic. *American Antiquity*, 27(3):425-426;(3)安志敏:《中国细石器发现一百年》,《考古》2000 年第 5 期;(4)贾兰坡:《中国细石器的特征和它的传统、起源与分布》,《古脊椎动物与古人类》1978 年第 2 期。

技术革新之一。① 在许多相关研究的基础上,学者认为细石叶代表了狩猎和采集者在极端多样化和严酷环境中所采用的技术与应对策略。②

　　山西位于黄河中游,这里的石器研究最早始于 1929 年法国古生物学家德日进(P. Teilhard de chardin)和中国古生物学家杨钟健在山西西部的地质考察。迄今已陆续发现了 460 多处遗址或地点,基本建立起华北地区旧石器文化的发展序列。为了理解山西南部地区人类行为和适应性的地域性变化,本文将讨论四个细石叶工业的石器技术和行为模式,分别是下川、薛关、柴寺(即丁村 77:01 地点)和柿子滩遗址。

一　分析方法和样本

(一)石器分析:动态技术类型学分析

　　技术类型学是基于石器制作工艺的类型学方法,相比于仅研究石制品形态的"形态类型学"③,技术类型学在细石叶研究领域中变得炙手可热。Schild 等人提出的"动态类型学"是另一种有效的类型学方法④,这种方法根据可分类的石片、石核、废品和终极产品在原料预制、开采和重塑方面的作用,重建石制品组合的生产程序。

　　基于"操作链"概念以及上述提到的两种类型学方法,本文提出一种新的类型学方法——动态技术类型学分析,用来确认石制品标本的特性,并进一步比较三种方法的异同。在本研究中,所有同一组合中的石制品将会被分为四组:制备类型、制作类型、使用类型和废弃类型(图 1)。

---

① Bar-Yosef, O. 2002. The upper Paleolithic revolution. *Annual Review of Anthropology*, 31:363-393.

② Chen, C. 1984. The microlithic in China. *Journal of Anthropological Archaeology*, 3(2):79-115.

③ (1) Hayashi, K. 1968. The Fukui microblade technology and its relationship with North Asia and North America. *Arctic Anthropology*, 5(1):128-190;(2) Chen, C. 2007. Techno-typological comparison of microblade cores from East Asia and North America. In:Kuzmin, Y., Keates, S., Shen, C. (Eds), *Origin and Spread of Microblade Technology in Northern Asia and North America*. Burnaby:Archaeology Press of Simon Fraser University, pp. 7-38.

④ Schild, R., Marczak, M., Krolik, H. 1975. *The Late Mesolithic:An Example of Multiaspectual Analysis of Open Air Sites from Sandy Lowlands*. Ossolineum:Instytut Historii Kultury Materialnej PAN.

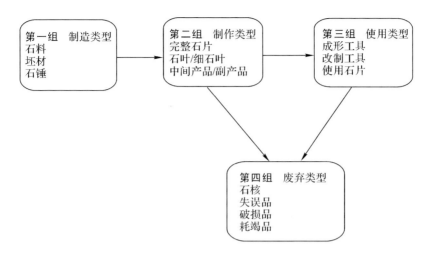

图1　动态技术类型学图示

　　"制备类型"指的是在剥片程序的较早阶段产生的石制品,并可以被选择性地进行修理。包括原材料、坯材和石锤。

　　"制作类型"指的是在剥片和修理中产生的石制品,包括完整石片(不包括下文提到的使用石片)、石叶/细石叶和中间产品/副产品。在石片中,石核修整石片,或者称作石核修复石片是具体技术和制备阶段的证据。值得注意的是,所有这些石片都没有经过有意的使用。中间产品/副产品是剥片和修理过程中的损坏品,包括碎屑、断块和残片。

　　所有带有使用痕迹的或可能使用过的石制品都被归为"使用类型",包括有明显修理痕迹的成形工具、经有意重磨或重制的改制工具以及有使用痕迹的使用石片。"成形工具"是为了某种具体目的而特别制作出来的石制品。为了某种特殊功能的故意修整,会使石制品边缘和表面产生有规律的痕迹,例如刮削器、尖状器、两面器、锥钻、雕刻器、琢背小刀等等。在这之中,有些损坏的工具可能被重新加工成其他形状以延长使用寿命,我们将之命名为改制工具。沈辰认为,使用石片是指在显微镜下能观察到使用痕迹的石片。[1]

　　"废弃类型"指不能再进一步剥制石片或石叶,或不能再继续使用而被遗弃的产品。失误品指不能再按照"概念型版"加工或改造成其他器形的器物,

_____

　　[1]　Shen, C. 2001. *The Lithic Production System of the Princess Point Complex during the Transition to Agriculture in Southwestern Ontario, Canada*. Oxford: BAR International Series 991.

被认为是不能成为工具或没有使用功能的产品。破损品指损坏或废弃的产品。耗竭品包括有重复修理痕迹的工具,例如很小的拇指盖型刮削器。许多石核在剥片程序之后可能就失去效用了,我们在本次研究中把遗址中的石核定义为废弃品,尽管其中有些仍能继续使用。

根据技术属性,石核可以被分为非定型石核、预制石核、两极石核和石核断块。预制石核形成并维修台面,以剥制出预想的石片和石叶。这类石核可能代表着一种节约技术,表明了更有技术地控制剥片程序。① 相反地,非定型石核表现出较少的石核预制技术,通常表明非专门化生产,权宜工具占主导。② 两级石核适合生产三角形、矩形、扇形的,一端或两端有特殊破裂和剥片痕迹的两级石片。③

(二)人类行为:石制品微痕分析

石制品功能对于史前考古学家来说是一个热门话题。自从 Semenov 的专著《史前技术》一书被译成英文后④,石制品微痕分析成为欧美解释石器功能的一种主要方法。迄今为止,微痕分析发展出两种主要技术,一种是以 Keeley 为代表的"高倍法",主要是在内射式光学显微镜或者扫描电镜(SEM)下以相对较高倍率(100 ~ 400 倍)观察石制品使用光泽的分布情况。⑤ 另一种方法是 Tringham 和 Odell 等人提倡的"低倍法",主要是在实体显微镜下以相对较低的倍率(5 ~ 200 倍)观察石制品刃部损伤痕迹、微小剥离痕和可以观察到的

① (1)Johnson, J., Morrow, C. 1987. *The Organization of Core Technology*. Boulder and London: West Press;(2) Shen, C. 2001. *The Lithic Production System of the Princess Point Complex during the Transition to Agriculture in Southwestern Ontario, Canada*. Oxford: BAR International Series 991.

② (1)Johnson, J. 1986. Amorphous cores technology in the Mid-South. *Midcontinental Journal of Archaeology*, 11:135-151;(2) Custer, J. 1987. Core technology at the Hawthorn Site, New Castle County, Delaware: A Late Archaic hunting camp. In: Johnson, J., Morrow, C. (Eds), *The Organization of Core Technology*. Boulder and London: West Press, pp.45-62.

③ Kuijt, I., Prentiss, W., Pokotylo, D. 1995. Bipolar reduction: an experimental study of debitage variability. *Lithic Technology*, 20(2):116-127.

④ Semenov, S. (translated by Thompson, M.). 1964. *Prehistoric Technology: An Experiment Study of the Oldest Tools and Artifacts from Traces of Manufacture and Wear*. London: Cory, Adams & Mackay.

⑤ Keeley, L. 1980. *Experimental Determination of Stone Tool Uses*. Chicago: The University of Chicago Press.

磨圆。① 基于数十年的实验与实践,学者们已基本证明这两种微痕分析技术各有优势与劣势,越来越多的研究者逐渐倾向于在研究中将"高倍法"与"低倍法"结合使用②。

在过去的二十年里,许多研究都采用了低倍法,并证实低倍法是一种可靠的方法。低倍法的优势在于:第一,通过观察石制品刃部损伤痕迹,可以比较准确地推断出石制品的使用方式;第二,因为观察需要时间较短,所以这种技术可用于观察大批量石制品;第三,除了石制品研究之外,低倍法也可以应用在其他材质标本的功能研究中;第四,低倍法所用的器材设备不贵,大多数研究者可以承受。

微痕图像能提供有关工具功能与加工材料的直接证据。在考古学研究中,这种方法会为在研究史前人类行为引出一条新的思路。由于本次研究涉及的大多数石制品表面粗糙,质地较差,不太适合观察光泽。因此,本次研究采用低倍法,主要观察微小的片疤和磨圆情况。

二 考古发现及材料

下川遗址,发现于 1970 年,在山西省南部的沁水、阳城、垣曲三县有所分布。在 1970—1975 年的调查中共发现 16 个地点,确认了两个文化层和一个空白间隔层。下文化层的地质年代为中更新世,上文化层的地质年代为晚更新世。1973—1975 年,从上文化层中发现 1800 多件石制品;另外,1990—2002 年在下川其他地点发现 4415 件石制品;除了一些分散的木炭和牛、羊骨

---

① (1) Tringham, R., Cooper, G., Odell, G., et al. 1974. Experimentation in the formation of edge damage: a new approach to lithic analysis. *Journal of Field Archaeology*, 1:171-196;(2) Odell, G. 1979. A new improved system for the retrieval of functional information from microscopic observations of chipped stone tools. In: Hayden, B. (Ed), *Lithic Use-Wear Analysis*. New York: Academic Press, pp.329-344.

② Shea, J. 1987. On accuracy and relevance in lithic use-wear analysis. *Lithic Technology*, 16(2-3): 44-50.

头外,很少发现其他的考古遗迹。① 由于上下文化层之间的文化遗迹不同,所以有学者认为从大石片工业到石叶和细石叶工业之间存在技术和文化的演变②。虽然从下川遗址取得了 11 个碳-14 测年数据,但是上文化层的年代大约在距今 23000 年和距今 13000 年之间③。

薛关遗址,位于昕水河的黄土层,发现于 1964 年。在 1979 年和 1980 年的发掘中,共发现 4777 件石制品和一些动物化石,细石叶遗存、石片工具和重型工具均有发现。碳-14 测年数据为距今 13550(±150)年④。这与下川晚段的年代相近,但是两者存在明显的区别——薛关没有箭头和磨制工具⑤。

柴寺遗址,也被称为丁村第 77:01 点,1977 年发现于山西省襄汾县柴寺村附近的汾河第二层阶地。发掘中同时发现了细石叶遗存和大型石片工具。⑥放射性碳鉴定出该遗址的年代为距今 26496(±590)年或距今 40000 年,参与挖掘的学者认为前一个数据对于细石叶遗存而言更为合理。⑦ 也有观点提

① (1)王建、王向前、陈哲英:《下川文化——山西下川遗址调查报告》,《考古学报》1978 年第 3 期;(2)陈哲英:《下川遗址的新材料》,《中原文物》1996 年第 4 期;(3)Chen, C., Wang, X. Q. 1989. Upper Paleolithic microblade industries in North China and their relationships with Northeast Asia and North America. *Arctic Anthropology*, 26(2):127-156.

② (1)石兴邦:《下川文化研究》,见《庆祝苏秉琦考古五十五周年论文集》,文物出版社 1989 年,第 144—151 页;(2)Chen, C., Wang, X. Q. 1989. Upper Paleolithic microblade industries in North China and their relationships with Northeast Asia and North America. *Arctic Anthropology*, 26(2):127-156.

③ (1)Tang, C. 2000. The Upper Paleolithic of North China: the Xiachuan Culture. *Journal of East Asian Archaeology*, 2(12):37-49;(2)Kuzmin, Y. 2007. Geoarchaeological aspects of the origin and spread of microblade technology in northern and central China. In: Kuzmin, Y., Keates, S., Shen, C. (Eds.). *Origin and Spread of Microblade Technology in Northern Asia and North America*. Burnaby: Archaeology Press of Simon Fraser University, pp.115-124;(3)中国社会科学院考古研究所:《中国考古学碳—14 年代数据集 1965—1991》,文物出版社 1991 年。

④ (1)王向前、丁建平、陶富海:《山西蒲县薛关细石器》,《人类学学报》1983 年第 2 期;(2)中国社会科学院考古研究所:《中国考古学碳—14 年代数据集 1965—1991》,文物出版社 1991 年。

⑤ Lv, L. D. 1999. *The Transition from Foraging to Farming and the Origin of Agriculture in China*. Oxford: BAR International Series 774.

⑥ (1)王建:《关于下川遗址和丁村遗址群 7701 地点的时代、性质问题——与安志敏先生讨论》,《人类学学报》1986 年第 2 期;(2)王建、陶富海、王益人:《丁村旧石器时代遗址群调查发掘简报》,《文物季刊》1994 年第 3 期。

⑦ (1)李炎贤:《中国旧石器时代晚期文化的划分》,《人类学学报》1993 年第 3 期;(2)王建:《关于下川遗址和丁村遗址群 7701 地点的时代、性质问题——与安志敏先生讨论》,《人类学学报》1986 年第 2 期。

出,柴寺的石器组合可能是下川的源头。①

柿子滩遗址,1980 年发现于吕梁山南部清水河的基岩层。② 2000—2001 年沿清水河进行了考古调查和试掘,共发现 25 个地点,明确了柿子滩遗址的分布范围和地质背景,并在高楼河乡确定了另一个遗址中心。截至目前,发掘和报道过的地点有 S14、S12 和 S9 等。③ 1980 年在 S1 地点的上文化层发现了 1807 件石器标本和零碎的动物化石,石制品以细石叶和石片石器为主的,以及若干蚌器、骨制品、磨制工具、岩画和蚌饰品等。S12 和 S9 地点的碳-14 测年数据分别是距今 18180(±270)—16050(±160)年和距今 8340(±130)年。④ 柿子滩遗址被认为中国目前距今 2 万至 1 万年间现存堆积最厚、内涵最丰富、保存最好的一处石器工业代表。⑤

三　石器的技术特点

以上四个考古遗址中,柴寺和薛关是单沉积层,下川和柿子滩是双沉积层。动态技术类型分析中所使用的石制品均来自于上文化层或者相当于旧石器晚期的文化层。

(一) 下川组

1973—1975 年从上文化层中发掘获得 1715 件标本,由于大部分标本被博物馆和私人所保管,所以仅有一小部分可供再次分析。经过观察,下川组

---

① (1)王建、陶富海、王益人:《丁村旧石器时代遗址群调查发掘简报》,《文物季刊》1994 年第 3 期;(2)张晓凌:《丁村 77:01 地点和下川遗址细石器制品的类型初探》,《文物春秋》2003 年第 3 期。

② 山西省临汾行署文化局:《山西吉县柿子滩中石器文化遗址》,《考古学报》1989 年第 3 期。

③ (1)柿子滩考古队:《山西吉县柿子滩旧石器时代遗址 S14 地点》,《考古》2002 年第 4 期;(2)柿子滩考古队:《山西吉县柿子滩遗址第九地点发掘简报》,《考古》2010 年第 10 期;(3)赵静芳:《柿子滩遗址 S12 地点发现综述》,见北京大学文博学院编:《考古学研究(七)》,科学出版社 2008 年,第 223—231 页。

④ (1)赵静芳:《柿子滩遗址 S12 地点发现综述》,见北京大学文博学院编:《考古学研究(七)》,科学出版社 2008 年,第 223—231 页;(2)柿子滩考古队:《山西吉县柿子滩遗址第九地点发掘简报》,《考古》2010 年第 10 期。

⑤ (1)山西省临汾行署文化局:《山西吉县柿子滩中石器文化遗址》,《考古学报》1989 年第 3 期;(2)柿子滩考古队:《山西吉县柿子滩旧石器时代遗址 S14 地点》,《考古》2002 年第 4 期。

的技术特点归纳如下(图2)。

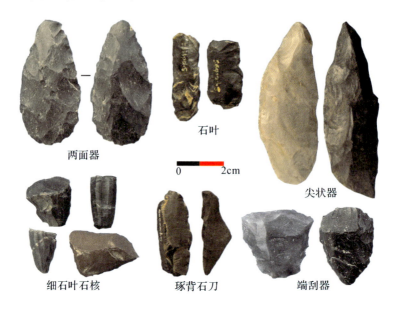

图2　下川遗址的石制品

1. 存在较为成熟的石核预制技术

在被观察的石核中,细石叶石核占73%($N=219$),非定型石核占27%($N=21$)。根据形状可将细石叶石核分为楔形、船形、棱柱形、圆锥形和半锥形、多面形和漏斗形等类型①,这些细石叶石核可能为了制作特定类型的细石叶进行过刻意设计。此外,一些石核修整石片($N=3$)的出现表明,预制石核在损耗过程中会为了形成更适合的台面或者脊而被修整或更新。

2. 以石叶、细石叶工艺为主,少量石片石器为辅

组合中的石片占62%($N=304$),并有许多工具以石片为坯,经压制修理而成。石叶技术在欧洲旧大陆和西伯利亚地区并存了很长一段时间,但在中国不发达。目前公认的石叶遗存仅水洞沟一处②,但是分析表明,下川存在相

---

① Chen, C. 2007. Techno-typological comparison of microblade cores from East Asia and North America. In: Kuzmin, Y., Keates, S., Shen, C. (Eds.), *Origin and Spread of Microblade Technology in Northern Asia and North America*. Burnaby: Archaeology Press of Simon Fraser University, pp.7-38.

② 杜水生:《中国北方的石叶类遗存》,《中国国家博物馆馆刊》2005年第3期。

当数量的石叶及以石叶为坯的工具（$N = 101$，$P = 20.6\%$），石叶与细石叶工业可能并存。有些学者认为这类被截断的石叶是为了制作短小的"剃刀"，插入柄中作为复合工具的切缘[1]。

3. 部分定型工具的规范化、专门化程度高

刮削器（$P = 42.4\%$，$N = 372$）在下川石制品组合中是数量最大的一类，亚类型较少，形态比较接近、稳定。特别是 219 件端刮器（$P = 24.9\%$）在坯材、器型大小、加工部位和修理方式都非常相似，反映出工匠在制作工具时可能已有"概念型版"[2]。刃部加工长度:宽度的比率分布相近，显示出加工方式的标准化程度。

4. 存在单面通体压制与两面器修薄技术

两种技术多用于尖状器或石镞，数量不多，形制较为稳定，规范化程度较高。20 件两面器说明了两面器修薄技术的应用，但与西方典型的两面器相比，两表面轮廓并不对称，一面扁平，一面略凸起，可能反映出一定的地域特色。

5. 对精细原料的高度选择，以优质燧石为主要石料

下川石制品原料的 93% 左右为优质燧石，良好的剥片性能非常适合制作石器，表明史前人类对此种石料的高度开发和利用。下川遗址范围内燧石矿脉的丰富程度相对柴寺、薛关等地高，但其比例在当地的多种石料类型中仍然有限（砂岩、页岩、石灰岩更为丰富）。对优质原料的选择和开发策略，反映出当时当地人类对石器原料的特殊要求，更反映出搜寻和开发优质原料亦是加工任务中的重要组成部分。

（二）薛关组

1979—1980 年从上文化层中共获得 4777 件标本。由于无法直接获得这些标本，故所有的数据都引用报道原文和他人的研究。薛关组的技术特点归纳如下（图 3）。

---

[1]　贾兰坡:《中国细石器的特征和它的传统、起源与分布》,《古脊椎动物与古人类》1978 年第 2 期。

[2]　Deetz, J. 1967. *Invitation to Archaeology*. New York：Natural History Press.

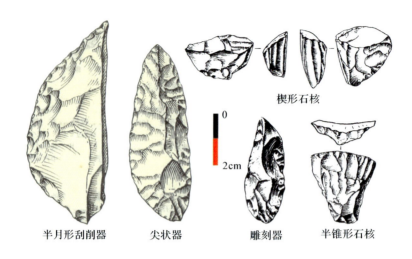

半月形刮削器   尖状器   雕刻器   半锥形石核

楔形石核

图3 薛关遗址的石制品

1.初级的石核预制技术

62.1%的石核(N=149)为非定型石核,利用自然面或石片疤作为台面,核身无固定形状。细石核的类型少,形制单一,以楔形(P=7.9%,N=19)和船型(P=22.1%,N=53)为典型,还有少量的锥形(P=1.7%,N=4)和半锥形(P=4.1%,N=10)石核,不见柱形细石核。和下川的石核相比,预制程度较低。

2.以石片技术为主导,兼有细石叶技术

虽然薛关被定性为典型的细石器遗址,但从石制品内涵来看,石片类制品(P=82.47%)远远多于细石叶类制品(P=17.27%)[①]。石器几乎全由石片制成,石片制品及技术显然占有主导地位。细石叶工艺只是其中的一部分,以细石叶为坯的工具稀少,仅发现一件。

3.器型稳定的工具类型少

成型工具类型较少,刮削器和尖状器的比例相对较大,形态也较为复杂。半月形刮削器是薛关比较独特的类型,不见于柴寺和下川,仅见于柿子滩,可

---

① Lv, L. D. 1999. *The Transition from Foraging to Farming and the Origin of Agriculture in China*. Oxford: BAR International Series 774.

能体现了地域特色。二次修理多集中在器物边缘，以正向加工为主，仅个别器物经过反向加工和错向加工。个别器物单面通体加工，但不见下川遗址常见的两面器(石镞)等标准化器物。

4.大—中型工具类型比较多

和柴寺、下川、柿子滩相比，薛关石制品组合中的中—大型工具数量较多，类型也多，例如长度约为10厘米的半月形刮削器。[①] 另外，半月形刮削器是薛关文化的自身特色。

5.选择燧石为主要原料

石料均来自当地三、四级阶地的砾石层，以燧石为主，其次为石英岩、角页岩等。

(三)柴寺组

本次对213件取自柴寺遗址上文化层的标本进行重新观察和分类[②]。根据分析，柴寺组的技术特点归纳如下(图4)。

图4　柴寺遗址的石制品

①　丁建平:《薛关遗址刮削器的再观察》,《文物世界》2009年第4期。
②　王建、陶富海、王益人:《丁村旧石器时代遗址群调查发掘简报》,《文物季刊》1994年第3期。

1. 石核修整技术较为原始

细石核的数量少,类型少,形制单一,有锥形、楔形与船形,不见半锥形和柱形。6 件细石核的体形较小,核身形态粗糙,多以节理面或单石片片疤面为台面,石核修理石片 3 件,与细石核的比例为 1:2,表明虽然存在石核预制技术和理念,但核坯的打制与修整尚处于较原始阶段,不太明显。

2. 石片技术高于石叶技术和细石叶技术

石片是制造工具的主要原料,占有 45.5%($N=61$)。而石叶和细石叶分别只占有 17.9%($N=24$)和 7.5%($N=10$),只有小部分经过二次加工。

3. 器物的规范化与特化程度不高

刮削器占主导地位,占 42.6%($N=28$)。修理石片比例不低($P=13.7\%$,$N=9$),表明当时可能存在权宜使用的现象。多数工具为边缘加工,通体加工者少,两面器仅一件。器物形态不够稳定,19 件端刮器形态各异。

4. 存在几何形细石器

标本 JP1956,类似西方定义的几何形细石器[①],以折断的四边形石叶中段为坯,斜边与一侧直边均经过压制修理,形状为梯形。但由于是孤品,其意义还不甚明了。

5. 区别对待不同种类的石料

燧石在丁村当地属于稀缺石料,优质燧石更是难以获得。柴寺石制品组合中,工具的体量小,加工精细,连小块燧石或玉髓都经过二次修理,反映出当时当地人对优质石料相当珍爱,可能通过贸易或交换等方式获得远方的优质石料来制作工具,并充分利用。

(四) 柿子滩组

本次研究选择了 1980 年在 S1 地点上文化层出土的石制品。原报告为1793 件标本,实际仅有 1784 件。柿子滩组的技术特点归纳如下(图 5)。

---

① Bordaz, J. 1970. *Tools of the Old and New Stone Age*. Michigan: The Natural History Press.

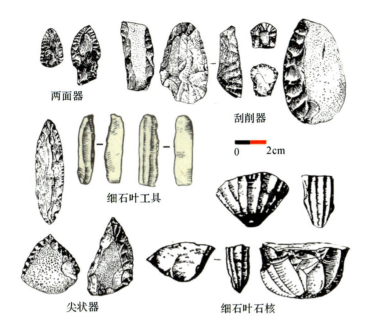

两面器

刮削器

0   2cm

细石叶工具

尖状器

细石叶石核

图 5   柿子滩遗址的石制品

1. 娴熟的石核预制技术

在 S1 地点发现的细石核数量大,约占所有石核的 94.1%($N=208$),非定型石核仅有 5.9%($N=13$)。绝大多数细石核的台面经过预制,而且在 S9 地点发现了石核修整石片①(图 5),说明工匠通过调整核身或台面来减小台面角,维持石核的持续利用。此外,石器工匠可能在旧石器晚期就开始使用先进的技术把差的原料加工成石叶,说明了柿子滩先进的石器技术。

2. 石核的强化剥片和节约行为明显

石制品体型普遍小巧,石核体型非常小,存在大量的石核断块、小石片以及废片。大量短身圆头刮削器的存在表明对石器的耗竭使用,多数工具直至失去效能方遭废弃。有一点值得注意,两极法的存在说明,为了节省原料,可能将某些废弃的工具或小型石料进行强化剥片,来增加可使用的石料数量。

---

①   柿子滩考古队:《山西吉县柿子滩遗址第九地点发掘简报》,《考古》2010 年第 10 期。

3. 部分工具类型内部的稳定性和标准化程度不高

虽然发现了很多刮削器，但是其形态的随意性较大。例如端刮器，亚式样多，端部仅经过些许修理，未形成典型的陡加工。二次修理技术应用随意且灵活，广泛应用于燧石以外的其他石料。

4. 以细石叶工艺为典型

边缘锋利的石片和使用压制技术的细石叶被定义为细石器。大量的细石叶、细石叶尖状器和细石叶刮削器，表明了细石叶工艺的高度成熟和主导地位。

5. 以石英岩和劣质燧石为主要石料

从目前已发表的材料来看，柿子滩的石制品原料种类较多，以燧石和石英岩为主，其次为石英砂岩、石灰岩等。就质地而言，柿子滩遗址中的燧石又可分为两种类型。第一种是黑色燧石，质地不太致密，杂质较多，体形较大，有点近似于丁村文化中常见的角页岩，明显区别于下川的优质燧石，暂称之为劣质燧石。一些个体较小的细石器及其副产品是用另一种燧石制成的，质地较好，相对致密，颜色多样，有些呈半透明状。就来源而言，质地相对较好的燧石和石英岩，来自距离遗址几公里以外的黄河滩砾石，经过远距离运输，属于外来原料；劣质燧石和石英砂岩、变质泥岩等，则可能产自当地的岩石基座，属于本地原料。

四　人类活动

在初步观察之后，本研究选择下川遗址 19 件可能带有使用痕迹的标本，作为进一步观察的对象，包括所有的石叶（$N=11$）及石核式刮削器（$N=8$）。分析结果表明，5 件石叶和 1 件石核式刮削器存在微痕（图 6），确认了 8 个使用单位。推测出 4 类使用方式，包括切割、片、刮削以及执握（表 1）。加工材料的硬度为从软到硬的动物性物质，包括肉、骨、鲜皮和干皮（表 2）。结合使用方式和加工材料来看，使用任务包括切割肉类（$N=2$），切割皮革（$N=3$），片肉（$N=1$）以及刮皮（$N=1$）。

在柴寺遗址可能经过使用的石器中，本研究选择了 74 件标本进行微痕分

1.下川标本微痕

2.柴寺标本微痕

图6　下川和柴寺石器上观察到的微痕

析,包括 34 件石叶、29 件细石叶和 11 件石核式刮削器。观察结果显示,在 20 件标本上识别出 24 个使用单位,15 个为明确微痕,9 个为疑似微痕。在 3 件标本上同时识别出疑似装柄痕迹或执握痕迹各 1 处。为数不少的石叶和细石叶经过使用,使用率为 31.7%。根据微痕结果推测,这些石叶和细石叶的使用方式为切割、片、刮削和镶嵌装柄(表 1)。大部分的微痕与动物性物质有关,大约有 8.3% 的微痕与植物性物质有关(表 2)。

表1　下川和柴寺石器组合的使用方式

使用方式	下川		柴寺	
	N(件)	P(百分比%)	N(件)	P(百分比%)
切割	5	62.5	15	62.5
片	1	12.5	2	8.3
刮削	1	12.5	4	16.7
执握	1	12.5	0	0
装柄	0	0	3	12.5
使用单位总数	8	100	24	100

表 2　下川和柴寺石器组合的加工材料

加工材料	下川		柴寺	
	N(件)	P(百分比%)	N(件)	P(百分比%)
肉类	2	25	4	16.7
鲜皮	3	37.5	2	8.3
干皮	1	12.5	3	12.5
骨	1	12.5	7	29.2
植物	0	0	2	8.3
不确定	1	12.5	6	25
使用单位总数	8	100	24	100

　　迄今为止,中国尚无任何有关石核使用的微痕证据。在下川和柴寺都发现了一些被发掘者命名为石核式小刀或被归类为小型细石核的石器,研究者认为这些类石核石器有可能被当作小刀使用[①]。但在下川遗址的石核式小刀中,微痕证据显示,仅有 1 件作刮削使用而非切割,其他的石核式刮削器则均无任何使用痕迹。

　　由于未能接触考古材料,本研究未能对薛关和柿子滩的石器进行微痕分析,但可以通过其他证据来推测他们的维生策略。依据野马、野驴、瞪羚以及鹿等动物遗存,可以推测薛关和柿子滩的人群大体上也是狩猎者。另外,典型的石器类型表明遗址中存在一些特定的工作任务,例如,柿子滩遗址中大量端刮器的存在,表明皮革处理可能是当时的主要任务之一。

五　讨论与总结

　　石器技术和工具被认为是人类适应物质和社会状况的行为,最佳觅食理

---

① (1)王建、王向前、陈哲英:《下川文化——山西下川遗址调查报告》,《考古学报》1978 年第 3 期;(2)王建、陶富海、王益人:《丁村旧石器时代遗址群调查发掘简报》,《文物季刊》1994 年第 3 期。

论提供了一个有效方法来研究技术变革。① 花费在技术产品上的时间与精力,及其大概产生的效能高低可能因群体不同而有很大区别。因此,狩猎采集者在确定经济策略时,技术会起到关键作用。石器组合技术的多样性也反映了人类活动的变化。Hayden 认为,在晚更新世到早全新世时,食物资源的限制是技术进步和农业起源的主要动力。② 在干冷环境下,狩猎采集者更多依赖于动物性资源,而非植物性资源。由于动物资源的流动性高,狩猎采集者必须改善工具效率以减小未能获取食物带来的风险。Torrence 提出时间压力在决定石器技术上起着重要的作用③,而高经济风险的维生策略通常需要精致的成套工具和技术④。

石叶/细石叶的制造和使用被视作人类技术能力进化的主要门槛。⑤ 石叶/细石叶技术被认为拥有许多优势,特别适合现代人"复杂"、"高效"的适应性:(1)可使单位石料提供更多锋利的刃缘;(2)通过控制坯料的大小,可使最终产物的形状和尺寸高度标准化,以便对复合工具中的组件进行替换;(3)可更有效和彻底地对单位石料进行利用;(4)使用者一次可携带更多的轻便工具。

通过对来自山西南部四个旧石器组合的动态技术类型学分析,我们认为更新世晚期在下川、薛关和柿子滩遗址出现的复杂细石叶工艺,可能源于柴寺遗址。

下川石制品组合出现了专门化的技术,细石叶技术占主导地位。所有的细石核都被有意预制成特定类型。两面器技术被运用在尖状器和箭头上,类型和技术方面表现出相当的标准化和规范化。可能存在对高质量燧石的偏好,但不存在对原料的节约行为。

薛关石制品组合表现为小型工具与中—大型工具混合的石器工业。石

---

① Bousman, C. 1993. Hunter-gatherer adaptations, economic risk and tool design. *Lithic Technology*, 18(1/2):59-86.

② Hayden, B. 1981. Research and development in the Stone Age: technological transitions among hunter-gatherers. *Current Anthropology*, 22:519-548.

③ Torrence, R. 1982. Time budgeting and hunter-gatherer technology. In: Bailey, G. (Ed), *Hunter-Gatherer Economy in Prehistory: A European Perspective*. Cambridge: Cambridge University Press, pp.11-22.

④ Kelly, R. 1995. *The foraging spectrum: diversity in hunter-gatherer lifeways*. Washington D. C: Simithsonian Institution Press.

⑤ Bar-Yosef, O. 1999. The big deal about blades: Linar technologies and human evolution. *American Anthropologist*, 101(2):322-338.

片技术占主导,半月形刮削器为典型器形。与下川石制品组合相比,不存在两面器类的标准化器物。

柴寺石制品组合的技术则更为一般化,表现为石核预制程度较低,石叶或细石叶技术少,工具制作的标准化程度低。尽管柴寺遗址周边缺少优质石料,但石器制作者明显偏爱燧石或玉髓等优质原料。

柿子滩石制品组合表现出精湛灵巧的石器技术,以及多样的工具形态。对于娴熟的石器工匠而言,颗粒粗大但来源充足的石英岩等原料也可采用石叶技术进行加工。存在明显的材料节约行为,许多小型石器经过反复使用并被回收再利用,一些小石片是经由两极法剥制的。

基于微痕证据,本研究可确认一些石器工具是经过使用的。结合野马、野驴、瞪羚以及鹿等出土的动物遗存,可推测山西南部的史前居民主要为狩猎者。另外,典型的石器类型表明遗址中存在一些特定的工作任务,例如,柿子滩遗址中存在大量端刮器,表明皮革处理可能是当时的主要任务之一。

总而言之,依据技术特征以及石器上的使用痕迹,可看出山西南部四个狩猎采集者群体的石器技术存在许多差异。这种多样性以不同石器生产系统为代表,是对气候波动、环境条件以及资源和石料限制等相关变量的应对。关于中国旧石器晚期技术多样性的进一步分析,将为目前推测的不同狩猎采集者应用的策略提供更准确的图景,因此今后可以进一步研究狩猎采集群特定的技术和适应策略。

(陈虹、陈淳、王益人等合作,英文版原刊 *Quaternary International* 2013 年第 295 期)

山西下川和柴寺遗址石器的使用微痕及其行为指示

　　打制石器,即旧石器时代主要的工具或武器,是史前狩猎采集群智力、技术、信息和适应能力的集中体现。在旧石器时代,狩猎采集群采纳不同的生计方式来应对生态环境波动和自然资源限制。从"操作链"的角度来看,石器的选料、制作、使用、维修、再使用到废弃的每一个环节都与"功能"密切相关。因此,对石器的功能研究,是了解史前人类行为模式与生存策略的重要途径,更是解析人类适应能力和社会组织的一个关键视角。[①] 鉴于目前的研究手段与经验,石器的功能研究涵盖这样几个方面:类型学方法,可以从石器的形态特征和技术特征来推测工具的功能设计;民族学方法,可以提供具体使用方式的参照;实验考古学,可以模拟石器最合适或最可能的用途;共存关系方法,可以推测一组石器的整体功能;微痕分析和残留物分析方法,可以揭示石器的具体使用方式和加工对象。

　　下川和柴寺是华北地区两处重要的旧石器时代晚期遗址,是典型细石器文化的代表。目前关于这两处遗址的研究多集中在类型学、技术分析、生态环境等方面,关于石器功能尚无翔实的研究。微痕分析,作为当前较为准确的功能研究手段之一,能够为了解石器的具体用途、使用方式甚至制作方式提供客观证据。本文将对这两处遗址出土的部分细石器进行微痕分析,判断这些细石器是否经过使用,以及可能的使用方式和加工对象,并尝试推测旧石器时代先民的生活方式和维生策略。

---

　　① 陈虹、沈辰:《石器研究中"操作链"的概念、内涵及应用》,《人类学学报》2009 年第 2 期。

一　研究区域

下川遗址是华北地区旧石器时代晚期的一处典型遗址,位于山西南部中条山东端,地跨垣曲、沁水、阳城三县,共发现 16 处石器地点。根据出土文化遗物的地层,研究者将含有细石器的灰褐色亚黏土层定为上文化层或"下川组",地质时代为晚更新世晚期[①];将含有粗大石器的褐红色、微红色亚黏土层定为下文化层。尽管有学者对下川遗址的地层及文化时代持有不同意见[②],结合目前所获的碳-14 测年数据,大部分学者基本认同上文化层的时代约为距今23000[③]—13900 年[④]。下文化层以细石器为主体,数量众多,类型丰富,以圆头刮削器、琢背小刀、雕刻器、三棱小尖状器、石核式刮削器和细石叶工具等为典型。

柴寺遗址(或称丁村 77:01 地点)是丁村旧石器时代遗址群中的晚期文化遗存,分布于襄汾县汾河西岸柴寺村丁家沟口第 II 级阶地底部的砾石层中[⑤]。根据地貌、石制品和动物化石等,该地点的地层被定为晚更新世晚期,比下川的上文化层稍早。目前普遍认可的两个碳-14 测年数据分别为距今26495(±590)年和 距今40000 年[⑥],个别学者认为后一个年代可能偏早[⑦]。石制品除极少数粗大石器外,多数为细石器,类型不如下川丰富,但总体呈现出相似性。据此,有研究者提出,丁村和下川的细石器属一个文化系统,前者比后者

---

①　(1)王建、王向前、陈哲英:《下川文化——山西下川遗址调查报告》,《考古学报》1978 年第 3 期;(2)王建:《关于下川遗址和丁村遗址群 7701 地点的时代、性质问题》,《人类学学报》1986 年第 2 期。

②　安志敏:《中国晚期旧石器的碳-14 断代和问题》,《人类学学报》1983 年第 4 期。

③　(1)Tang, C. 2000. The Upper Paleolithic of North China: The Xiachuan Culture. *Journal of East Asian Archaeology*, 2(12): 37-49;(2)Kuzmin, Y. 2007. Geoarchaeological Aspects of the Origin and Spread of Microblade Technology in Northern and Central China. In: Kuzmin, Y., Keates, S., Shen, C. (eds.), *Origin and Spread of Microblade Technology in Northern Asia and North America*. Burnaby: Archaeology Press of Simon Fraser University, pp.115-124.

④　中国社会科学院考古研究所:《中国考古学碳-14 年代数据集 1965—1981》,文物出版社 1983 年。

⑤　王建、陶富海、王益人:《丁村旧石器时代遗址群调查发掘简报》,《文物季刊》1994 年第 3 期。

⑥　李炎贤:《中国旧石器时代晚期文化的划分》,《人类学学报》1993 年第 3 期。

⑦　安志敏:《中国晚期旧石器的碳-14 断代和问题》,《人类学学报》1983 年第 4 期。

稍早①;而且假设下川文化的典型细石器是由柴寺地点发展传布的②。

二 方法与材料

　　微痕分析,通过显微镜观察石器上肉眼不易辨别或无法辨别的痕迹,进而推测工具可能的使用部位、使用方式及加工对象。研究者可通过实验来了解不同微痕的成因,建立实验参照标本组,以此与出土石器的微痕进行比较。这种方法始于20世纪中叶,由苏联学者S. A. Semenov发展起来③,20世纪八九十年代在欧美发展成熟。随着中国考古学的蓬勃发展,微痕分析逐渐成为旧石器时代考古的重要手段之一。依据显微镜倍数的不同,微痕分析发展出"低倍法"④与"高倍法"⑤两种技术。低倍法采用体视显微镜等低倍显微镜,以宏观立体的视角,观察石器上使用产生的微小片疤破损形态和磨圆痕迹。高倍法采用扫描电子显微镜等高倍显微镜,以微观平面的视角,观察石器表面的光泽及擦痕。两种方法都能准确分辨石器的使用情况以及使用部位,但由于显微仪器性质上的差别,在鉴定被加工的材料上,高倍法占优势;在鉴定使用的使用方式上,低倍法相对优越。⑥ 就观察成本、效率和适用范围而言,低倍法更加经济实用⑦。因此,为求得最佳观察效果,研究者多以低倍法观察为基础,再取样作进一步的高倍观察。

　　本研究选择低倍法技术,使用Olympus SZX12-3131型体式显微镜(放大

---

　　① 张晓凌:《丁村77:01地点和下川遗址细石器制品的类型初探》,《文物春秋》2003年第1期。

　　② 王建、陶富海、王益人:《丁村旧石器时代遗址群调查发掘简报》,《文物季刊》1994年第3期。

　　③ Semenov, S. (translated by Thompson, M.). 1964. *Prehistoric Technology*: *An Experiment Study of the Oldest Tools and Artifacts from Traces of Manufacture and Wear*. London: Cory, Adams & Mackay.

　　④ Odell, G. 1977. *The Application of Micro-wear Analysis to the Lithic Component of an Entire Prehistoric Settlement*: *Methods*, *Problems and Functional Reconstructions*. Ann Arbor: Department of Anthropology, Harvard University.

　　⑤ Keeley, L. 1980. *Experimental Determination of Stone Tool Uses*. Chicago: The University of Chicago Press.

　　⑥ Shea, J. 1987. On accuracy and relevance in lithic use-wear analysis. *Lithic Technology*, 16(2-3): 44-50.

　　⑦ 沈辰、陈淳:《微痕研究(低倍法)的探索与实践——兼谈小长梁遗址石制品的微痕观察》,《考古》2001年第7期。

倍数为 3.5～144 倍）进行微痕观察。在对下川和柴寺出土石制品进行初步观察后，本研究选择其中可能带有使用微痕的、类型比较特殊的一部分标本，进行进一步的微痕研究。观察对象集中在笔者能接触到的所有石叶、细石叶和石核式刮削器三种类型，原料为黑色或黄色燧石，包括下川的 11 件石叶和 8 件石核式刮削器，以及柴寺的 34 件石叶、29 件细石叶和 11 件石核式刮削器，共计 93 件。本文仅公布此次研究的标本与数据。

三　微痕观察结果

本文采用"功能单位"（functional unit）"[①]来统计微痕的数量，包括使用以及执握、装柄所产生的痕迹。微痕观察结果显示，在 26 件标本上识别出微痕，占观察样本的 27.96%。其中，在 4 件标本上同时发现使用微痕和装柄（执握）微痕，在 1 件标本上发现 2 处使用微痕，共计 32 处功能单位。

对下川 19 件标本的分析结果表明，在 5 件石叶和 1 件石核式刮削器上识别出微痕，共确认 8 个使用单位。分辨出 4 种使用方式，包括切割、片、刮削以及执握，其中切割的比例高达 62.5%（表 1）。加工材料均为动物性物质，硬度略有差异，包括肉、骨、鲜皮和干皮（表 2）。结合使用方式和加工材料来看，肉类加工和皮革处理是主要的任务，具体为切肉（$N=2$）、切皮（$N=3$）、片肉（$N=1$）以及刮皮（$N=1$），其中 1 处使用微痕可能因同时碰触肉和骨而产生（表 2）。

对柴寺 74 件标本的分析结果则显示，在 21 件标本上识别出微痕，其中 3 件标本上同时识别出使用微痕与装柄（执握）微痕各 1 处，共计 24 处功能单位。为数不少的石叶和细石叶经过使用，使用率为 31.7%，而 11 件石核式刮削器均无微痕发现。这些石叶和细石叶的使用方式包括切割、片、刮削和镶嵌装柄四种，装柄的比例为 12.5%（表 1）。大部分微痕与加工硬度不同的动

---

① （1）Odell, G. 1996. *Stone Tools and Mobility in the Illinois Valley: From Hunter-Gather Camps to Agricultural Villages*. Michigan: International Monographs in Prehistory；（2）张晓凌：《石器功能与人类适应行为：虎头梁遗址石制品微痕分析》，中国科学院古脊椎动物与古人类研究所 2009 年博士论文。

表 1　下川和柴寺石器组合的使用方式

使用方式	下川石器		柴寺石器	
	N(件)	P(百分比%)	N(件)	P(百分比%)
切割	5	62.5	15	62.5
片	1	12.5	2	8.3
刮削	1	12.5	4	16.7
执握	1	12.5	0	0
装柄	0	0	3	12.5
总计	8	100	24	100

表 2　下川和柴寺石器组合的加工材料

加工材料	下川石器		柴寺石器	
	N(件)	P(百分比%)	N(件)	P(百分比%)
肉类	2	25	4	16.7
鲜皮	3	37.5	2	8.3
干皮	1	12.5	3	12.5
骨	1	12.5	7	29.2
植物	0	0	2	8.3
不确定	1	12.5	6	25
总计	8	100	24	100

物性物质有关,大约有 8.3% 的微痕与加工植物性物质有关(表 2)。屠宰动物、肉类加工和皮革处理可能是当时的主要任务,2 处使用微痕表现出同时碰触肉和骨的特征。3 处微痕位于标本边缘两侧,表现为不十分连续的微小片疤,与加工硬性物质所形成的微痕相似但略有不同。鉴定特征与装柄模拟实验数据接近①,推测可能是对细石叶进行镶嵌使之成为复合工具所产生的,接触物质的硬度大约为中等硬度,例如骨或鲜木。

---

① 赵静芳、宋艳华、陈虹等:《石器捆绑实验与微痕分析报告》,见高星、沈辰主编:《石器微痕分析的考古学实验研究》,科学出版社 2008 年,第 145—176 页。

四 分析与讨论

本文通过微痕分析对下川和柴寺遗址出土的石叶/细石叶和石核式刮削器的使用方式和加工对象进行了实证性研究。根据这组标本上保存下来的使用微痕和装柄(执握)微痕,我们得到这样的认识:具有理想形状和刃缘的石叶或细石叶,会被作为工具使用,并且可能经过镶嵌成为复合工具。从功能角度看,尽管个别石核式刮削器可能经过使用,大多数仍然应归为细石核,而非工具。

(一)石叶/细石叶的功能

在下川的 5 件石叶和柴寺的 20 件石叶/细石叶上共发现微痕 31 处,包括 27 处使用微痕和 4 处装柄或执握微痕。从使用方式来看,切割和刮削是主要动作,与之相对应的加工对象多为软性动物物质,例如肉和皮,少数为硬性动物物质,例如骨(图 1)。

SP01211-D25×切干皮　　　SP01211-E25×切干皮

JP0115-D63×切植物　　　SP01431-D40×切鲜皮

图 1　石叶/细石叶上的使用微痕

下川石叶的使用率为 27.8%,低于预期。吕烈丹曾在文章中提到,她运用高倍法对下川的一些薄长石片(即石叶)进行观察,识别出类似中东细石器上因切割谷物或芦苇所形成的"镰刀光泽"的使用微痕。[1] 由于没有公布照片资料,下川石器上的"镰刀光泽"及其鉴定特征目前尚无法了解。大量的高倍法研究证实,中东石器上出现的"镰刀光泽"与加工谷物或草籽的行为有关。[2]下川遗址经历末次冰期和冰后期交替[3],气候较现在寒冷,植物以温带常见类型为主,动物资源丰富。人类可开拓的食物资源或加工资源主要为动物类,这与部分学者的推测一致,即细石叶很可能代表了更新世末期特定环境下一种以开拓动物资源为主的工艺技术,是狩猎采集群对末次盛冰期资源变化的适应。[4]

柴寺的石叶/细石叶标本的使用率略高于下川。柴寺遗址处于末次冰期到来之前,环境温湿,植被良好,动物资源较丰富。从目前的微痕证据来看,动物加工可能是当时人类的主要任务之一,同时存在少量的植物加工,反映出二元结构的资源开拓策略。

考古学和民族学研究显示,石叶/细石叶是复合工具的部件,是被镶嵌在木柄或骨柄中使用的。[5] 形状规则、尺寸适宜、具有合适的锋利刃缘,是石叶/细石叶被使用的必要前提;相反,弯曲、过厚、过小、无锋利直刃的标本,则不被使用。3 处装柄微痕的发现(图 2),或许能够为了解石叶/细石叶的镶嵌方式提供较为可靠的证据。执握微痕的发现亦非偶然,张晓凌在对虎头梁石叶

---

① Lv, L. D. 1999. *The Transition from Foraging to Farming and the Origin of Agriculture in China.* Oxford: BAR International Series 774.

② (1) Unger-Hamilton, R. 1988. *Method in Microwear Analysis: Prehistoric Sickles and Other Stone Tools from Arjoune, Syria.* Oxford: BAR International Series 435;(2) Unger-Hamilton, R. 1997. Microscopic striations on flint sickle-blades as an indication of plant cultivation: preliminary results. *World Archaeology*, 17(1):121-126.

③ 孙建中、柯曼红、石兴邦等:《下川遗址的古气候环境》,《考古》2000 年第 10 期。

④ 陈淳:《东亚和北美细石叶遗存的古环境》,《第四纪研究》1994 年第 24 期。

⑤ (1) 甘肃省博物馆文物工作队、武威地区文物普查队:《永昌鸳鸯池新石器时代墓地的发掘》,《考古》1974 年第 5 期;(2) 孙其刚:《骨梗石刃刀探究》,《中国历史文物》2003 年第 6 期;(3) Chard, C. 1974. *Northeast Asia in Prehistory*. Wisconsin: University of Wisconsin Press;(4) 北京大学考古文博学院、北京大学考古学研究中心、北京市文物研究所:《北京市门头沟区东胡林史前遗址》,《考古》2006 年第 7 期;(5) 崔天兴、杨琴、郁金城等:《北京平谷上宅遗址骨柄石刃刀的微痕分析:来自环境扫描电镜观察的证据》,《中国科学:地球科学》2010 年第 6 期。

与细石叶进行微痕观察时,在一件石叶上也发现了执握微痕。① 这为我们提供了另外的可能,即某些完整的或尺寸较大的石叶可能未经过镶嵌,而是徒手拿捏使用。

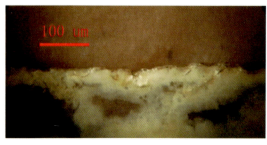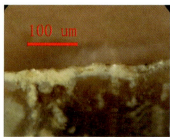

JP0112-D40 ×　　　　　　　　　　　　JP0112-V40 ×

图 2　石叶/细石叶上的装柄微痕

综合目前国内外学者针对石叶/细石叶所开展的微痕研究,我们发现,石叶的加工方式与加工对象并不是固定且局限的,加工对象可能既包括较软的植物性物质,也包括中等软度的动物性物质,以及较硬的木或骨等物质。而且,它们在不同遗址中的主要功能亦有所差别。石叶或细石叶的任务范围比我们之前所想象的要更加广泛,功能需求和外界环境所产生的影响要更加复杂。

(二)石核式刮削器的功能

石核式刮削器是一个较为独特的石制品类型,在下川和柴寺均有发现。此类器物均以厚石片或板状燧石为坯,其上有类似细石核工作面的连续细石叶片疤。根据边缘形态,原研究者将之分为斜刃、平刃、圆刃、两端圆刃、尖刃、两面刃等亚类型。②

原研究者又将此类器物称为石核式小刀,认为这是一种石核型工具,可能被当作小刀使用。③ 但是,在下川的 8 件石核式刮削器中,除 1 件具有使用微痕外,其余均未发现任何使用微痕。柴寺的 11 件石核式刮削器也未发现与

①　张晓凌:《石器功能与人类适应行为:虎头梁遗址石制品微痕分析》,中国科学院古脊椎动物与古人类研究所 2009 年博士论文。

②　王建、陶富海、王益人:《丁村旧石器时代遗址群调查发掘简报》,《文物季刊》1994 年第 3 期。

③　王建、王向前、陈哲英:《下川文化——山西下川遗址调查报告》,《考古学报》1978 年第 3 期。

使用或装柄相关的微痕。

下川标本 SP00971,石核式刮削器,圆身,黑色燧石质。PC8-1 处,刃缘呈
突弧形,背面连续分布小型片疤,由腹面向背面破裂,终端以羽翼状为多,少
数为卷边状和阶梯状,片疤没有方向性,严重磨圆,刃缘处有片状光泽,可分
辨出明显的擦痕,擦痕方向与刃缘垂直(图 3)。此为刮干皮的使用微痕,我们
推测这件标本可能曾被作为圆头刮削器来刮干皮。

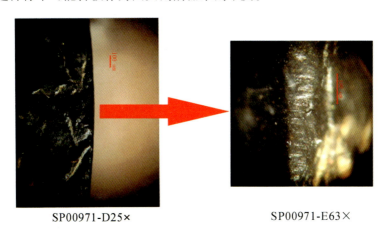

SP00971-D25×　　　　　　　　　SP00971-E63×

图 3　石核式刮削器上的微痕

过去的研究者观察到此类标本的刃缘有剥落碎屑的阴痕,认为它们可能
经过使用,而将之与石核区分开。微痕观察表明,这些碎痕明显是硬物互相
碰触或摩擦产生的,目的应是为了进一步剥片,修脊顶去掉悬突(overhang)而
留下的痕迹,并非使用所致。因此,从功能角度判断,此类器物仍然应该归入
"细石核"类别,不能算作工具。

朱之勇在研究虎头梁石制品时,认为 I 型楔形细石核具有工具与石核的
双重功能。① 张晓凌对 52 件 I 型细石核的微痕研究发现,12 件标本上发现确
定或疑似微痕,比例为 23.1%。其中 2 件为固定石核所产生的痕迹,5 件为使
用微痕。分析表明,固定痕迹和疑似微痕多出现于标本的后缘或底缘,这个
位置是细石核剥片过程中用于固定的,因此其使用性质难以确定。使用微痕
出现在底缘前端和台面侧缘,使用特征明确,可以被确定为刮削或切割产生

---

① 　朱之勇:《虎头梁遗址石制品研究》,中国科学院古脊椎动物与古人类研究所 2006 年博士论文。

的痕迹,这和下川标本 SP0097 的情况相似。综合现有的微痕分析数据和结果,不能够将 I 型细石核作为有意识设计的工具。[①]

(三)古人类的行为

通过对下川和柴寺遗址部分石制品的微痕分析,我们对当时古人类的行为有所了解。形状规整、尺寸合适、具有锋利刃缘的石叶/细石叶会被挑选出来加以使用。动物加工可能是当时人类的主要任务之一,同时存在少量的植物加工,反映出以动物加工为主的二元结构的资源开拓策略。多数石叶/细石叶经过镶嵌以便使用,某些完整的或尺寸较大的石叶可能被徒手拿捏使用。从功能角度看,多数石核式刮削器未经使用,应该归入"细石核"类别,仅有个别具有合适刃缘者会被作为工具。

微痕分析不仅能够分辨个别石器的用途和使用方式,还能够推测、还原史前人类的生存方式、行为模式乃至认知模式。在未来的研究中,我们应将微痕分析置于旧石器整体研究框架中,作为石器研究的重要组成部分来全方位提炼信息。由于本次观察标本数量有限,而且局限于两种工具类型,仅能为了解下川和柴寺两处遗址古人类的行为方式提供一些证据,而无法全面揭示。未来需要继续观察更多的标本,对采集的数据和照片进行更翔实的定量分析。

(陈虹、王益人、陈淳合作,英文版原刊 Documenta Prehistorica 2016 年第 43 期)

---

① 张晓凌:《石器功能与人类适应行为:虎头梁遗址石制品微痕分析》,中国科学院古脊椎动物与古人类研究所 2009 年博士论文。

乌兰木伦石器功能与古人类行为初探

　　打制石器,即旧石器时代主要的工具或武器,是史前狩猎采集群智力、技术、信息和适应能力的集中体现。对石器的功能研究,是了解史前人类行为模式与生存策略的重要途径,更是解析人类适应能力和社会组织的一个关键视角。[①] 在旧石器时代,古人类采纳不同的生计方式来应对生态环境波动和自然资源限制。

　　乌兰木伦遗址,位于鄂尔多斯市康巴什新区乌兰木伦河北岸,发现于2010 年 5 月,2011 年正式发掘。经北京大学城市与环境学院测定,时代为距今约 7 万 ~3 万年,地质时代属于第四纪晚更新世。目前出土 4200 余件人工打制的石器,3400 余件古动物化石,以及大量灰烬、木炭、烧骨等组成的用火遗迹。是继萨拉乌苏[②]及水洞沟[③]遗址后鄂尔多斯地区的又一次史前文化的重大发现[④]。

　　为了解乌兰木伦遗址出土石器中某些类型的功能与用途,推测该遗址人群的行为方式,进而管窥晚更新世生活在鄂尔多斯地区的古代人群的生计模式,我们尝试对 2010 年乌兰木伦第一地点试掘出土的石器进行微痕分析。由

---

① 陈虹、沈辰:《石器研究中"操作链"的概念、内涵及应用》,《人类学学报》2009 年第 2 期。

② Boule, M., Breuil, H., Licent, E., et al. 1928. Le Paleolithique de la Chine(Paleontologie). In: *Archives de Institut de Paleontologie Humaine*, Memoire 4. Paris, pp.1-36.

③ Teihard de Chardin, P., Licent, E. 1924. On the discovery of a Paleolithic industry in Northern China. *Bulletin of Geological Society of China*, 3(1):45-50.

④ (1)侯亚梅、王志浩、杨泽蒙等:《内蒙古鄂尔多斯乌兰木伦遗址 2010 年 1 期试掘及其意义》,《第四纪研究》2012 年第 2 期;(2)王志浩、侯亚梅、杨泽蒙等:《内蒙古鄂尔多斯市乌兰木伦旧石器时代中期遗址》,《考古》2012 年第 7 期。

乌兰木伦石器功能与古人类行为初探　217

于出土石制品数量庞大,石料多为石英岩,质地粗糙,因此选择低倍法技术[1],使用 Olympus SZX16 体式显微镜(放大倍数为 8.75 ~ 143.75 倍)进行观察。第一期分析选择 140 件石器,约占 2010 年试掘出土石器总数的 10%,集中在使用石片、刮削器、石刀、矛头、凹缺器、锯齿刃器等类型,原料以石英岩为主。本文仅公布此次研究的标本与数据。

本文采用"功能单位(Functional Unit)"[2]来统计微痕的数量,包括使用以及执握、装柄所产生的痕迹。对乌兰木伦石器的微痕观察显示,58 件标本上发现微痕,占观察样本的 40.7%。其中 6 件标本发现 2 处以上的微痕,共计 66 处功能单位;3 件标本上同时发现使用微痕和装柄微痕。使用率较高的类型依次为矛头、刮削器、石片和石刀,达到 50% 及以上;而数量较大的凹缺器和锯齿刃器的使用率相对较低,仅为 30% 左右(表 1)。

表 1　观察标本的微痕结果统计

类型	观察标本(件)	有微痕的标本(件)	百分比(%)
石片	32	19	59.4
刮削器	6	4	66.7
石刀	13	6	46.2
矛头	6	5	83.3
凹缺器	33	7	21.2
锯齿刃器	47	15	31.9
其他	3	2	66.7

石器的使用方式有很多种,按照运动方向可划分为垂直运动、纵向运动、横向运动和装柄。目前从具有微痕的 58 件标本上共识别出 7 种使用方式,分别为剔(片)、切(锯)、刮、穿刺、钻、刻、装柄(捆绑)等。其中,切与锯的区别在于前者为单向运动,后者是双向运动;切与剔的区别在于前者是垂直运动,

　　① Odell, G. 1977. *The Application of Micro-wear Analysis to the Lithic Component of an Entire Prehistoric Settlement: Method, Problems and Functional Reconstructions.* Ann Arbor: Department of Anthropology, Harvard University.

　　② (1)Odell, G. 1996. *Stone Tools and Mobility in the Illinois Valley: From Hunter-gatherer Camps to Agricultural Villages.* Ann Arbor: Michigan;(2)张晓凌:《石器功能与人类适应行为:虎头梁遗址石制品微痕分析》,中国科学院古脊椎动物与古人类研究所 2009 年博士论文。

后者是斜向运动;装柄则包括手柄和捆绑物与石器的接触。在这 7 种使用方式中,剔(片)的频率最高,其次是切(锯)和刮,再次为装柄、穿刺和钻(图1)。

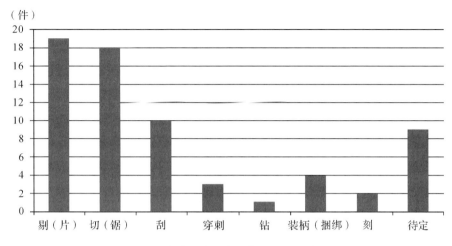

图1 本次观察石制品使用方式统计

　　根据材料的硬度,一般将加工对象分为软性植物类(草、根茎等)、软性动物类(肉、新鲜皮革等)、中软性物质(鲜木、鱼鳞等)、中硬性物质(干木、冻肉等)、硬性动物类(骨、干皮革等)、特硬性动物类(干骨、角等)、硬性无机物(岩石等)。[1] 根据本组标本的微痕特征,目前可识别加工对象的类型比较相近,主要是动物性物质,硬度略有差异,包括肉、皮、骨等。结合使用方式与加工对象,不少微痕显示出同时触碰肉和骨的可能,推测处理动物肉类是乌兰木伦第一地点主要的作用任务之一,特别是剥皮和从骨头上剔肉两种动作。仅有一件标本(OKW⑦9-1)显示出特别的"翻越状"微痕[2],可能是加工新鲜木头所产生的。

　　标本 OKW-c5(图2),琢背修理石刀,长为 46.87mm,宽为 28.42mm,厚为 12.56mm,左侧使用刃长为 19.63mm,右侧使用刃长为 14.6mm,使用刃角为 40°。尖部及左右两侧刃均发现使用微痕,共计 3 处 FU。尖部破损,背面有零星极小片疤。左侧刃背面,不连续分布有中片疤,个别小片疤位于中片疤内

---

① 高星、沈辰主编:《石器微痕分析的考古学实验研究》,科学出版社 2008 年。
② 陈福友、曹明明、关莹等:《木质加工对象实验与微痕分析报告》,见高星、沈辰主编:《石器微痕分析的考古学实验研究》,科学出版社 2008 年,第41—60 页。

乌兰木伦石器功能与古人类行为初探 219

边缘处,使中片疤的凹缺剖面呈折断状,靠近尖部连续分布有小片疤,羽翼状为多,有卷边状。左侧刃腹面,中度磨圆。连续分布有极小片疤,有方向。右侧刃背面,连续分布有小片疤,磨圆轻到中度,偶尔有中片疤,也有方向。刃脊中度磨圆,有几处片疤呈粉碎状。

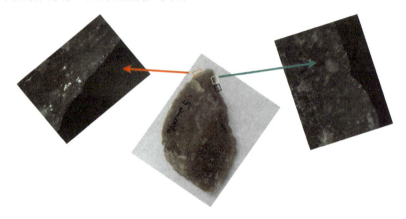

图 2　标本 OKW-c5 的使用微痕(50 ×)

在 3 件标本上同时识别出使用微痕和装柄微痕,反映出部分石器可能是经过装柄的复合工具。根据模拟实验,装柄方式分为"嵌入式"和"倚靠式"两种①。嵌入式,即将木柄一端从中间劈裂,将工具楔入裂隙当中,再用麻绳捆绑。又分为纵向嵌入、横向嵌入和斜交嵌入三种方式(图 3:a1—a3)。倚靠式,视工具大小将木柄一端抠掉一小块,将工具靠在剩下的那一部分,然后用麻绳捆绑(图 3:b1—b2)。因此,装柄微痕多分布于石器两侧边的刃缘上,表

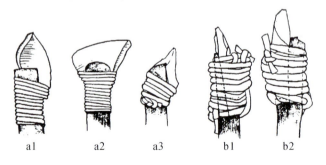

图 3　石器装柄方式(a1—a3:嵌入式;b1—b2:倚靠式)

---

① 赵静芳、宋艳华、陈虹等:《石器捆绑实验与微痕分析报告》,见高星、沈辰主编:《石器微痕分析的考古学实验研究》,科学出版社 2008 年,第145—176 页。

现为极小的片疤破损和中度磨圆,在个别标本底部背面的隆脊上偶尔见到手柄靠压所产生的磨圆或压痕。

标本OKW⑦7-32(图4),使用石片,自然台面,PC6-7有修薄痕迹。长为15.55mm,宽为26.40mm,厚为5.6mm,左侧使用刃长为3.4mm。尖部与底部发现微痕,共计3处FU。尖部磨损,顶端变钝,中度磨圆,有3个片疤,一个为阶梯状。尖部腹面似有小片疤,但由于粘有胶水,不能确定。尖部左侧刃,连续分布中片疤,呈大锯齿状,大锯齿内有小片疤剥离。底部左侧刃,轻度磨圆,羽翼状小片疤,由背面剥向腹面,疑似捆绑痕迹。底部右侧刃,边缘呈小锯齿状,间隔分布小片疤,方向不明,疑似装柄压痕。

图4　标本OKW⑦7-32的使用微痕(25×)

乌兰木伦遗址地处东亚北部高原地带,在距今7万~3万年时经历全球气候剧变,面临资源限制的加剧。狩猎动物性物质成为这一阶段北方地区人群的主要生计方式。根据对乌兰木伦第一地点2010年试掘出土石器的微痕分析结果,可以初步推测不少石器是经过使用的,个别石器还经过装柄。使用方式以剐(片)和切(锯)为多,加工对象以动物性物质为主。遗址中发现大量的动物骨化石碎片,一些化石的解剖学部位残留有明显的石器切割痕迹,烧骨和用火遗迹也显示出人类对动物性物质的食用。因此,处理肉类可能是乌兰木伦第一地点主要的作用任务之一,特别是剥皮和从骨头上剔肉两种动作。由于加工新鲜木头的微痕仅有 1 处,目前尚难了解此类作用任务。

通过装柄形成的复合工具,是一种技术创新,常见于旧石器时代晚期,通常被认为是现代人(晚期智人)的重要特征①。有学者提出,工具装柄现象早在旧石器时代中期已经出现,如叙利亚的 Umm el Tlel 遗址。② 本次微痕观察中,共发现 3 件标本(4 处 FU)带有装柄微痕,为我们了解旧石器时代中期是否出现复合工具提供了新的线索和证据。

微痕分析,不仅仅能够分辨个别石器的用途和使用方式,还能够推测、还原史前人类的生存方式、行为模式乃至认知模式。在未来的研究中,我们应将微痕分析置于旧石器整体研究框架中,作为石器研究的重要组成部分来全方位提炼信息。由于本次观察标本仅为 2010 年出土标本的 10%,数量有限,而且局限于某些工具类型,不能全面揭示乌兰木伦石制品组合所反映的行为方式。未来需要继续观察更多的标本,对采集的数据和照片进行定量分析。另一方面,迄今为止关于石英砂岩的微痕研究很少,几乎没有可以对照的资料,因此还有待开展相应的模拟实验,建立对比数据库。

(陈虹、侯亚梅、甄自明等合作,英文版原刊 Quaternary International 2014年第 347 期)

---

① (1)Klein, R. 2000. Archaeology and the evolution of human behavior. *Evolutionary Anthropology*, 9:17-36;(2)Lombard, M. 2005. Evidence of hunting and hafting during the Middle Stone Age at Sibidu Cave, KwaZulu-Natal, South Africa: a multianalytical approach. *Journal of Human Evolution*, 48(3):279-300.

② Boeda, E., Geneste, J., et al. 1999. A Levallois point embedded in the vertebra of (Equus africanus): hafting, projectiles and Mousterian hunting weapons. *Antiquity*, 73:394-402.

乌兰木伦石制品微痕研究的新进展

为了解乌兰木伦遗址出土石器的功能与用途,推测该遗址人群的行为方式,进而管窥晚更新世生活在鄂尔多斯地区的古代人群的生计模式,2012 年我们对乌兰木伦第一地点 2010 年试掘出土的部分石器进行了初步的微痕分析。结果显示,不少石器是经过使用的,个别石器还经过装柄,并据此提出"处理肉类可能是乌兰木伦第一地点主要的作用任务之一,特别是剥皮和从骨头上剔肉两种动作"①。

为了更好地了解乌兰木伦石制品组合所反映的行为方式,2013 年的工作分为两个部分。第一部分是针对乌兰木伦遗址石制品原料的种类与属性,开展石英岩质打制石器的微痕实验,希望通过模拟实验的方法,观察石英岩石器在使用后产生的微痕特征,总结规律,建立可参考的资料数据库,并与考古标本的观察进行对比,以便更准确地判断考古标本的使用情况。第二部分是继续对第一地点 2010 年试掘出土的其他考古标本进行微痕观察和分析,类型集中在 2012 年尚未观察的锯齿刃器、尖状器(钻具等)、刮削器、石片、鸟喙状器、石刀、凹缺器等类型,为进一步推测乌兰木伦石制品的功能和人类行为提供证据。

---

① 陈虹、侯亚梅等:《乌兰木伦石器功能与古人类行为初探》,《鄂尔多斯文化遗产》2012 年。

一 石英岩质打制石器的微痕实验研究

（一）研究背景

中国最早进行的微痕实验开展于 20 世纪 80 年代，侯亚梅、黄蕴平、夏竞峰、王幼平、李卫东、顾玉才等学者对以燧石为主的各类石质工具如雕刻器、尖状器、刮削器、石钻等进行模拟制作和使用，并对使用痕迹进行显微观察和记录。2004 年，"中国首届微痕分析培训研讨班"开展了 5 组燧石质打制石器的微痕实验，积累了对不同加工对象、不同使用方式及其微痕规律的基本认识。[①] 2009 年，张晓凌在其博士论文中公布了有关燧石质刮削器、尖状器使用与踩踏的微痕实验。[②] 方启的《吉林省东部地区黑曜岩石器微痕研究》是中国第一部系统进行石器微痕实验的博士论文，他以微痕数据为基准初步建立起一套有关黑曜岩石器类型与功能的判定标准，为此类石器的微痕分析提供了参考标尺。[③] 2013 年，陈虹等开展的多阶段燧石制品"刮骨"微痕实验，增进了对使用微痕之形成和发展动态过程的了解。[④]

国内外开展的微痕实验和研究大多针对黑曜石与燧石，对于石英岩打制石器的微痕研究则相对较少。关于石英岩的岩相学、剥片机制和热处理等特点的研究，目前仅见于 C. A. Ebright 的文章。[⑤] 欧洲学者的文章中零星可见有关石英岩石器的微痕观察记录。相较于黑曜石与燧石，石英岩均质性差、颗粒、裂隙多，具有较强的透光性，在开展微痕分析上具有一定的难度，因而目前国内外尚未开展针对石英岩石器的系统微痕实验。但石英岩是史前人

---

① 高星、沈辰主编：《石器微痕分析的考古学实验研究》，科学出版社 2008 年。

② 张晓凌：《石器功能与人类适应行为：虎头梁遗址石制品微痕分析》，中国科学院古脊椎动物与古人类研究所 2009 年博士论文。

③ 方启：《吉林省东部地区黑曜岩石器微痕研究》，吉林大学 2009 年博士论文。

④ 陈虹、张晓凌、沈辰：《石制品使用微痕多阶段成形轨迹的实验研究》，《人类学学报》2013 年第 1 期。

⑤ Ebright, C. 1987. Quartzite petrography and its implications for prehistoric use and archeological analysis. *Archaeology of Eastern North America*, 15:29-45.

类最常使用的原料之一,对于中国的旧石器遗址而言,石英岩打制石器占据了重要地位。乌兰木伦遗址出土石制品基本以石英岩为原料,少见黑曜石与燧石等。而不同石料之间的微痕实验数据具有一定的差异性,缺乏石英岩打制石器微痕实验数据,将限制对以石英岩为主要原料的遗址开展石器功能分析,同时也影响遗址分析的深入开展。

为了更好地对乌兰木伦遗址石制品进行功能研究,同时为日后的石英岩微痕分析工作打好基础,特开展了几组石英岩质打制石器的微痕实验。原料是来自乌兰木伦遗址第十地点的石英岩,颜色有黑色、白色、黄褐色和红褐色,质地较好。所选的53件石制品是2012年石器打制实验的部分产品,均为未经二次修理的初级石片,针对不同的加工对象进行分组实验。第一组是动物性物质加工实验,包括骨质加工15件,肉类加工6件,冻肉加工7件,筋类加工2件,以及皮类加工8件。第二组是木质加工实验,包括木质加工15件,其中9件进行装柄实验,用来观察装柄微痕。每组实验中还特意选取几件石制品进行分阶段实验,以期能够了解石英岩石器在使用的不同阶段产生微痕的差异及其发育情况。

(二)动物性物质加工实验

根据2012年微痕分析的初步结果,结合遗址中发现的带有明显切割痕迹的动物骨化石碎片,以及烧骨和用火遗迹,推测处理肉类可能是乌兰木伦第一地点主要的作用任务之一。第一组实验针对动物性物质展开(图1)。加工对象根据硬度分为两类:第一类是中、硬性动物物质,包括鲜骨与冻肉;第二类是软性动物物质,包括鲜肉、皮和筋。所有材料均买自市场。

图1 动物性物质加工实验

1. 中硬性动物物质微痕实验

选择 15 件标本进行骨质加工实验,标本材质包括新鲜的牛骨和羊骨。使用方式分为切、刮、钻、砍砸 4 种,其中 3 件用于切,其余动作各 4 件。用于钻的标本中有 2 件进行分阶段实验,其余每种使用方式仅设计 1 件分阶段实验。实验效果与微痕特征描述如下:

	实验效果	微痕特征
砍砸	在 500 次/12 分时失去效率。片疤崩落严重,砍砸效果一般。震手现象明显	多羽翼状及阶梯状中、大片疤,片疤嵌套和磨圆明显
切	进行 700 次/9 分,刃缘崩落严重,较费劲,但效率一般	多羽翼状及阶梯状大片疤,片疤嵌套,层叠破裂,40×下小片疤有多向性。有一面痕迹较明显
刮	1000 次/9 分。崩落明显,前期效率尚可。可刮下大量骨粉	接触面分散分布羽翼状中、大片疤。非接触面连续分布小、中片疤。有个别片疤嵌套。中度至重度磨圆
钻	600 次/6 分时已接近失效,有崩落片疤,刃角明显变钝。执握较为困难,效率较低	磨圆重度,多连续羽翼状中、大片疤,片疤嵌套。有粉碎状晶体

考虑到乌兰木伦遗址地处内蒙古高原,一年中冬季时间较长,特设计 7 件标本用于冻肉加工实验。分为切和钻两种使用方式,其中切 3 件、钻 4 件,每种使用方式均设计 1 件标本分阶段实验。实验效果与微痕特征描述如下:

	实验效果	微痕特征
切	500 次/分左右变钝,效率较高	连续分布的小、中羽翼状片疤,中度磨圆
钻	1200 次/18 分。效率很高,越硬的部位钻的越顺利	小、中、大羽翼状片疤皆可见,重度磨圆

2. 软性动物物质微痕实验

用于鲜肉加工的标本为 6 件,分为切和剔两种使用方式,其中切 2 件,剔 4 件。实验效果与微痕特征描述如下:

	实验效果	微痕特征
切	2000 次/18 分,效率很高	有极零星小片疤
剔	500 次/9 分,效率较高	连续分布羽翼状小、大片疤

用于鲜皮加工的标本为8件,分为刮和切两种使用方式,各4件。实验效果与微痕特征描述如下:

	实验效果	微痕特征
切	1500次/15分,效率很高	分散分布的羽翼状小片疤
刮	1500次/15分,效率很高	中度磨圆,非接触面有连续分布的羽翼状中、小片疤。接触面有分散分布的羽翼状小片疤

(三)植物性物质加工实验

在2012年的微痕观察中,在三件标本上确认装柄微痕,还发现一件疑似加工木质的石器。为了解并确认木质加工和装柄的行为,考察石英岩石制品上木质加工与装柄微痕的特征与规律,以及手握工具与装柄工具在使用效率上的区别,特地设计了一组相互对照的木质加工实验和装柄微痕实验(图2)。木质材料是乌兰木伦遗址附近采来的新鲜杨木枝和博物馆附近捡拾的干柳树枝。

图2 植物性物质加工实验

1.木质加工实验

木质加工标本为6件,分为钻、刮和砍砸三种使用方式,每种方式各2件。

	实验效果	微痕特征
钻	700次/15分,效率较高,但执握时感觉疲惫	连续分布的羽翼状中、小片疤,重度磨圆
刮	5000次/15分,效率较低	中度磨圆,有明显的"翻越状"片疤,侧面看呈半月形,连续分布羽翼状小片疤
砍砸	1100次/15分,效率尚可,有震手感	连续分布羽翼状、阶梯状中小片疤,有"翻越状"片疤

2.装柄微痕实验

复合工具的发明是史前人类时期制作技术的一次革命,装柄工具是复合工具的重要形式。在制作装柄工具的过程中,离不开对木质材料或骨质材料的利用。此次装柄微痕实验共设计9件标本,其中3件只装柄不使用,用于观察捆绑过程中产生的装柄微痕;其余6件用于加工木质材料,具体分为刮、钻、锯等动作。

3件装柄不使用的石器,产生的捆绑微痕不明显,仅见零星分散分布的小凹缺和不明显的磨圆。

	实验效果	微痕特征
刮	2件倚靠式,1件嵌入式装柄,2000次/分,有1件很快失去效率,另2件效率一般	连续分布羽翼状中、小片疤,偶见大片疤。片疤有嵌套现象,有"翻越状"片疤。装柄处可见翻越刃脊的片疤痕或疑似压痕,偶见不规则分布羽翼状小片疤,轻度磨圆
钻	均采用嵌入式装柄,2000次/15分,双手搓木干,来回对树干做旋转运动,效率较高,钻孔形状规则,使用者较少感到疲惫	中度磨圆,连续分布羽翼状小片疤,有"翻越状"片疤
锯	嵌入式装柄,2000次/10分,手握木干,与树干来回垂直运动,效率较低,石片持续崩裂,不适合继续进行	连续分布羽翼状与阶梯状中、小片疤,有"翻越状"片疤

(四)结果、认识与问题

1.实验结果是可喜的

在加工鲜骨、冻肉这类中性、硬性物质的标本上,能看到明显微痕,且有一定的规律可循。但在加工鲜肉、皮、筋这类软性物质的实验中,微痕不甚明显。在木质加工标本上发现的微痕较为明显,典型的"翻越状"片疤广泛出现,表明以往关于燧石或黑曜岩的木质加工微痕经验也适用于石英岩,同时也为2012年考古标本中发现的装柄微痕提供了佐证。装柄微痕在经过使用的标本上相对明显,在未经使用的标本上则不太明显,可能和石英岩的颗粒较大、耐磨性较好有关。在石英岩标本上确认装柄微痕相对于燧石或黑曜岩较为困难,因此,在下一步的工作中需要加大捆绑力度,继续开展装柄实验,以收集更多的参考数据。

2. 石英岩石器在加工软性动物材料时,具有很强的有效性和耐磨性

几组模拟实验表明,与传统认为的优质原料燧石和黑曜岩相比,石英岩的有效性和耐磨性毫不逊色,这大大出乎我们的意料。尤其是加工软性动物材料的石英岩标本,即使经过高强度使用(2000次以上),刃缘上形成的微痕也不很明显,偶见的几个中型片疤,也是接触砧板所致。过去普遍认为石英岩是劣质原料,石英岩不经二次加工就直接使用是技术落后的表现,这些观点应重新斟酌与考量。由于石英岩的岩性特质,石片刃缘即具有较好的效能与效力,可以直接用于某些任务。这同时带给我们启发:许多经过使用的石英岩标本可能很难辨别出确切的微痕,经微痕分析确认的微痕比例,可能远远小于遗址实际的工具的使用比例;具有合适刃缘形状的石器,都有被使用的可能。因此,在今后的微痕观察和遗址功能分析中,应考虑到这种可能性,可结合残留物分析等其他科技手段,对石器进行更深入而准确的分析。

3. 装柄技术的优势

对比同一动作的手握工具和装柄工具,发现装柄工具更省力、更高效,具体的物理原理有待进一步分析。就此次实验而言,经过装柄的钻具可以大大减轻操作者手臂的负担。在完成"刮"和"切"等动作时,效率也略有提高。今后将开展更多的实验,探索更多可能的、合适的操作方式,以更好地对史前人类行为方式进行模拟与分析。

4. 在实验操作过程中,有一些问题值得思考

在此次实验过程中,我们也发现了一些问题。某些工具(例如钻)不适于手握,工作效率较低,石器损耗严重,反映出我们所推测的具体操作方法可能和古人实际操作不符,抑或钻骨、切骨等使用方式的合理性和可操作性值得怀疑。在完成个别动作时,工具效率偏低,尤其是以手握方式刮木头及锯木头等动作。究其原因,可能是选取标本的尺寸和刃缘形状不合适,也可能是石英岩岩性过脆,导致在接触木料时崩裂严重,抑或是实验设计和实验操作有问题。如能收集更多的民族学材料,进行更多的实验研究,并结合考古标本的微痕分析结果,将更有助于复原史前人类的行为模式。

石英岩的质地和颗粒大小依种类而有区别,在从事同一动作加工同一材料时的效率也有所不同。不同石料适合的工作任务也不同,例如,黑色石英岩比较适合用于"砍砸",白色石英岩比较适合"切割"。在接下来的研究中,可以对同一地点不同材质的石英岩进行岩相分析,对不同种类石英岩的微痕分析结果进行统计,以便进一步探讨史前人类在特定工作任务上是否存在原料选择偏好等问题。

二 微痕分析的新进展与新证据

(一)基本情况

2013 年的微痕分析结果(表 1)表明,乌兰木伦石制品的使用方式以剔(片)和切(锯)为多,加工对象以动物性物质为主,据此推测处理肉类是乌兰木伦第一地点主要的作用任务之一,特别是剥皮和从骨头上剔肉两种动作。

表1 观察标本的微痕结果统计(2013 年)

类型	观察标本(件)	有微痕的标本(件)	百分比(%)
石刀	6	5	83.3
尖状器(钻具等)	44	28	63.6
凹缺器	5	3	60
石片	10	5	50
锯齿刃器	45	23	51.1
刮削器	20	8	40
鸟喙状器	6	2	33.3
其他	8	3	37.5

此次微痕分析仍选择 2010 年试掘出土的石制品,共 144 件石器,约占当年石器总数的 10%,集中在锯齿刃器、尖状器(钻具等)、刮削器、石片、鸟喙状器、石刀、凹缺器等类型。在 77 件标本上发现微痕,占观察样本的 53.5%,比例较去年有所提高。其中 11 件标本上发现 2 处以上的微痕,共计 88 处功能

单位;在 3 件标本上同时发现使用微痕和装柄微痕。使用率达到 50% 及以上的类型依次为石刀、尖状器(钻具等)、凹缺器、锯齿刃器和石片,锯齿刃器的使用率比去年有所提高。

目前从发现微痕的 77 件标本上共识别出 7 种使用方式,分别为切(锯/划)、剔(片)、刮、穿刺、钻、装柄(捆绑)、执握等。在这 7 种使用方式中,切(锯/划)的频率最高,其次是剔(片)和刮,再次为装柄(捆绑)、钻和穿刺(图 3)。与 2012 年的结果相比,切(锯/划)的比例有所增加。

可辨别的加工对象仍以动物性物质为主,同时发现 2 件加工鲜木的标本。

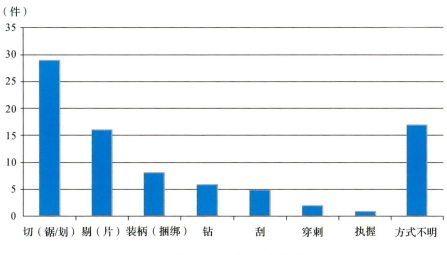

图 3　石制品使用方式统计(2013 年)

(二)进一步确认装柄微痕

2012 年曾在 3 件标本上同时识别出使用微痕和装柄微痕,反映出部分石器可能是经过装柄的复合工具。此次观察到的装柄微痕比例大大增加,在 7 件标本上同时识别出使用微痕和装柄微痕,1 件标本上仅发现装柄微痕,还有 1 件标本带有疑似的执握微痕。

标本 OKW③24-3,斧形小石刀,使用刃角为 42°,使用刃长为 38mm。长为 26.3mm,宽为 40.8mm,厚为 10mm。在修理刃发现使用微痕,在底部及其两侧发现装柄微痕,共计 4 处 FU(图 4)。修理刃的背面丛簇状分布小片疤,多为羽翼状终端,偶见卷边状。边缘较平滑,片疤分布受修理刃形状所限。腹面边缘呈不规则小锯齿状,片疤无方向。刃脊中度磨圆。标本底部右侧背面零星分布小缺口,轮廓为月牙形;腹面零星分布小片疤,由背面向腹面破裂。底部左侧背面零星分布月牙状小片疤,由腹面向背面破裂;腹面间隔式分布月牙状小缺口。底缘背面轻度磨圆,偶见压痕。

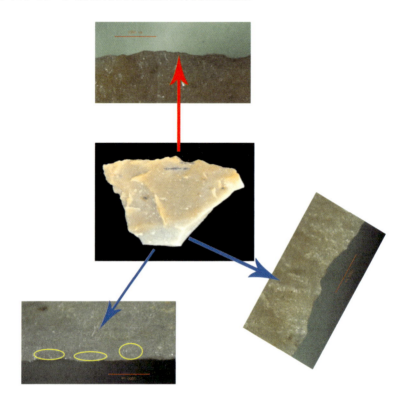

图 4   标本 OKW③24-3 的使用微痕与装柄微痕

标本 OKW④22-1,端刮器,使用刃长为 40.6mm。长为 50.1mm,宽为 44.5mm,厚为 15.9mm。共计发现 3 处 FU(图 5)。修理刃背面边缘近连续分布中、小片疤,小片疤为多,羽翼状,由腹面向背面破裂。腹面边缘轮廓有近连续分布的小缺口,边缘较平滑。刃脊凸起部分为中度磨圆,偶见散漫光泽,凹缺处轻度磨圆,个别位置严重磨圆,呈垂直线形擦痕,疑为反复刮擦骨头所致。底部右侧边缘零星分布有小缺口,刃脊轻度磨圆。尖底轻微磨损,棱脊有疑似光泽。

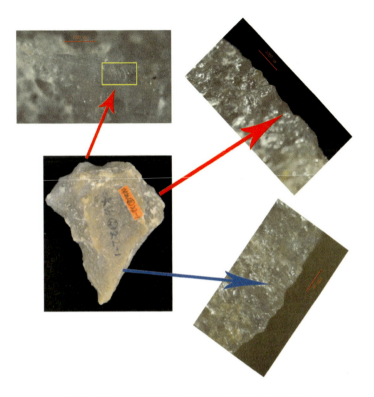

图 5　标本 OKW④22-1 的使用微痕与装柄微痕

（三）新确认木质加工微痕

2012 年发现的加工新鲜木头的微痕仅有 1 处。今年新发现了 2 件可能锯鲜木的标本。

标本 OKW ⑦ 5-4，长为 53.4mm，宽为 19.9mm，厚为 8.5mm，使用刃长 36.5mm。使用刃背面边缘连续分布大、中片疤，偶见方向，片疤间偶有间断。腹面情况同背面，PC3 处有一个翻越状片疤。刃脊有严重磨圆，轮廓呈 S 形（图 6）。

标本 OKWN 22-3，长为 32.0mm，宽为 30.0mm，厚为 11.3mm，修理刃长 19.4mm。使用刃背面边缘修理成锯齿状，间隔式分布 3 丛片疤，以中片疤为多，终端多羽翼状，有卷边状。刃缘凸起处片疤较多。腹面 PC7 处有 1 个疑似翻越状中片疤。刃脊轻至中度磨圆。

图6　翻越状微痕(标本 OKW⑦5-4)

(陈虹、汪俊、连蕙茹、方梦霞合作,原刊《鄂尔多斯文化遗产》2014 年)

辉河水坝细石器遗址的石器功能与生存策略研究

    细石器在中国的制作和使用从旧石器时代晚期一直延续至新石器时代，甚至更晚，广泛分布在华北地区、北方草原地区、青藏高原、华南和西南地区①。内蒙古草原地区因其独特的气候和环境，成为细石器的重要集中地区之一，先后发现了 240 多处细石器遗址或地点。② 研究表明，呼伦贝尔的细石器工艺技术，在新石器时代盛行并达到顶峰。③

    中国细石器的发现和研究可追溯至 20 世纪初，自此，学者们对这类石制品陆续展开报道和讨论，多从类型和技术层面讨论细石器的内涵与传统④、细石叶技术的起源和传播⑤，为了解中国细石器的文化传统和工艺技术奠定了十分重要的基础。近年来，还有学者尝试结合功能层面探索华北地区旧石器晚期细石叶工艺的文化适应情况⑥，为更好地了解中国的细石器组合提供了新的资料和视角。

    从研究什么是细石叶技术拓展到为什么会使用细石叶技术是一个重大的跨越，值得注意的是，如何利用细石叶技术也应是其中至关重要的一个环节。这就涉及细石叶工具的功能问题，进而是史前人类的生存策略问题，即

---

① 安志敏：《中国细石器发现一百年》，《考古》2000 年第 5 期。

② 刘景芝：《呼伦贝尔辉河水坝遗址的细石器工艺探讨》，《人类学学报》2010 年第 3 期。

③ 佟柱臣：《中国新石器研究》，巴蜀书社 1998 年。

④ （1）裴文中：《中国细石器文化略说》，见裴文中：《中国史前文化之研究》，商务印书馆 1950 年；（2）贾兰坡：《中国细石器的特征和它的传统》，见《贾兰坡旧石器时代考古论文集》，文物出版社 1984 年；（3）仪明洁：《细石器研究中几个关键概念的厘定》，《考古与文物》2014 年第 4 期。

⑤ （1）安志敏：《海拉尔的中石器遗存——兼论细石器的起源和传统》，《考古学报》1978 年第 3 期；（2）杜水生：《楔形石核的类型划分与细石器起源》，《人类学学报》2004 年增刊；（3）朱之勇：《中国细石器起源之我见》，《北方文物》2008 年第 4 期。

⑥ 陈虹：《华北细石叶工艺的文化适应性研究——晋冀地区部分旧石器时代晚期遗址的考古学分析》，浙江大学出版社 2011 年。

史前人类如何利用细石叶工具维持生存活动。目前，在功能研究的基础上，结合类型和技术信息有助于从石制品方面提取有关生存策略方面的证据。从 1957 年由 Semenov[1] 发展至今，微痕分析在众多研究者的不断探索和完善下，受到越来越广泛的认可。一方面，大量的模拟实验研究为微痕分析提供了重要的参照数据；另一方面，考古标本的多次成功解释也显示出微痕分析在石器功能研究方面的可行性和可靠性。

辉河水坝细石器遗址，位于内蒙古呼伦贝尔草原辉河流域，被认为是该地区最具代表性的遗址之一。遗址于 1996 年被正式发掘，获得了一批新石器时代的石制品。根据"级差型动态分类法"，这批石制品组合的细石叶技术成熟稳定，小型工具类型多样，工具内部规范化程度高。[2] 2003—2004 年，第二次正式发掘和补充性发掘在该遗址的新石器时代文化层中获得了石制品、陶器等遗物，以及细石器制造场、居住、篝火和堆积动物骨骼灰坑等遗迹。[3] 根据古地理古环境研究，当时气候总体上处于温暖湿润状态，动植物资源丰富。[4] 在这样的背景下，当时的人们是如何利用细石叶工具组合维持生存的呢？这一遗址又有着什么样的功能呢？这些问题的解决可以帮助我们进一步了解新石器时代细石叶工具在中国内蒙古草原地区的流行情况。

本次研究将以 1996 年辉河水坝细石器遗址新石器时代文化层发掘出土的工具为对象，采用微痕分析了解工具功能，并在此基础上探讨当时人类的生存策略以及该遗址的主要功能。

另外，由于微痕观察结果往往量多且繁杂，如何充分利用这些数据来深化考古学解释是一个有待解决的问题，也是中国微痕研究领域今后值得努力的方向。因此，本文的另一研究重点就是探索如何借助定量方法进行多元变量分析，并将结果以可视化的图像表现出来。

---

① Semenov, S. (translated by Thompson, M.). 1964. *Prehistoric Technology: An Experiment Study of the Oldest Tools and Artifacts from Traces of Manufacture and Wear*. London: Cory, Adams & Mackay.

② 岳够明、陈虹、方梦霞等：《内蒙古辉河水坝细石器遗址 1996 年发掘简报》，《人类学学报》2016 年第 3 期。

③ 中国社会科学院考古研究所细石器课题组等：《内蒙古呼伦贝尔辉河水坝细石器遗址发掘报告》，《考古学报》2008 年第 1 期。

④ 郭殿勇、刘景芝：《呼伦贝尔辉河水坝细石器遗址古地理古气候》，见董为主编：《第十届中国古脊椎动物学学术年会论文集》，海洋出版社 2006 年，第 273—282 页。

一 研究材料与方法

(一)标本抽样

本次研究所用材料为 1996 年新石器文化层(第 6~8 层)出土的石制品,共计 2467 件,石料以硅质岩为主,包括石核、石片、细石叶、石镞、刮削器、石刀等。根据"级差型动态分类法",定型工具一般是依照特定目标、专门化设计加以制造的,或者被用于特定目标或专门化用途(除磨制石器外),为此共对431 件工具(占石制品组合的 16.3%)进行了微痕观察。

细石叶技术是一类特殊的工艺技术,为了更有针对性地研究石器类型和功能之间的关系,尤其是细石叶工具的功能,我们在微痕观察和结果分析时,将工具按毛坯分成石核工具、石片工具和细石叶工具三大类(表 1)。

表 1 辉河水坝遗址工具统计表

毛坯	类型	数量(件)
石核工具	锛状器	6
	单面器	1
	砍砸器	1
石片工具	凹缺器	78
	刮削器	74
	尖状器	8
	锯齿刃器	7
	石刀	1
	石镞	8
	锥钻	15
	琢背小刀	2

毛坯	类型	数量(件)
细石叶工具	细石叶凹缺器	89
	细石叶刮削器	3
	细石叶石镞	23
	细石叶锥钻	8
	细石叶石刀	44
	细石叶琢背小刀	23
	细石叶锯齿刃器	3
	几何形细石器	29
	细石叶雕刻器	8

(二)微痕分析

微痕分析按观察倍数和项目一般可分为高倍法和低倍法,两者各有所长。低倍法适用于对大量标本的总体观察,能更有效地推断工具的使用方式;高倍法适用于对特定标本的精细观察,能更有效地判断工具的加工对象。

根据调查和发掘,辉河遗址为一处古代的固定沙丘,地层关系明确,文化层未经扰动,属于原地埋藏类型,标本的保存状况较好。但考虑到本次观察标本数量众多,出土时间距今较久,因而选择了低倍法。

本次研究采用 Nikon SMZ800 体式显微镜(放大倍数为 10～63 倍),以片疤破损和磨圆痕迹为主要观察对象,以功能单位表示使用痕迹,包括手握和装柄痕迹。[①]

---

① (1)Odell, G. 1996. *Stone Tools and Mobility in the Illinois Valley*; *From Hunter-gatherer Camps to Agricultural Villages*. Michigan: Ann Arbor;(2)张晓凌:《石器功能与人类适应行为:虎头梁遗址石制品微痕分析》,中国科学院古脊椎动物与古人类学研究所 2009 年博士论文;(3)张晓凌、沈辰、高星等:《微痕分析确认万年前的复合工具与其功能》,《科学通报》2010 年第 3 期;(4)Chen, H., Chen, C., Wang, Y. R., et al. 2013. Cultural adaptations to the Late Pleistocene: Regional variability of human behavior in southern Shanxi Province, central-northern China. *Quaternary International*, 295:253-261.

(三)图像处理与数理统计

采用交叉分析表来表述"成对"的相关变量,比如使用方式和加工对象、器物类型和加工方式,研究交叉分析表的主要目的是看这些变量是否相关。对于相关变量,会用对应分析来研究两者之间是如何相关的。对应分析是一种多元相变量统计分析技术,通过分析由定性变量构成的交互汇总表来揭示变量间的联系。它是一种视觉化的数据分析方法,能够将几组看不出任何联系的数据,通过视觉上可以接受的定位图展现出来。相对于依赖单个变量所做的分析,这种两组变量的相关性分析对于人类行为层面的阐释更加有效。另外本次研究还会应用以下两种检验方法[①]:

Mann-Whitney 秩和检验:假设两个样本分别来自除了总体均值以外完全相同的两个总体,目的是检验这两个总体的均值是否有显著差别。

Kruskal-Wallis 秩和检验:目的是看多个观测数据的总体的位置参数是否一样,方法和 Mann-Whitney 检验类似。

为便于统计,本文将工具类型和微痕分析项目转化为变量,但有三点需要说明:

(1)使用方式。穿刺和射击的痕迹基本一致,难以区分,遂将其归为一类,以穿刺(射击)表示。目前,镶嵌痕迹还没有实验数据可供参照,因此,在统计时将其和装柄归为一类,以装柄/镶嵌表示。

(2)加工材料。鉴于低倍法在判断具体加工材料上存在的劣势,按硬度分类表示[②],从而避免因描述过于详细而使分析结果变得不准确。另外,考虑到穿刺/射击活动的特殊性,虽将其对应的材料单独归为动物类,但与中软性物质类不重合。

动物这一类材料特指在狩猎过程中石器所接触的加工材料,狩猎和加工属于两种不同活动,因此把动物类材料单独归为一类,有助于更深刻地理解人类的狩猎行为。

---

① 吴喜之:《统计学:从数据到结论》,中国统计出版社 2009 年。

② 加工对象:AS = 软性动物类(肉、新鲜皮革等),VS = 软性植物类(草、菜等),1M = 中软性类(鲜木、鱼鳞等),2M = 中硬性类(干木、冻肉等),1H = 硬性动物类(骨头、干燥皮革、陶等),2H = 特硬性动物类(角、干骨等),3H = 硬性无机类(岩石)。

（3）使用痕迹不明确指观察到了使用痕迹，但无法判断其具体的使用方式或加工材料。可能是由于工具的使用时间太短，痕迹没有形成一定规律，抑或是刃缘经过多次使用，而每次的使用方式均不同，导致不同痕迹叠加在一起无法区分。

参与数理统计的数据均来自微痕观察的标本，因样本本身存在的偶然性，变量之间的关系并不绝对，之后可能会随着标本的增加而发生一定的变化。但作为一次尝试，本次研究能给我们一些启发。

三　微痕分析结果

在本次观察的431件工具中，185件上发现明确的使用痕迹，76件标本的使用痕迹不明确，其余170件标本上无使用痕迹。石片工具和细石叶工具数量多且具有代表性，下文将着重介绍这两类工具的微痕观察情况和数据分析结果。

（一）石片工具的微痕与功能

石片工具通常指以石片为毛坯加工而成的工具，是辉河细石器组合中重要的一部分。本次研究涉及的石片工具共计193件，占样本量的44.8%。根据微痕观察的结果，加上使用痕迹不明确的标本（$N=28$），石片工具的使用率达56.5%（$N=109$）。

在109件有使用痕迹的标本上（包括使用痕迹不明确的标本），共发现刮、切、剔、钻和穿刺（射击）这五类使用方式。由表2可知，刮出现的频率最高（$N=47$，$P=43.1\%$），其次为切和剔，钻和穿刺（射击）（$N=7$，$P=6.4\%$）出现的频率并不高。

秩和检验显示类型和使用方式这两个变量呈显著相关（表3，$P<0.05$），表明不同器型的使用方式存在一定差异。根据对应分析的结果（图1），石镞主要用于穿刺（射击），锥钻的主要功能是钻，刮削器、凹缺器、锯齿刃器、琢背小刀和石刀这五种工具的使用方式比较多样，刮、切和剔这三种动作均有出现。尖状器因样本量太少而无法了解其主要的使用方式。

表 2 类型 × 使用方式交叉表

		使用方式(件)						合计(件)
		刮	切	剔	钻	穿刺(射击)	不确定	
类型	凹缺器	15	4	8	0	1	10	38
	刮削器	29	3	2	0	1	11	46
	石镞	0	0	0	0	4	3	7
	锥钻	0	2	0	4	0	1	7
	尖状器	1	0	0	2	1	1	5
	锯齿刃器	1	1	1	0	0	1	4
	石刀	1	0	0	0	0	0	1
	琢背小刀	0	1	0	0	0	0	1
合计		47	11	11	6	7	27	109

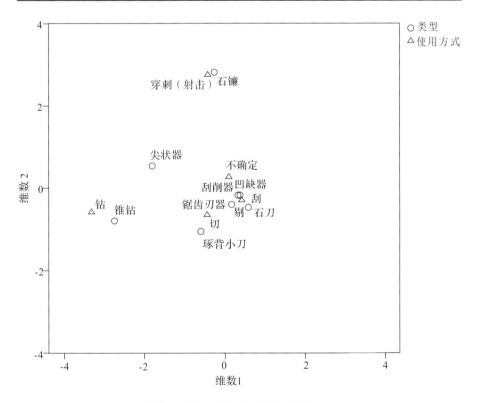

图1 类型 × 使用方式对应分析结果

表 3　类型×使用方式卡方检验ᵃ

	值	df	渐近 Sig.（双侧）
Pearson 卡方	119.021ᵃ	35	0.000
似然比	81.605	35	0.000
有效案例中的 N	109		

a)44 单元格(91.7%)的期望计数少于 5。最小期望数为 0.06。

微痕观察结果也显示,石片工具用于处理多种材料。由表 4 可知,软性动物类材料出现的频率最高($N=41$,$P=37.6\%$),其次是硬性动物类材料($N=13$,$P=11.9\%$),其中动物这一类加工材料在石片工具中出现的频率并不高($N=6$,$P=5.5\%$)。结合使用方式的统计,刮的出现频率最高,而穿刺(射击)的出现频率较低,推测石片工具的主要任务是用于加工,仅有很小一部分用于狩猎。

表 4　类型×加工材料交叉表

		加工材料（件）								合计（件）
		AS	VS	1M	2M	1H	2H	动物	不确定	
类型	凹缺器	17	1	0	0	4	2	1	13	38
	刮削器	19	0	2	0	9	0	1	15	46
	石镞	1	0	0	0	0	0	3	3	7
	锥钻	2	0	0	1	0	0	0	4	7
	尖状器	0	0	0	1	0	0	1	2	5
	锯齿刃器	0	0	3	0	0	0	0	1	4
	石刀	1	0	0	0	0	0	0	0	1
	琢背小刀	1	0	0	0	0	0	0	0	1
合计		41	1	6	2	13	2	6	38	109

从类型与加工材料的相关性分析可知,这两个变量有显著的相关性(表 5,$P<0.05$),推测不同类型的工具其加工材料也有一定的不同。对应分析的结果显示石镞的加工对象为动物类(图 2)。锯齿刃器主要用于加工中软性类物质,但未在此类工具上发现明显的木质加工痕迹。考虑到辉河遗址中发现有

鱼类动物的骨骼遗存,推测锯齿刃器有可能用于处理鱼类。刮削器、凹缺器、琢背小刀及石刀这四类工具对应于多种加工对象,主要以动物类物质为主,结合上文对使用方式的分析,刮削器、凹缺器、琢背小刀及石刀这四类工具的主要功能为刮、剔、切软性动物类和硬性动物类物质。

表 5　类型 × 加工材料卡方检验[a]

	值	df	渐近 Sig.（双侧）
Pearson 卡方	98.879[a]	49	0.000
似然比	64.891	49	0.064
有效案例中的 N	109		

a）59 单元格(92.2%)的期望计数少于 5. 最小期望计数为 0.01。

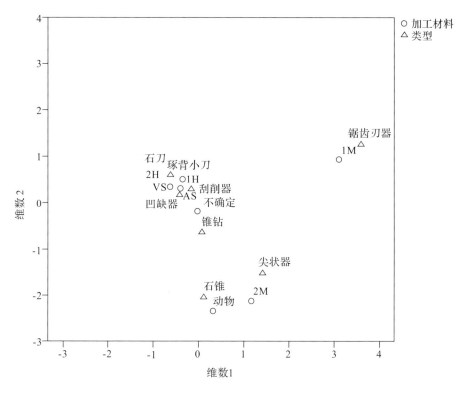

图 2　类型 × 加工材料对应分析结果

另外,在部分石片工具($N=26,P=23.9\%$)上观察到了装柄痕迹(表6),所占比例并不低。结合形态分析(表7),装柄标本的最大长、最大宽、最大厚、重量这四个参数的均值都比未装柄的标本小。Mann-Whitney 的检验结果显示(表8),最大宽、最大厚及重量这三个数据对石片工具的装柄行为有显著影响($P<0.05$),可能是因为当时人类有目的地选择合适的形态装柄。

表6 石片工具装柄情况

	数量(件)	百分比(%)	累积百分比(%)
未装柄	83	76.1	76.1
装柄	26	23.9	100.0
合计	109	100.0	

表7 石片工具装柄和未装柄的基本数据(单位:mm)

	最大长		最大宽		最大厚		重量		加工长度		长宽比	
	均值	中值	均值	中值	均值	中值	均值	中值	均值	中值	均值	中值
装柄	23.8	20.6	18.8	17.6	4.6	4.5	2.7	1.1	14.1	13.1	1.3	1.2
未装柄	26.2	25.1	23	21.7	6	5.2	4	2.1	15.3	11.8	1.2	1.2

表8 石片工具测量数据 Mann-Whitney 检验[a]

	最大长	最大宽	最大厚	重量	加工长度	长宽比
Mann-Whitney U	867.0	813.0	765.0	832.5	1067.0	937.0
Wilcoxon W	1218.0	1164.0	1116.0	1183.5	1418.0	4423.0
Z	-1.507	-1.891	-2.233	-1.753	-0.085	-1.010
渐近显著性	0.066	0.030	0.013	0.04	0.466	0.157

a)分组变量:是否装柄

值得注意的是,本次研究对凹缺器有一些新的认识。此类器型以修理方式命名,石片工具类凹缺器的特点是周身有一个及以上打制出来的凹缺,但一直以来对这些凹缺的作用没有明确的认识。

辉河水坝遗址出土的石片类凹缺器共计 78 件,其中 27 件上有明确的使用痕迹,加上使用痕迹不明确的标本,使用率达 48.7%。统计发现(表9),凹缺器上打制出的凹缺真正用于直接使用的标本非常少($N=8,P=10.3\%$),大多数凹缺没有经过任何使用（$N=42$，$P=53.8\%$）。观察中发现大部分所谓"凹缺器"（$N=18$，$P=23.1\%$）上的凹缺实际上可能是在发掘过程中，被手铲或其他硬物打出的新茬。另外，4件标本的凹缺处观察到装柄痕迹，凹缺的目的可能是便于装柄。5件标本的凹缺旁观察到了使用痕迹，此处凹缺的目的可能是为了使其旁边的刃缘成为一条合适的工作刃。但是，由于样本量偏少，也不排除偶然因素。根据目前的资料来看，51.3%的凹缺器上没有任何使用痕迹，其原因目前还难以给出确切解释，但提醒我们需谨慎对待这类具有凹缺的工具。

表9　凹缺器凹缺作用

	数量（件）	百分比（%）	累积百分比（%）
未使用	42	53.8	53.8
使用	8	10.3	64.1
装柄	4	5.1	69.2
凹缺旁有痕迹	5	6.4	75.6
咬痕	1	1.3	76.9
新茬	18	23.1	100.0
合计	78	100.0	

（二）细石叶工具的微痕与功能

根据微痕观察的结果，230件细石叶工具中，101件标本上有明确的使用痕迹，加上使用痕迹不明确的标本，使用率达64.8%，高于石片工具的使用率。

细石叶技术加工出的工具相对规整，但 Mann-Whitney 检验结果显示（表10），使用与未使用的细石叶工具在最大厚和加工长度上有显著不同（$P<0.05$）。使用过的细石叶工具最大厚的均值（$\mu=3.27$）小于未使用的细石叶工具最大厚的均值（$\mu=3.74$）小，加工长度的均值（$\mu1=9.63$，$\mu2=12.32$）也有类似情况，推测辉河水坝遗址的古人可能会有意识地挑选一些薄且短的细石叶工具使用。

表 10　细石叶工具测量数据 Mann-Whitney 检验[a]

	最大长	最大宽	最大厚	重量	加工长度	长宽比
卡方	22.771	28.589	27.922	26.978	154.309	23.858
df	8	8	8	8	8	6
渐近显著性	0.004	0.000	0.000	0.001	0.000	0.001

a)分组变量:类型

在 149 件有使用痕迹的标本上,共发现刮、切、剔、钻、刻划、穿刺及射击多种使用方式(表 11)。其中刮、切、剔三者的出现率仍是最高的,即总计有 55.7% 的细石叶工具可能用于加工。穿刺(射击)的比例仍旧不高($N = 16$,$P = 10.7\%$),但高于石片工具($N = 7, P = 6.4\%$)。

表 11　类型 × 使用方式交叉表

		使用方式							合计
		刮	切	剔	钻	刻划	穿刺(射击)	不确定	
类型	细石叶凹缺器	29	8	9	0	0	0	18	64
	几何形细石器 & 截断器	3	1	1	0	0	10	5	20
	细石叶石刀	4	8	3	0	0	0	4	19
	细石叶石镞	0	0	2	0	0	6	9	17
	细石叶琢背小刀	4	2	3	0	0	0	5	14
	细石叶雕刻器	1	1	0	0	3	0	2	7
	细石叶锥钻	0	1	0	3	0	0	0	4
	细石叶端刮器	1	1	0	0	0	0	1	3
	细石叶锯齿刃器	0	0	1	0	0	0	0	1
合计		42	22	19	3	3	16	44	149

卡方检验显示细石叶工具类型与使用方式这两个变量显著相关(表 12,$P < 0.05$)。细石叶工具不仅在形制上具有一定的规范性,在使用方式上也具有一致性,这在一定程度上体现了专门化。对应分析的结果表明(图 3),锥钻的使用方式主要为钻,雕刻器主要用于刻划,细石叶石镞和几何形细石器主要用于狩猎活动中的穿刺或射击,而其他类型的细石叶工具在使用方式上分

化不明显,集中在刮、切、剔三者之间,推测这几类工具可能专门用于加工。

表 12　类型 × 使用方式卡方检验

	值	df	渐进 Sig.（双侧）
Pearson 卡方	264.849[a]	48	0.000
似然比	134.487	48	0.000
线性和线性组合	2.918	1	0.088
有效案例中的 N	149		

a)53 单元格(84.1%)的期望计数少于5.最小期望计数为0.02。

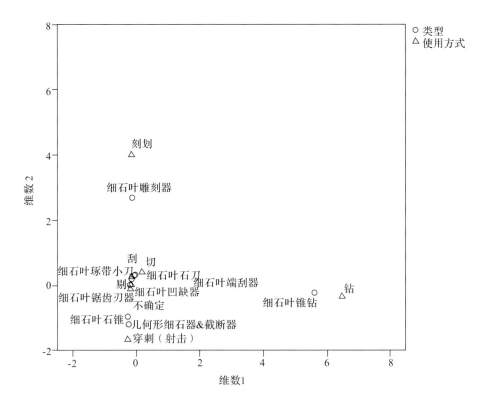

图 3　类型 × 使用方式对应分析

各类工具的加工材料见表13,可以明显看出细石叶工具上发现最多的是加工软性动物类材料的痕迹。卡方检验显示类型与加工材料两个变量显著相关(表14,$P < 0.05$)。结合之前类型与使用方式的分析,进一步证明辉河水坝遗址的细石叶工具有较高的专门化程度。对应分析表明(图4),几何形细石器与细石叶石镞更多被用于加工动物类材料。细石叶雕刻器更多被用于加工中软性类和中硬性类材料,从微痕来看,应是动物骨头或是硬性物质,而非木质材料,还发现了加工中性材料的痕迹。其他类的工具则更多被用于加工软性动物类材料和硬性动物类材料,说明工具之间虽然存在狩猎与加工之间的明显分化,但在加工活动中,各类工具的加工对象并不唯一。

表13　类型×加工材料交叉表

		加工材料(件)						合计(件)
		AS	1M	2M	1H	动物	不确定	
类型	细石叶凹缺器	28	1	1	14	0	20	64
	几何形细石器 & 截断器	5	0	0	0	10	5	20
	细石叶石刀	11	0	1	2	0	5	19
	细石叶石镞	2	0	0	0	6	9	17
	细石叶琢背小刀	6	0	0	3	0	5	14
	细石叶雕刻器	1	1	1	2	0	2	7
	细石叶锥钻	1	0	0	1	0	2	4
	细石叶端刮器	2	0	0	0	0	1	3
	细石叶锯齿刃器	0	0	0	0	0	1	1
合计		56	2	3	22	16	50	149

表14　类型×加工材料卡方检验

	值	df	渐近 Sig.(双侧)
Pearson 卡方	91.032[a]	40	0.000
似然比	85.127	40	0.000
线性和线性组合	1.528	1	0.216
有效案例中的 N	149		

a)43 单元格(79.6%)的期望计数少于5. 最小期望计数为0.01。

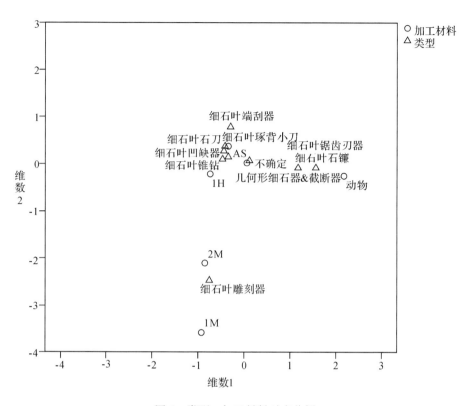

图4 类型×加工材料对应分析

表15 细石叶工具测量数据 Kruskal Wallis 检验[a]

	最大长	最大宽	最大厚	重量	加工长度	侵入度	长宽比
卡方	21.424	16.222	17.791	19.665	10.068	10.672	23.858
df	6	6	6	6	6	6	6
渐近显著性	0.002	0.013	0.007	0.003	0.122	0.099	0.002

a)分组变量:使用方式

　　本次研究还对细石叶工具的长、宽、厚等测量数据分别进行了 Kruskal Wallis 检验,以期了解运用于不同使用方式及不同加工材料的石器在形态或加工程度是否有差别。检验结果显示,使用方式和加工材料不同的石器在形态上的差别是显著的,但并没有证据显示其在加工程度上有显著差别(表15,表16,$P < 0.05$)。这可能表明辉河水坝遗址的古人会根据任务需要选择形态合适的细石叶工具。石片工具没有表现出这一显著差异,可能是因为石片工

具的专门化程度不如细石叶工具高。

表 16　细石叶工具测量数据 Kruskal Wallis 检验[a]

	最大长	最大宽	最大厚	重量	加工长度	侵入度	长宽比
卡方	19.138	4.352	11.488	14.724	1.178	7.088	15.777
df	5	5	5	5	5	5	5
渐近显著性	0.002	0.500	0.043	0.012	0.947	0.214	0.008

a)分组变量:加工材料

微痕观察显示细石叶工具的装柄(镶嵌)率并不高($N=25, P=16.8\%$)。细石叶工具通常被认为作为复合工具使用,但在辉河遗址的细石叶工具上未发现大量的装柄/镶嵌痕迹,原因可能有以下几点:(1)装柄使用后,装柄部分断裂,仅留下了使用部分;(2)目前镶嵌痕迹还无法明确分辨,受限于经验及资料的不足,在观察过程中可能会遗漏部分镶嵌痕迹。

目前发现的镶嵌痕迹多在琢背石制品上,已有研究认为琢背石刀是镶嵌工具,琢背修理痕迹多为便于镶嵌而修理[①]。辉河石制品上的镶嵌痕迹并不明显,多为在琢背处的崩损及琢背区域的擦痕。因此,如何辨别镶嵌痕迹是一个急需解决的问题。

与石片凹缺器相应,我们检查了细石叶凹缺器上凹缺的作用。结果显示,89 件细石叶凹缺器的使用率达 71.9%(包括 17 件使用痕迹不明确的标本),其中 51.7%($N=46$)的凹缺上没有任何痕迹,大部分使用痕迹都在未加工过的刃缘上。不过,也有一部分使用痕迹位于凹缺旁边($N=13, P=14.6\%$),这可能与石片凹缺器上的凹缺作用相同,即为了突出凹缺旁边的刃缘,使之便于使用。也有个别凹缺是为了装柄而修理的($N=4, P=4.5\%$)。细石叶凹缺器的主要功能可能用于处理动物类物质,以处理软性动物类的肉或皮为多,存在加工骨头及干皮的现象,其功能可能不仅限于加工食物。

几何形细石器多以折断的四边形石叶中段为坯,侧边保留半个小缺口[②],在中国的细石器组合较为罕见。辉河水坝遗址出土了几件形态类似的石叶,

---

① 王建、王向前、陈哲英:《下川文化——山西下川遗址调查报告》,《考古学报》1978 年第 3 期。
② 陈淳:《几何形细石器和细石叶的打制及用途》,《文物季刊》1993 年第 4 期。

但仅发现用于截断的缺口,而没有进一步的琢背痕迹。因此,在分类时将其暂定为似几何形细石器。

目前,对于这一类截断后作为工具使用的石叶或细石叶的微痕研究并不多。考古发掘表明,这一类工具是镶嵌在木柄或骨柄上使用的。斯洛伐克的Medvedia 洞穴中出土了此类截断后镶嵌使用的石叶,出土时石叶和柄仍是相连的(图5),研究者将这一类复合工具的功能定为投掷标枪[①]。2011 年,P. Jean-Marc等人复制了马格德林的投掷标枪进行模拟实验。他们使用鹿角作为标枪尖部,并在其两边镶嵌琢背过的石叶,采用的黏合剂包括蜂蜡、树脂和赭石的混合物,以及树皮沥青。最后,将整个标枪的尖部与较长的木柄捆绑在一起制成完整标枪。实验者手持标枪投射数米开外的一只鹿,实验结果显示标枪能够刺入鹿的肋骨中,同时在石叶的刃部上留下了明显的折断状片疤(图6,图7)[②]。

图5　Medvedia 洞穴出土的投掷标枪

图6　马格德林投掷标枪复制品图实验效果

---

①　Bárta, J. 1989. Hunting of brown bears in the Mesolithic: evidence from the Medvedia cave near Ruzín in Slovakia. In: Bonsall, C. (Ed), *The Mesolithic in Europe*. John Donald Publishers, Edinburgh, pp. 456-460.

②　Jean-Marc, P., Olivier, B., Pierre, B., et al. 2011. Hard core and cutting edge: experimental manufacture and use of Magdalenian composite projectile tips. *Journal of Archaeological Science*, 38:1266-1283.

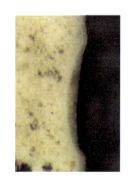

图7 马格德林投掷标枪实验微痕(左)与辉河水坝遗址几何形细石器上的痕迹(中、右)

此类截断后的细石叶工具不仅能够用于狩猎活动中的投掷标枪,同时也能作为镶嵌石刀用于处理食物。北京平谷上宅遗址出土的骨柄石刃刀显示截断后的细石叶也可作为刀类工具使用。镶嵌于刀柄凹槽内的细石叶部位采用压制法进行两面加工,疤痕较大,与琢背修理类似。微痕及残留物分析证明了这一类的复合工具主要用于处理兽肉类材料。①

在29件似几何形细石器中的20件标本上观察到了使用痕迹,使用率达68.9%。用于穿刺(射杀)动物的标本共有10件,比例为50%。这10件工具上的使用痕迹均与图7的痕迹十分相似,因此有这一类痕迹的标本应是作为投掷标枪使用,用于狩猎动物,另有5件标本对应的加工对象为软性动物类材料。据此可以判断,似几何形细石器可能以投掷标枪为主要功能,另有一部分作为石刀使用。

另外,仅在5件标本上发现了装柄或镶嵌痕迹,其中2件为装柄,3件为镶嵌,2件装柄的标本上仅发现了装柄痕迹而未发现使用痕迹,因此对于这两件标本的功能还无法知晓。3件镶嵌标本也仅仅是推测,具体该如何分辨镶嵌痕迹还有待实验来证明。结合形态可知,装柄或镶嵌的标本比起未装柄或镶嵌的标本,长宽比值明显偏小(图8)。Mann-Whitney检验结果显示有装柄或镶嵌痕迹的标本和没有痕迹的标本在长宽比值上是显著不同的(表17,$P<0.05$)。这个结果只能作为参考,因为目前尚不能明确判断镶嵌痕迹。

---

① 崔天兴、杨琴、郁金城等:《北京平谷上宅遗址骨柄石刃刀的微痕分析:来自环境扫描电镜观察的证据》,《科学通报》2010年第6期。

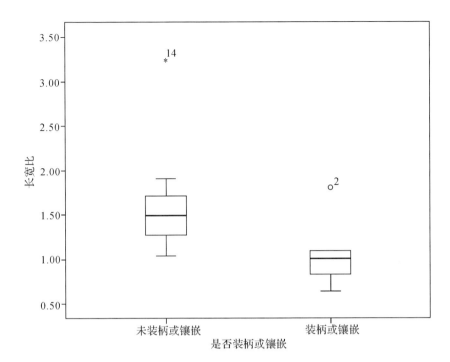

图 8 装柄与未装柄的标本在长宽比上的不同

表 17 几何形细石器测量数据 Mann-Whitney 检验[a]

	最大长	最大宽	最大厚	重量	加工长度	侵入度	长宽比
Mann-Whitney U	14.0	37.0	32.5	29.0	32.0	18.0	13.0
Wilcoxon W	29.0	52.0	152.5	44.0	152.0	28.0	28.0
Z	−2.051	−0.044	−0.437	−0.742	−0.480	−0.728	−2.139
渐近显著性(双侧)	0.040	0.965	0.662	0.458	0.631	0.467	0.032
精确显著性(2 * 单侧显著性)	0.042	1.000	0.672	0.497	0.672	0.521	0.033

a)分组变量:是否装柄或镶嵌

四 分析与讨论

本次研究涉及新石器时代文化层所有的石片工具及细石叶工具,其中石片工具占比 44.8% ,细石叶工具占比达 53.4% ,两者数量相差并不多,在古人的生活中都占有重要地位。基于微痕观察结果和统计分析,该遗址至少存在三类主要的生存活动,分别是制作(生产)活动、狩猎活动和加工活动,这三类生存活动之间具有一定的承续性。具体来说,这批工具的专门化程度较高,石片工具和细石叶工具在这三类生存活动中的安排存在一定差异,不同的工具类型也有其特定功能,即被选择用于完成特定的生存任务。

(一) 狩猎活动

从古地理古气候研究来看,辉河流域地处内蒙古呼伦贝尔大草原,新石器时代总体上呈现出温暖湿润且稳定的气候环境,动植物资源十分丰富[①]。在 2003 年的发掘中,新石器时代文化层出土了哺乳动物啮齿类、马、野驴、牛、羊、狐狸、狼等动物骨骼。

从微痕研究来看,在本次观察的 431 件石制品中,16 件标本上有明确的穿刺(射击)的痕迹,其加工对象为动物类。我们将这类活动归为狩猎活动,是获取资源的一种方式。可见,在辉河水坝,猎取动物来获取食物资源是一项重要的生存活动。

从类型上看,用于狩猎活动的工具,即狩猎工具,以石镞和似几何形细石器为主,另有个别石片工具中的凹缺器、刮削器和尖状器。尽管这些工具在类型上有所不同,但形态十分相似,普遍体型较小且薄,有一个相对锋利的尖部。因此,抛却类型学分析的误差,可以认为部分工具的制作有其特定的功能性目标,这一点在石镞上体现得最为明显。23 件狩猎工具都是作为复合工具使用的,10 件似几何形细石器可能采用镶嵌方式制成投掷标枪,其余的 13 件工具可能是采用装柄方式制成箭头。这些工具在形态上具有一定的特殊性,装柄的标本在最大宽、最大厚及重量上要比未装柄的标本小;几何形细石器中装柄或镶嵌的标本和未装柄或镶嵌的标本相比,长宽比值也要明显偏小,显示出这类工具的标准化程度。从出土的动物骨骼遗存可知,当时以偶蹄类小型动物为主,采用装柄或镶嵌的方式制成投掷标枪或箭来助力狩猎,

---

① (1)陈胜前:《中国狩猎采集者的模拟研究》,《人类学学报》2006 年第 1 期;(2)郭殿勇、刘景芝:《呼伦贝尔辉河水坝细石器遗址古地理古气候》,见董为主编:《第十届中国古脊椎动物学学术年会论文集》,海洋出版社 2006 年,第 273—282 页。

不失为一种应对环境、提高效率的策略。

但是,狩猎工具数量较少,在工具组合中所占的比例很低($N = 23, P = 5.3\%$)。原因可能有很多,或是因为部分狩猎工具在使用后遗留在狩猎地点,也有可能是受限于样本量、观察经验、设备等因素。

(二) 加工活动

此处加工的主要目的在于获取食物。加工活动的对象基本都是动物资源,仅在一件工具上发现了加工植物类物质的痕迹,这说明动物类资源是该遗址十分重要的食物资源,同时也利用植物资源。

在微痕观察中发现,大量加工软性动物类材料的痕迹中还伴有触碰硬性材料而形成的卷边状、阶梯状片疤,这类痕迹与 Odell 肢解狗和羊的实验所产生的痕迹十分相似[1],即辉河水坝遗址的石片工具在屠宰动物的过程中也会不断和骨头与软骨相接触。由此可见,辉河水坝遗址的屠宰行为是十分普遍的。该遗址的一个主要功能可能是作为屠宰场使用。

从工具选择来看,除了特定用于狩猎活动的工具,大部分工具都被用于加工。刮、切、剔三种动作出现的频率最高,尤其是在石片工具中,对应的工具类型包括刮削器、锯齿刃器、凹缺器、石刀、琢背小刀。还存在一器多用的现象,当处理猎物时,一件器物会连着完成一系列动作。同时,一小部分的狩猎工具也会临时作为加工工具使用。不同的狩猎工具有不同的使用方式,但加工工具间的差异并不十分明显。

加工工具中也发现了装柄痕迹,有一半以上的装柄工具用于加工活动。根据数据分析,工具的形态参数与是否装柄之间呈现显著相关,体现出装柄工具的选择。装柄行为可能源自对工具使用效能的追求,也有可能是为了弥补工具自身刃部尺寸和形态上的不足[2]。

---

① Odell, G. 1996. *Stone Tools and Mobility in the Illinois Valley: From Hunter-gatherer Camps to Agricultural Villages*. Michigan: Ann Arbor.

② Keeley, L. 1982. Hafting and Retooling: Effects on the Archaeological Record. *American Antiquity*, 47(4):798-809.

（三）制作活动

制作活动主要指制作或生产工具。从功能层面上看，包括刮骨、刮皮等行为，用于制作骨质工具、皮质工具，可能还存在制作木质工具的活动。

就本次微痕观察而言，专门用于制作活动的工具并不多。在部分刮削器和凹缺器上发现有刮动物骨头的痕迹。刮骨这一行为目前看来有两个目的，其一是处理骨头上残存的肉渣，其二是刮磨骨头以制作骨质工具或复合工具的柄。另外，我们在个别细石叶雕刻器上发现了刻划硬性动物类物质的痕迹，在细石叶锥钻上发现了钻硬性动物类物质的痕迹，这类物质极有可能是动物骨头，可能表明存在制作骨质工具的活动。刮骨活动对于工具的刃缘有一定要求，倾向于选择凹刃的刮削器和凹缺器。

在部分刮削器和凹缺器上发现了刮皮的痕迹，包括新鲜的和干的动物皮。这类活动，尤其是刮干皮的活动，目的很有可能是制作皮质物件。有研究者认为刮皮属于一项较为特殊的活动，耗时耗力，前期还需经过狩猎和屠宰的环节，更有可能出现在稳定的遗址上。

尽管存在装柄或镶嵌的现象，但本次观察并没有发现典型的木质加工痕迹，可能的原因是：（1）采用其他材料制作复合工具，确实观察到了其他用于加工中软性类材料和中硬性类材料的痕迹；（2）采用其他工具制作复合工具的柄，民族学材料显示现代社会的土著在加工木材时主要使用磨光石斧①；（3）受限于观察经验、观察设备和样本选择等问题而未能辨别出来。

五　结　论

本次研究从生存策略的角度看待细石器组合的功能，能够更加全面地了解内蒙古草原地区新石器时代人类的生产生活情况。以往生存策略的研究

---

① Hayden, B. 1989. From Chopping or Hack Tool to Stone Axe——the Technology Evolution of Made the Sharp Tool. In: Torrence, R. (Ed), *Time, Energy and Stone Tools*. Cambridge: Cambridge University Press.

多集中于动物遗存上,本次研究表明,石器方面的信息也是不可忽视的。

结合发掘情况,类型和技术分析以及本次功能研究来看,辉河水坝细石器遗址在新石器时代属于一处稳定的大本营,至少存在狩猎活动、加工活动和制作活动三类相关的生存活动。根据动物骨骼遗存和微痕观察数据可以推测,当时人们以动物资源作为重要的食物来源,获取方式主要为狩猎。有专门的细石叶工具,如石镞和似几何形细石器被装柄或镶嵌后作为狩猎工具用于狩猎活动。加工活动主要是将狩猎而来的动物进行屠宰和进一步处理以获取食物,加工工具占工具组合的比重最大,器型较为多样,有刮削器、锯齿刃器、石刀等。制作活动中有制作骨质工具、皮质工具或复合工具柄的行为,但比例较小。装柄或镶嵌行为在当时较为普遍,属于提高追求效率和弥补工具形态缺陷的一个策略。但受限于样本量、观察经验和设备、工具使用强度等因素,在微痕观察中可能存在遗漏或误读的情况,有待今后结合更多方面的证据来进一步研究该遗址的生存策略。

有部分研究者认为细石叶技术之所以能够长期存在于草原地区,是因为这个地区长期保留着高度流动的生计方式。但从本次研究来看,细石叶技术也被稳定性较高的居址所采用,因此,对于这一技术及其工具组合的后期使用方面还需要更多研究的补充。

另外,本次研究的众多发现得益于定量分析方法的运用,交叉表、对应分析和卡方检验在一定程度上有助于处理繁杂的微痕观察数据和类型分析数据,并且能以可视化的图像呈现出来,增强可读性,不过变量间的具体关系还有待更多数据的检验。

（汪俊、陈虹、刘吉颖合作）

后　记

　　还记得那是2004年的夏天。在复旦文博系读书的第二个学期末，系里承办了国家文物局主办的局长培训班。开班的第一天，我恰好在办公室做助理，听人说加拿大皇家安大略博物馆的沈辰老师正在给学员们上课。沈老师的名字我是听说过的，在此之前山西省考古研究所的王益人老师曾经让我帮他翻译过一篇关于碰砧法的文章，就是沈老师和王社江老师一起写的。一向开朗的我决定要趁此机会去和沈老师 say hello。趁下课时间我跑进教室，一个健步冲上讲台，大大咧咧地对沈老师说："老师好，我叫陈虹，是陈淳老师的学生，我读过您的文章，去年我还帮王益人老师翻译过您那篇碰砧法实验的文章呢……"一口气说完之后才觉得自己好像有点冒失了（后来和沈老师熟络之后，他好几次提起当时确实被"小惊吓了一下"）。没想到沈老师一点也没不高兴，和我聊了几句旧石器，然后提到他们准备暑假时在北京举办一个微痕培训班，问我是否有兴趣。我立即回答想参加，于是沈老师让我去联系中科院古脊椎动物与古人类研究所的高星老师。

　　当天下午我就和陈老师汇报了我想去参加微痕培训班的想法。陈老师很支持，把高老师的电话告诉了我，建议我自己联系。和高老师的第一次通话我至今还记得清清楚楚。高老师在电话那头提醒我："欢迎你来参加培训班，不过容量有限，所以我们希望学员是真正有兴趣的，是真心想学的，而不是学学就算了……"我站在相辉堂的门口，当即表决心："请您相信我，我是真想学，也一定会好好学的。"多年之后，有认识我的朋友感叹"你居然一直在做微痕"时，我在想自己坚持下来的动力，会不会就是当时向高老师保证的那个决心呢？

　　2004年的暑假，我只身一人前往北京，在古脊椎所的七楼学习了一个月。

那是中国考古学界举办的第一次微痕研究培训班,也是迄今唯一的一次,后来被坊间称为"微痕黄埔军校第一期"。主讲人是大名鼎鼎的 George Odell 教授,一个十分有魅力的老先生。可惜老先生在几年前先行一步,不然也许可以看到我写的这段文字。沈老师负责翻译,以及指导我们开展实验。培训班还请了几位老师来为我们上课,几乎完全陌生的内容在很短的两周内大家基本就学会了。

学员大概有 30 多人,分别来自不同的高校和研究单位。高老师很贴心,帮大家安排了两间宿舍,就在古脊椎所的院子里。大家白天在前楼学习,晚上回筒子楼休息,期间还不忘讨论。后来的实践阶段,更是有趣。大家一起去了泥河湾,又是砍树又是宰羊的,统统亲自动手,实验标本则带回北京观察。由于实验室的显微镜数量有限,大家就轮流使用。显微镜几乎全天候连轴转,人也到了废寝忘食的地步。记得有一次,我看完标本已是凌晨 3 点半了,一抬头看到实验室里四面靠墙的架子上摆满的人头骨模型,顿时惊出一身冷汗,幸好此时又有同学来接班了。

培训班结束之后,我和微痕的亲密关系就算是建立起来了。2006 年,我和同是培训班学员的张晓凌、曲彤丽一同作为沈老师的助手,前往泥河湾开展微痕分析。同年,陈老师第一次放手让我对小南海的标本进行了微痕研究,并参与了论文的写作。2007—2009 年,我在陈老师的支持下,被公派前往加拿大多伦多,在沈老师的实验室完成了为期两年的联合培养。2010 年,我借助石器分析和微痕研究顺利完成了博士学业,获得了来浙江大学工作的机会。再后来,浙大文博系支持我建立起"石器微痕研究实验室",微痕真的成了我的主要学术方向。

掐指一算,距离与微痕研究的第一次接触竟然已有 15 年了。前年在参加旧石器考古专业委员会年会时,一位同行的话语启发了我。微痕研究正受到越来越多学者的关注,大家很需要相关的参考资料。但是关于微痕的著作或文章多数是国外学者撰写的,案例也多是国外的,中国实践不太多。尽管我近年来发表了不少有关中国石器微痕研究的文章,但有些发表在英文期刊,有些收录在论文集里,同行们查阅起来并不方便。因此,我决定将自己过去发表的关于微痕研究的论文整理成册,尽管只是初步探索阶段,有许多错误和不足,还是希望能够为大家提供一些经验和教训。

在这些文章的完成过程中,我得到了许多人的支持,让我铭记于心。感谢提供分析材料的老师们,让我能够更好地参与考古研究,他们是山西省考古研究所的王益人研究员、中科院古脊椎动物与古人类研究所的侯亚梅研究员、山西博物院石金鸣院长、中国科学院大学科技考古系宋国定教授、中国社科院考古研究所唐锦琼副研究员、浙江省文物考古研究所徐新民研究员、内蒙古自治区文物考古研究所岳够明副研究员、鄂尔多斯博物馆甄自明副研究员等。感谢协助我开展具体工作的同学们,包括业已毕业的同学,分别是连蕙茹、方梦霞、汪俊、杨霞、黄永梁、丁馨、陈冉、刘吉颖、金瑶、沈易铭、薛理平等。感谢所有给我提出指导和建议的朋友们,包括我的导师陈淳先生、沈辰先生,浙江大学文博系的所有同事,以及浙江大学出版社的陈佩钰编辑。要特别感谢浙江大学文博系张颖岚教授,没有他的概括,这本论文集可能就没有这么一个清新雅致、高级大气的书名"微研大义"。

最后,说一句勉励自己的话吧:"不忘初心,砥砺前行!"

陈　虹

2019 年 12 月于紫金西苑